2

QUINTA EDIÇÃO

Nehemias Domingos de Melo

LIÇÕES DE **DIREITO CIVIL**

Prefácio
Dr. **Paulo Hamilton Siqueira Jr.**

Obrigações e **Responsabilidade Civil**

2023 © Editora Foco
Autor: Nehemias Domingos de Melo
Diretor Acadêmico: Leonardo Pereira
Editor: Roberta Densa
Assistente Editorial: Paula Morishita
Revisora Sênior: Georgia Renata Dias
Revisora: Simone Dias
Capa Criação: Leonardo Hermano
Diagramação: Ladislau Lima e Aparecida Lima
Impressão miolo e capa: FORMA CERTA

NOTAS DA EDITORA:

Atualizações e erratas: A presente obra é vendida como está, atualizada até a data do seu fechamento, informação que consta na página II do livro. Havendo a publicação de legislação de suma relevância, a editora, de forma discricionária, se empenhará em disponibilizar atualização futura.

Erratas: A Editora se compromete a disponibilizar no site www.editorafoco.com.br, na seção Atualizações, eventuais erratas por razões de erros técnicos ou de conteúdo. Solicitamos, outrossim, que o leitor faça a gentileza de colaborar com a perfeição da obra, comunicando eventual erro encontrado por meio de mensagem para contato@editorafoco.com.br. O acesso será disponibilizado durante a vigência da edição da obra.

Impresso no Brasil (11.2022) – Data de Fechamento (11.2022)

2023

Editora Foco Jurídico Ltda.
Avenida Itororó, 348 – Sala 05 – Cidade Nova
CEP 13334-050 – Indaiatuba – SP

E-mail: contato@editorafoco.com.br
www.editorafoco.com.br

DEDICATÓRIA

A presente obra é fruto da experiência de vários anos em salas de aulas da graduação em direito na Universidade Paulista (UNIP) e também por algum tempo na Faculdade de Direito do Centro Universitário das Faculdades Metropolitanas Unidas (FMU).

Os textos foram coligidos a partir do estudo das obras dos maiores civilistas brasileiros, abaixo relacionados (em ordem alfabética), cujos ensinamentos, ainda que por vias transversas, estão contidos no presente trabalho.

Assim, rendo minhas homenagens e, de forma singela, dedico este trabalho (ainda que alguns sejam *in memoriam*) aos Professores:

Antônio Chaves,

Caio Mário da Silva Pereira,

Carlos Roberto Gonçalves,

Maria Helena Diniz,

Orlando Gomes,

Roberto Senise Lisboa,

Silvio Rodrigues,

Sílvio de Salvo Venosa,

Washington de Barros Monteiro.

AGRADECIMENTOS

Agradecimento especial aos queridos(as) amigos(as) da OAB Seccional de São Paulo, com os quais tenho partilhado uma trajetória de trabalho, amizade e aprendizado (em ordem alfabética):

Aleksander Mendes Zakimi,

Adriana Galvão Moura Abilio,

Antonio Carlos Morato,

Alessandro de Oliveira Brecailo,

Carla Cristiane Hallgren Silva,

Cid Antonio Velludo Salvador,

Euro Maciel Bento Filho

Fabio Marcos Bernardes Trombetti,

Fernanda Tartuce,

Flavio Tartuce,

Helena Maria Diniz,

Ivette Senise Ferreira,

Lisandra Gonçalves,

Lívio Enescu,

Lucia Maria Bludeni,

Luiz Flavio Borges D´Urso,

Marco Aurélio Vicente Vieira,

Marcos da Costa,

Marli Aparecida Sampaio,

Olício Sabino Mateus,

Renata Soltanovictch,

Ricardo de Moraes Cabezon,

Roseli Sakaguti,

Rui Augusto Martins (in memorian),

Sarah Hakim,
Sandra Pavani Foglia,
Umberto Luiz Borges D'Urso.

e também à ANA LIGIA,
Pelo apoio e incentivo de sempre.

NOTA DO AUTOR

A presente obra é fruto de vários anos de experiência em salas de aulas nos Cursos de Graduação em Direito na Universidade Paulista (UNIP) e também nas Faculdades Metropolitanas Unidas (FMU). Ela resulta da convivência com os alunos e da aferição de suas dificuldades ou facilidades na compreensão dos temas apresentados.

O resultado dessa experiência me orientou na elaboração desta coleção que, a meu ver, tem alguns traços distintivos com relação a todas as obras similares disponíveis no mercado; senão vejamos:

a) nas citações de artigos de Lei, especialmente do Código Civil, o leitor encontrará em notas de rodapé o texto do artigo mencionado. Pergunta-se: qual é a importância disso? Resposta: o aluno não necessitará ter ao lado o Código Civil e não necessitará ficar folheando-o, para frente e para trás, em busca dos artigos mencionados. Ou seja, da forma como os temas são apresentados, qualquer um poderá facilmente confrontar as notas do autor com o fiel texto de lei.

b) na abordagem dos temas não houve preocupação em reforçar os conceitos apresentados, visando dar maior envergadura ao texto, o que normalmente aconteceria com a colação de notas de doutrina e citação de autores, além de jurisprudência. Quer dizer, a apresentação é direta, seca, objetiva, sem citação de autores ou de julgados. O resultado disso é uma obra de fácil leitura, cuja abordagem direta dos temas, ainda que não seja de forma aprofundada, fornece ao aluno o embasamento técnico suficiente para o conhecimento básico do direito civil.

c) também não há notas de reminiscência com relação aos artigos similares do Código Civil de 1916, pois, embora isso tenha relevância histórica, para o estudo nos cursos de graduação minha experiência ensina que esse tipo de citação mais confunde os alunos do que ajuda na compreensão dos temas apresentados.

d) evitei ao máximo a utilização de linguagem muito técnica, assim como citações em latim, procurando traduzir os textos em linguagem simples e acessível, contudo sem perder o rigor técnico e científico necessário.

Em suma, a obra não pretende ser um tratado doutrinário, mas sim uma obra de caráter didático e objetivo, abordando de forma direta e clara todos os conceitos indispensáveis ao conhecimento básico da matéria tratada em cada volume. Quer dizer, a obra é, como o próprio nome da coleção diz, Lições de Direito Civil.

Para aqueles que necessitam se aprofundar no estudo do direito civil, ao final de cada volume da coleção apresento bibliografia qualificada, útil ao estudo mais aprofundado dos temas em análise. São obras que consultei e consulto sempre, cujos fragmentos, ainda que por vias transversas, se encontram presentes neste trabalho.

Assim, esperamos que a obra possa contribuir para a formação de nossos futuros operadores do direito nos cursos de graduação e pós-graduação em direito, e também possa ser útil àqueles que vão prestar concursos e o Exame da Ordem dos Advogados do Brasil.

A coleção completa é composta de 5 (cinco) volumes, uma para cada ano do curso de direito, com os seguintes títulos:

Livro I – Teoria Geral – Das pessoas, dos bens e dos negócios jurídicos

Livro II – Obrigações e Responsabilidade Civil

Livro III – Dos Contratos e dos Atos Unilaterais

Livro IV – Direitos das Coisas

Livro V – Família e Sucessões

31 de janeiro de 2014.

O Autor

PREFÁCIO

A minha presença nesta obra deve-se, única e exclusivamente, à amizade que preservo com o autor, fruto da nossa convivência acadêmica nos cursos de graduação e pós-graduação em direito do Centro Universitário das Faculdades Metropolitanas Unidas (FMU) e na Universidade Paulista (UNIP). Tive a oportunidade singular de acompanhar seus estudos de pós-graduação, ocasião em que exercia a Direção Geral de Pós-Graduação, e a partir daí observei a extraordinária evolução acadêmica de Nehemias Domingos de Melo.

Mestre completo e amigo prestimoso. É o maior título de Nehemias. O currículo do autor é extenso e sua produção bibliográfica significativa. Mas o que se destaca é a sua aptidão para o ensino e a pesquisa. Professor, conferencista, palestrante e escritor de escol. A sua didática é excepcional.

Arrancar as mentes à ignorância, iluminar pensamentos em trevas, semear preceitos e ensinamentos, guiar os espíritos ao amor, virtude e ao bem comum, pressupostos do direito. Este é o apostolado exercido pelo Mestre Nehemias, que é o mais elevado que alguém possa possuir.

Árduo e trabalhoso é o exercício da docência na atual sociedade. Lidar com a mocidade e com auditórios que a cada dia não se dedicam à leitura exige qualidade ímpar. Este é o mister desafiador a que o autor tem se preposto com competência e habilidade.

Nesse contexto, surgiu a coleção Lições de Direito Civil, cujo Livro II: obrigações e responsabilidade civil tenho a honra de prefaciar, agora já na 5ª. edição. Essa doutrina foi recepcionada pela comunidade jurídica, inclusive com citações pela doutrina e jurisprudência, o que confirma o prestigio do autor e qualidade do texto.

Objeto de estudo importante nas escolas de direito, as obrigações e a responsabilidade civil constituem-se em viga mestra do Direito Civil. Este tema merecia uma abordagem didática e precisa, que foi exposta com muita clareza pelo autor.

O livro estabelece premissas fundamentais para a melhor compreensão da matéria, ao analisar acertadamente os institutos que tratam do conteúdo da disciplina.

De fato, tornam-se atraentes a leitura e o método da obra que já atingiu os objetivos do ensino. Mercê da experiência haurida da constante atividade profissional, o autor entregou-se à elaboração deste trabalho, que traduz a essência das aulas que ministra e agora chega à 5ª edição para auxiliar alunos e profissionais que se deparam com a necessidade do conhecimento específico e pontual do Direito Civil.

O autor, demonstrando familiaridade com o tema, brinda-nos com texto atual e extremamente didático, que foi acolhido pelos alunos de direito e profissionais da área.

São Paulo, junho de 2022.

Prof. Dr. Paulo Hamilton Siqueira Jr.

Advogado em São Paulo e Brasília. Jornalista. Professor convidado da Escola Superior da Advocacia (ESA-OAB/SP), da Escola Paulista da Magistratura (EPM) e da Escola da Magistratura Trabalhista da 2ª Região (EMATRA 2). Professor visitante do Mestrado da Faculdade de Direito da Universidade de d'Angers na França (Professeur visiteur à l'Université d'Angers dans le Master Contentieux). Mestre e Doutor em Direito pela Pontifícia Universidade Católica de São Paulo (PUC/SP). Pós-Doutor em Jurisdição Constitucional Política (USP). Associado efetivo do Instituto dos Advogados de São Paulo (IASP).

OBRAS DO AUTOR

I – LIVROS

1. Lições de processo civil – Teoria geral do processo e procedimento comum, 3ª. ed. Indaiatuba: Foco, 2022, v. 1.
2. Lições de processo civil – Processo de execução e procedimentos especiais, 3ª. ed. Indaiatuba: Foco, 2022, v. 2.
3. Lições de processo civil – Dos processos nos tribunais e dos recursos, 3ª. ed. Indaiatuba: Foco, 2022, v. 3.
4. Manual de prática jurídica civil para graduação e exame da OAB. 5ª. ed. Indaiatuba: Foco, 2022.
5. Lições de direito civil – Teoria Geral – Das pessoas e dos bens, 5ª. ed. Indaiatuba: Foco, 2023, v. 1.
6. Lições de direito civil – Dos contratos e dos atos unilaterais, 5ª. ed. Indaiatuba: Foco, 2023, v. 3.
7. Lições de direito civil – Direito das coisas, 5ª ed. Indaiatuba: Foco, 2023, v. 4.
8. Lições de direito civil – Família e Sucessões, 5ª. ed. Indaiatuba: Foco, 2023, v. 5.
9. Novo CPC Comentado e Comparado, 3ª ed. Indaiatuba: Foco, 2023.
10. Como advogar no cível com o Novo CPC – Manual de prática jurídica, 4ª. ed. Araçariguama: Rumo Legal, 2018.
11. Novo CPC Comparado – 2015 X 1973. Araçariguama: Rumo Legal, 2016 (esgotado).
12. Dano moral trabalhista, 3ª. ed. São Paulo: Atlas, 2015 (esgotado).
13. Responsabilidade civil por erro médico: doutrina e jurisprudência. 4ª. ed. Leme: Mizuno (prelo).
14. Da culpa e do risco como fundamentos da responsabilidade civil. 2ª. ed. São Paulo: Atlas, 2012 (esgotado).
15. Dano moral nas relações de consumo. 2ª. ed. São Paulo: Saraiva, 2012.
16. Dano moral – problemática: do cabimento à fixação do quantum, 2ª. ed. São Paulo: Atlas, 2011 (esgotado).
17. Da defesa do consumidor em juízo. São Paulo: Atlas, 2010 (esgotado).

II – CAPÍTULOS DE LIVROS EM OBRAS COLETIVAS

1. Breves considerações a respeito das tutelas provisórias. In: DEL SORDO NETO, Stefano; DITÃO, Ygor Pierry Piemonte. Processo civil constitucionalizado. Curitiba: Instituto Memória, 2020.

2. O direito de morrer com dignidade. In: GODINHO, Adriano Marteleto; LEITE, Salomão Jorge e DADALTO, Luciana (coord.). Tratado brasileiro sobre o direito fundamental à morte digna. São Paulo: Almedina, 2017.
3. Dano moral pela inclusão indevida na Serasa (indústria do dano moral ou falha na prestação dos serviços?). In: STOCO, Rui (Org.). Dano moral nas relações de consumo. São Paulo: Revistas dos Tribunais, 2015.
4. Uma reflexão sobre a forma de indicação dos membros do Supremo Tribunal Federal brasileiro. In: ARAGÃO, Paulo; ROMANO, Letícia Danielle; TAYAH, José Marco (Coord.). Reflexiones sobre derecho latinoamericano. Buenos Aires: Editorial Latino Americano, 2015, v. 20.
5. O princípio da dignidade humana como fonte jurídico-positiva para os direitos fundamentais. In: BALESTERO, Gabriela Soares; BEGALLI, Ana Silvia Marcatto (Coord.). Estudos de direito latino americano. Brasília: Kiron, 2014, v. 2.
6. Fundamentos da reparação por dano moral trabalhista no Brasil e uma nova teoria para sua quantificação. In: ARAGÃO, Paulo; ROMANO, Letícia Danielle; TAYAH, José Marco (Coord.). Reflexiones sobre derecho latinoamericano. Buenos Aires: Editorial Latino Americano, 2014, v. 13.
7. Comentários aos artigos 103 e 104 do CDC e à Lei Estadual dos Combustíveis. In: MACHADO, Costa; FRONTINI, Paulo Salvador (Coord.). Código de Defesa do Consumidor interpretado. São Paulo: Manole, 2013.
8. La familia ensamblada: una analisis a la luz del derecho argentino y brasileño. In: BALESTERO, Gabriela Soares; BEGALLI, Ana Silvia Marcatto (Coord.). Estudos de direito latino-americano. São Paulo: Lexia, 2013.
9. Da dificuldade de prova nas ações derivadas de erro médico. In: AZEVEDO, Álvaro Villaça; LIGIEIRA, Wilson Ricardo (Coord.). Direitos do paciente. São Paulo: Saraiva, 2012.
10. O princípio da dignidade humana como fonte jurídico-positiva para os direitos fundamentais. In: ARAGÃO, Paulo; ROMANO, Letícia Danielle; TAYAH, José Marco (Coord.). Reflexiones sobre derecho latinoamericano. Rio de Janeiro: Livre Expressão, 2012, v. 8.
11. Reflexões sobre a inversão do ônus da prova. In: MORATO, Antonio Carlos; NERI, Paulo de Tarso (Org.). 20 anos do Código de Defesa do Consumidor: estudos em homenagem ao professor José Geraldo Brito Filomeno. São Paulo: Atlas, 2010.

III – ARTIGOS PUBLICADOS (ALGUNS TÍTULOS)

1. Da Gratuidade da Justiça no Novo CPC e o Papel do Judiciário. Revista Síntese de Direito Civil e Processual Civil. São Paulo: Síntese, nº 97, set./out. 2015. Publicado também na Revista Lex Magister, Edição nº 2.484, 19 outubro 2015.
2. Análise crítica da forma de indicação dos membros do Supremo Tribunal Federal. Revista Jus Navigandi, Teresina, ano 20, n. 4341, 21 maio 2015. Disponível em: <http://jus.com.br/artigos/39290>
3. Fundamentos da reparação por dano moral trabalhista e uma nova teoria para sua quantificação. Revista Brasileira de Direitos Humanos. Lex-Magister, U. S. abr./jun. 2013.

4. A família ensamblada: uma análise à luz do direito argentino e brasileiro. Revista Síntese de Direito de Família, v. 78, jun./jul. 2013. Publicado também na Revista Jurídica Lex, v. 72, mar./abr. 2013.
5. Ulysses Guimarães: uma vida dedicada à construção da democracia brasileira. Publicado no site da Revista Lex-Magister em 19-12-2012. Disponível em: <http:// www.editoramagister.com/doutrina_24064820>.
6. Dano moral: por uma teoria renovada para quantificação do valor indenizatório (teoria da exemplaridade). Revista Magister de Direito Empresarial, Concorrencial e do Consumidor, v. 44, abr./mai. 2012. Publicado também na Revista Síntese de Direito Civil e Processual Civil. São Paulo: Síntese, nº 79, set./out. 2012.
7. Responsabilidade civil nas relações de consumo. Revista Magister de Direito Empresarial, Concorrencial e do Consumidor. Porto Alegre: Magister, nº 34, ago./set. 2010. Publicado também na Revista Síntese de Direito Civil e Processual Civil, nº 68, nov./ dez. 2010 e na Revista Lex do Direito Brasileiro, nº 46, jul./ago. 2010.
8. Erro médico e dano moral: como o médico poderá se prevenir? Revista Magister de Direito Empresarial, Concorrencial e do Consumidor. Porto Alegre: Magister, nº 18, dez./jan. 2008.
9. Excludentes de responsabilidade em face do Código de Defesa do Consumidor. Revista Magister de Direito Empresarial, Concorrencial e do Consumidor. Porto Alegre: Magister, nº 23, out./nov. 2008.
10. O princípio da dignidade humana e a interpretação dos direitos humanos. São Paulo: Repertório de Jurisprudência IOB nº 07/2009.
11. Responsabilidade dos bancos pelos emitentes de cheques sem fundos. Juris Plenum, Caxias do Sul: Plenum, nº 88, maio 2006. CD-ROM.
12. Dano moral pela inclusão indevida na Serasa (indústria do dano moral ou falha na prestação dos serviços?). Revista de Direito Bancário e do Mercado de Capitais, nº 28. São Paulo: Revista dos Tribunais, abr./jun. 2005. Publicado também na Revista do Factoring, São Paulo: Klarear, nº 13, jul./ago./set. 2005 e na Revista Magister de Direito Empresarial, Concorrencial e do Consumidor. Porto Alegre: Magister, nº 12 dez./jan. 2007.
13. Da ilegalidade da cobrança da assinatura mensal dos telefones. Juris Plenum. Especial sobre tarifa básica de telefonia. Caxias do Sul: Plenum, nº 82. maio 2005. CD-ROM.
14. Abandono moral: fundamentos da responsabilidade civil. Revista Síntese de Direito Civil e Processual Civil, nº 34. São Paulo: Síntese/IOB, mar./abr. 2005. Incluído também no Repertório de Jurisprudência IOB nº 07/2005 e republicado na Revista IOB de Direito de Família, nº 46, fev./mar. 2008.
15. Por uma nova teoria da reparação por danos morais. Revista do Instituto dos Advogados de São Paulo, nº 15. São Paulo: Revista dos Tribunais, jan./jun. 2005. Publicado também na Revista Síntese de Direito Civil e Processual Civil, nº 33, jan./ fev. 2005.
16. Responsabilidade civil por abuso de direito. Juris Síntese, São Paulo: Síntese/IOB, nº 51, jan./fev. 2005. CD-ROM.
17. União estável: conceito, alimentos e dissolução. Revista IOB de Direito de família nº 51, dez./jan. 2009.
18. Dano moral coletivo nas relações de consumo. Juris Síntese, Porto Alegre: Síntese, nº 49, set./out. 2004. CD-ROM.
19. Do conceito ampliado de consumidor. Revista Síntese de Direito Civil e Processual Civil. São Paulo: Síntese/IOB, nº 30, jul./ago. 2004.

ABREVIATURAS

AC – Apelação Cível
ACP – Ação Civil Pública
ADCT – Ato das Disposições Constitucionais Transitórias
ADIn – Ação Direta de Inconstitucionalidade
Art. – artigo
BGB – Burgerliches Gesetzbuch (Código Civil alemão)
CBA – Código Brasileiro de Aeronáutica
CC – Código Civil (Lei nº 10.406/02)
CCom – Código Comercial (Lei nº 556/1850)
CDC – Código de Defesa do Consumidor (Lei nº 8.078/90)
CF – Constituição federal
CLT – Consolidação das Leis do Trabalho (Dec-Lei nº 5.452/43)
CP – Código Penal (Dec-Lei nº 2.848/40)
CPC – Código de Processo Civil (Lei nº 13.105/15)
CPP – Código de Processo Penal (Dec-Lei nº 3.689/41)
CTB – Código de Trânsito Brasileiro (Lei nº 9.503/97)
CTN – Código Tributário Nacional (Lei nº 5.172/66)
D – decreto
Dec-Lei – Decreto-Lei
Des. – Desembargador
DJU – Diário Oficial da Justiça da União
DOE – Diário Oficial do Estado (abreviatura + sigla do Estado)
DOU – Diário Oficial da União
EC – Emenda Constitucional
ECA – Estatuto da Criança e do Adolescente (Lei nº 8.069/90)
EOAB – Estatuto da Ordem dos Advogados do Brasil (Lei nº 8.906/94)
EPD – Estatuto da Pessoa com Deficiência (Lei nº 13.146/15)
IPTU – Imposto sobre a Propriedade Predial e Territorial Urbana
IPVA – Imposto sobre a Propriedade de Veículos Automotores

IR – Imposto sobre a Renda e Proventos de Qualquer Natureza

IRPJ – Imposto de Renda de Pessoa Jurídica

ISS – Imposto Sobre Serviços

ITBI – Imposto de Transmissão de Bens Imóveis

j. – julgado em (seguido de data)

JEC – Juizado Especial Cível (Lei nº 9.099/95)

JEF – Juizado Especial Federal (Lei nº 10.259/01)

LACP – Lei da Ação Civil Pública (Lei nº 7.347/85)

LA – Lei de Alimentos (Lei nº 5.478/68)

LAF – Lei das Alienações Fiduciárias (Dec-Lei nº 911/69)

LAJ – Lei de Assistência Judiciária (Lei nº 1.060/50)

LAP – Lei da Ação Popular (Lei nº 4.717/65)

LArb – Lei da Arbitragem (Lei nº 9.307/96)

LC – Lei Complementar

LCh – Lei do cheque (Lei nº 7.357/85)

LD – Lei de duplicatas (Lei nº 5.474/68)

LDA – Lei de Direitos Autorais (Lei nº 9.610/98)

LDC – Lei de Defesa da Concorrência (Lei nº 8.158/91)

LDi – Lei do Divórcio (Lei nº 6.515/77)

LDP – Lei da Defensoria Pública (LC nº 80/94)

LEF – Lei de Execução Fiscal (Lei nº 6.830/80)

LEP – Lei de Economia Popular (Lei nº 1.521/51)

LI – Lei do Inquilinato (Lei nº 8.245/91)

LICC – Lei de Introdução ao Código Civil (Dec-Lei nº 4.657/42)

LINDB – Lei de Introdução às Normas do Direito Brasileiro

LMI – Lei do Mandado de Injunção (Lei nº 13.300/16).

LMS – Lei do Mandado de Segurança (Lei nº 1.533/51)

LPI – Lei de Propriedade Industrial (Lei nº 9.279/96)

LRC – Lei do Representante Comercial Autônomo (Lei nº 4.886/65)

LRF – Lei de Recuperação e Falência (Lei nº 11.101/05)

LRP – Lei de Registros Públicos (Lei nº 6.015/73)

LSA – Lei da Sociedade Anônima (Lei nº 6.404/76)

LU – Lei Uniforme de Genebra (D nº 57.663/66)

Min. – Ministro
MP – Ministério Público
MS – Mandado de Segurança
ONU – Organização das Nações Unidas
Rec. – Recurso
rel. – Relator ou Relatora
REsp – Recurso Especial
ss. – seguintes
STF – Supremo Tribunal Federal
STJ – Superior Tribunal de Justiça
Súm – Súmula
TJ – Tribunal de Justiça
TRF – Tribunal Regional Federal
TRT – Tribunal Regional do Trabalho
TST – Tribunal Superior do Trabalho
v.u. – votação unânime

SUMÁRIO

CAPÍTULO 3
DA TRANSMISSÃO DAS OBRIGAÇÕES

CAPÍTULO 4
DO ADIMPLEMENTO E EXTINÇÃO DAS OBRIGAÇÕES

CAPÍTULO 5
DO INADIMPLEMENTO DAS OBRIGAÇÕES

PARTE II
RESPONSABILIDADE CIVIL

CAPÍTULO 6
DA CULPA, DO RISCO E DO ABUSO DE DIREITO

CAPÍTULO 7
DO DANO, DA CONDUTA DO AGENTE E DO NEXO CAUSAL

PARTE I
TEORIA GERAL DAS OBRIGAÇÕES

Capítulo 1

Introdução ao estudo do direito das obrigações

Lição 1
HISTÓRICO DOS DIREITOS DAS OBRIGAÇÕES

1. HISTÓRICO E EVOLUÇÃO DO DIREITO DAS OBRIGAÇÕES

Na antiguidade, aquele que não cumprisse com suas obrigações, ou as cumprisse de maneira incorreta, podia sofrer sanções de caráter pessoal sobre si próprio.

Exemplo típico é o Código de Hamurabi, a codificação mais antiga da humanidade, no qual se encontra inserido o princípio do "**olho por olho, dente por dente**" (pena de Talião). Para se ter uma ideia, vejamos o que estava contido no parágrafo 227:

> *"Se um construtor edificou uma casa para um Awilum, mas não reforçou seu trabalho, e a casa que construiu caiu e causou a morte do dono da casa, esse construtor será morto."*

A obrigação era um vínculo pessoal pelo qual o credor estava autorizado a impor sanções ao devedor, tais como a pena de privação de liberdade, sujeição a trabalhos forçados ou até mesmo vendê-lo como escravo.

Para se ter uma ideia, no Direito Romano, até o advento da Lei Petélia Papíria (*Lex Poetelia Papiria*) no século IV a.C., estava em vigor a Lei das XII Tábuas que, em seu § 9º, estabelecia o seguinte:

"Se são muitos os credores, é permitido, depois do terceiro dia de feira, dividir o corpo do devedor em tantos pedaços quanto sejam os credores não importando cortar mais ou menos; se os credores preferirem, poderão vender o devedor a um estrangeiro, além do Tibre."

Foi com a Lei Petélia Papíria que se aboliu essa prática condenável. Daí para frente a execução, pelo não cumprimento de qualquer obrigação, passou a recair sobre os bens do devedor e não mais sobre sua pessoa.

Atualmente, no sistema jurídico dos povos modernos, **a única hipótese admitida de prisão civil é por dívida de pensão alimentícia**. Quer dizer, somente se admite sanção na pessoa do devedor por dívidas decorrentes do dever alimentar, assim mesmo se for inescusável. Esse posicionamento foi consolidado na Convenção Americana sobre Direitos Humanos (Pacto de São José da Costa Rica), realizada em 22 de novembro de 1969, do qual o Brasil é signatário.[1]

Ou seja, na sistemática moderna **quem responde pela dívida do devedor é o seu ativo patrimonial** e não o seu corpo.

2. O DIREITO DAS OBRIGAÇÕES NO DIREITO BRASILEIRO

No Brasil não é diferente. Hoje, especialmente em razão do princípio constitucional da dignidade da pessoa humana (CF, art. 1º, III),[2] **não se admite tratamento degradante contra qualquer pessoa, mesmo que ela seja devedora.**

Na nossa Constituição ainda consta, ao lado da prisão do devedor de pensão alimentar, a previsão de prisão também do depositário infiel (CF, art. 5º, LXVII), porém essa disposição não mais se aplica em face da Súmula Vinculante nº 25 (16-12-09)[3] que passou a considerar ilícita esse tipo de prisão civil, derrogando por vias transversas o estatuído na Lei Maior.

3. PRINCIPAIS CARACTERÍSTICAS DOS DIREITOS DAS OBRIGAÇÕES

O **direito das obrigações, também chamado de direitos pessoais ou direitos de crédito,** se materializa através do vínculo jurídico existente entre

1. Essa Convenção foi incorporada ao nosso ordenamento jurídico pelo Decreto nº 678, de 6 de novembro de 1992.
2. O art. 1º, inciso III, da Constituição Federal, eleva a dignidade da pessoa humana a fundamento da República.
3. A súmula vinculante emanada do STF obriga todos os magistrados brasileiros a seguirem sua orientação (esse instituto foi criado e incorporado ao ordenamento jurídico brasileiro por meio da Emenda Constitucional nº 45/2004, que acresceu o art. 103-A à Constituição Federal. Essa matéria foi disciplinada pela Lei nº 11.417/2006).

credor (sujeito ativo) e devedor (sujeito passivo) pelo qual o primeiro pode exigir do segundo uma prestação (dar, fazer ou não fazer), cabendo destacar as seguintes características: **direito de crédito, patrimonialidade e autonomia da vontade**.

3.1 Direito de crédito

Sua principal característica é regular vínculos patrimoniais entre as pessoas, impondo ao devedor a obrigação de prestar algo no interesse do credor ou a quem a lei assegure o direito de exigir a prestação que tanto pode ser positiva (agir) quanto negativa (omitir).

O direito de crédito aqui mencionado tem a ver com o poder atribuído ao credor de exigir do devedor a prestação combinada. Por exemplo, Jojolino contrata e paga um marceneiro para que ele faça os móveis de sua cozinha (prestação) para entrega numa determinada data. Vencido o prazo, Jojolino (credor) poderá exigir do marceneiro (devedor) a satisfação do seu crédito, isto é, a entrega da prestação (cozinha), sob pena de não o fazendo ter que devolver o que foi pago em dobro (arras), mais eventuais perdas e danos se necessário, até judicialmente.

3.2 Patrimonialidade

É objeto ínsito a toda e qualquer obrigação e significa dizer que toda obrigação tem que ter, direta ou indiretamente, um valor econômico ou, no mínimo, ser passível de avaliação pecuniária.

Conforme veremos no desenrolar do curso, não cumprida a obrigação pode o credor adotar as medidas judiciais e extrajudiciais cabíveis para exigir do devedor a prestação a que se obrigou e, no caso de não cumprimento, buscar o recebimento de seu crédito, incluindo perdas e danos, que recairá sobre o patrimônio do inadimplente. Quer dizer, não podemos falar em executar o patrimônio do devedor se não temos um valor aferido para a prestação não cumprida.

Alguns autores discordam desse caráter patrimonial que atribuímos às obrigações tendo em vista a positivação do direito de indenização por dano moral que, por óbvio, não tem valor patrimonial. No entanto é possível estimar o valor pecuniário do dano moral levando-se em conta o binômio punitivo-compensatório, de sorte a obrigar o ofensor (devedor) a oferecer à vítima (credor) uma soma em dinheiro que compense seu sofrimento. Nesse caso, a obrigação de indenizar surge em razão da violação a um dever jurídico.

Importante deixar claro que, **se a obrigação não tiver valor econômico, ou não puder ser valorada ainda que por arbitramento, não interessa ao direito das obrigações.** Podemos mencionar como exemplos de obrigações sem caráter econômico a fidelidade dos cônjuges ou o dever de obediência do filho em relação ao pai.

3.3 Autonomia da vontade

Os indivíduos têm plena liberdade para praticar os atos e negócios de sua vontade, criando os mais variados tipos de relações jurídicas. Em princípio, as pessoas são livres para contratarem o que bem entenderem, com quem melhor possa lhe parecer ser capaz de cumprir e utilizando a forma que lhes parecer suficiente para provar e exigir o pacto.

Advirta-se que **a autonomia da vontade não é ilimitada**, tendo em vista que vários princípios, especialmente o princípio da supremacia da ordem pública, limitam a liberdade das pessoas. Além disso, o objeto deve ser lícito, o negócio não deve conter vícios, bem como não deve ferir a moral, os bons costumes nem a ordem pública.

4. IMPORTÂNCIA DOS DIREITOS DAS OBRIGAÇÕES

Podemos afirmar que é através das relações obrigacionais que se desenvolvem e se estruturam os regimes econômicos de todas as nações, tendo em vista disciplinar, por exemplo, as formas de aquisição de matéria-prima, remuneração da relação capital-trabalho; relações de consumo, além de disciplinar a distribuição e circulação das riquezas, através das mais variadas formas de contratos civis, mercantis e empresariais.

A evolução da economia, da tecnologia, das comunicações, assim como toda e qualquer outra atividade humana, somente atingiu o estágio de desenvolvimento atual em face da possibilidade de realização dos mais diversos contratos (obrigações), sem os quais os homens ainda estariam na "idade da pedra".

Nos dias atuais **é impossível que alguém viva sem assumir as mais variadas obrigações**, especialmente em face do desenvolvimento da chamada sociedade de consumo, contratando aquisição de bens e serviços.

Também se pode medir a importância dos direitos obrigacionais no campo da responsabilidade civil, tendo em vista a complexidade das inter-relações pessoais que faz aflorar violações de direitos e consequentemente impõe o dever de indenizar os danos materiais, morais e estéticos eventualmente provocados.

5. DOS DIREITOS OBRIGACIONAIS E DOS DIREITOS REAIS

Todos os bens, direitos e obrigações de uma determinada pessoa compõem o seu patrimônio que, na linguagem contabilista, pode ser positivo (mais direitos que obrigações) ou negativo (mais obrigações que direitos). Veremos agora quais direitos compõem os direitos patrimoniais.

5.1 Direitos patrimoniais

É o conjunto de bens, direitos e obrigações de uma pessoa natural ou jurídica, sendo suscetíveis de estimação pecuniária, dividindo-se em pessoais (ou obrigacionais) e reais (ou das coisas).

5.1.1 Direitos reais (das coisas)

É o ramo do direito que regula o poder dos homens sobre os bens (corpóreos ou incorpóreos) e os modos de sua aquisição, utilização, conservação, reivindicação e perda, estabelecendo um poder jurídico, direto e imediato, do titular sobre a coisa (domínio), com exclusividade e oponível contra todos (*erga omnes*). Os direitos reais somente podem ser criados por lei e atualmente são aqueles previstos no art. 1.225[4] do Código Civil (*numerus clausus*).

5.1.2 Direitos obrigacionais (pessoais)

Constitui uma relação jurídica entre pessoas, consistente num vínculo jurídico pelo qual o sujeito ativo (credor) tem a prerrogativa de exigir do sujeito passivo (devedor) o cumprimento da obrigação assumida (prestação). Os direitos obrigacionais podem ser criados livremente pelas partes, bastando

---

4. CC, Art. 1.225. São direitos reais:
I – a propriedade;
II – a superfície;
III – as servidões;
IV – o usufruto;
V – o uso;
VI – a habitação;
VII – o direito do promitente comprador do imóvel;
VIII – o penhor;
IX – a hipoteca;
X – a anticrese.
XI – a concessão de uso especial para fins de moradia; (Incluído pela Lei nº 11.481, de 2007)
XII – a concessão de direito real de uso; e (Redação dada pela Lei nº 13.465, de 2017)
XIII – a laje. (Incluído pela Lei nº 13.465, de 2017)

que o negócio entabulado seja lícito, possível e determinado ou determinável (CC, art. 104).[5]

5.1.3 Figuras híbridas

Há algumas categorias de direitos que se situam intermediariamente entre os direitos reais (das coisas) e os direitos obrigacionais (pessoais), reunindo características de ambos, constituindo-se em um misto de direito obrigacional e de direito real. Em verdade só não são considerados direitos reais porque não estão previstos em lei como tal. São elas a obrigação *propter rem*, os ônus reais e as obrigações com eficácia real:

a) **Obrigação propter rem:**

   Este tipo de obrigação passa a existir quando o titular do direito real é obrigado, devido à sua condição de proprietário da coisa, a satisfazer certa prestação dela decorrente. Tal obrigação só existe em razão da coisa e a ela se vincula, obrigando quem quer que seja o seu proprietário. **São obrigações que só existem por causa da coisa**, cujo exemplos típicos[6] são as despesas de condomínio (CC, art. 1.336, I)[7] ou mesmo o crédito tributário incidente sobre a propriedade transferida (CTN, art. 131).[8]

---

5. CC, Art. 104. A validade do negócio jurídico requer:
   I – agente capaz;
   II – objeto lícito, possível, determinado ou determinável;
   III – forma prescrita ou não defesa em lei.
6. Alguns outros exemplos, ver:
   CC, art. 1.336, II (não alterar a fachada do prédio);
   CC, art. 1.234 (recompensa por coisa perdida);
   CC, art. 1.297, *caput* e § 1º (despesas de demarcação e despesas de conservação de tapumes divisórios);
   CC, art. 1.280 (caução por dano infecto);
   CC, art. 1.219 (indenização por benfeitorias) etc.
7. CC, Art. 1.336. São deveres do condômino:
   I – contribuir para as despesas do condomínio na proporção das suas frações ideais, salvo disposição em contrário na convenção.
8. CTN, Art. 131. São pessoalmente responsáveis:
   I – o adquirente ou remitente, pelos tributos relativos aos bens adquiridos ou remidos; (Redação dada pelo Decreto Lei nº 28, de 1966)
   II – o sucessor a qualquer título e o cônjuge meeiro, pelos tributos devidos pelo de cujus até a data da partilha ou adjudicação, limitada esta responsabilidade ao montante do quinhão do legado ou da meação;
   III – o espólio, pelos tributos devidos pelo de cujus até a data da abertura da sucessão.

b) **Ônus reais:**

É um direito que recai sobre coisa alheia que limita o uso e o gozo da propriedade, cuja obrigação assume o titular em favor de outra pessoa, constituindo-se em gravames ou direitos oponíveis *erga omnes*, como, por exemplo, a renda constituída sobre imóvel (CC, art. 804).[9] Esse compromisso adere e acompanha a coisa com quem quer que a detenha ou possua, podendo-se até dizer que quem deve é a coisa e não a pessoa. Seu objetivo é gerar créditos pessoais, decorrente da coisa (móvel ou imóvel), em favor do credor.

c) **Obrigações com eficácia real:**

São alguns tipos de obrigações que se situam num terreno fronteiriço entre os direitos obrigacionais e os direitos reais, pois são obrigações que embora tenham caráter pessoal, se transmitem e são oponíveis a terceiro, mesmo ao novo adquirente da coisa.

Um exemplo típico é o contrato de locação, no caso de venda do imóvel locado (CC, art. 576).[10] Nesse caso, a lei fala que para valer contra terceiro, é exigido que o contrato esteja registrado no Cartório de Registro de Imóveis da respectiva circunscrição.

Atenção: o Superior Tribunal de Justiça tem jurisprudência mansa e pacífica flexibilizando esta exigência.

5.2 Diferenças entre os direitos obrigacionais e os direitos reais

As principais distinções entre direitos obrigacionais (pessoais) e os direitos reais (das coisas) são as seguintes:

a) **Quanto ao objeto:**

No direito pessoal o objeto é sempre o cumprimento de uma prestação (dar, fazer ou não fazer), enquanto que no direito real o objeto é o direito do titular que recai sobre a própria coisa.

---

9. CC, Art. 804. O contrato pode ser também a título oneroso, entregando-se bens móveis ou imóveis à pessoa que se obriga a satisfazer as prestações a favor do credor ou de terceiros.

10. CC, Art. 576. Se a coisa for alienada durante a locação, o adquirente não ficará obrigado a respeitar o contrato, se nele não for consignada a cláusula da sua vigência no caso de alienação, e não constar de registro.

§ 1º. O registro a que se refere este artigo será o de Títulos e Documentos do domicílio do locador, quando a coisa for móvel; e será o Registro de Imóveis da respectiva circunscrição, quando imóvel.

§ 2º. Em se tratando de imóvel, e ainda no caso em que o locador não esteja obrigado a respeitar o contrato, não poderá ele despedir o locatário, senão observado o prazo de noventa dias após a notificação.

b) **Quanto ao sujeito passivo:**

No direito pessoal o sujeito passivo é determinado (devedor), enquanto que no direito real ele é indeterminado, tendo em vista que toda a coletividade deve se abster de violar aquele direito (obrigação de não fazer).

c) **Quanto à duração:**

Os direitos pessoais são transitórios, isto é, se extinguem com o cumprimento da obrigação, enquanto que os direitos reais tendem à perpetuidade, pois só se extinguem nos casos expressos em lei (usucapião, desapropriação etc.).

d) **Quanto à criação:**

O direito pessoal surge como manifestação da vontade das partes (consensualismo), portanto ilimitados, ao passo que os direitos reais somente podem ser criados e regulados pela lei (*numerus clausus*).

e) **Quanto ao modo de exercício:**

O direito pessoal se exerce através da figura intermediária do devedor, já os direitos reais são exercidos e recaem diretamente sobre a coisa, sem necessidade de nenhum intermediário.

f) **Quanto à ação:**

Quando violado o direito obrigacional, seu titular tem uma ação pessoal, dirigida especificamente contra aquele que é o devedor, enquanto que no direito real a ação pode ser exercida contra quem quer que injustamente detenha a coisa (sujeito indeterminado).

g) **Direito de sequela:**

É a prerrogativa conferida ao titular de um direito real de defender sua propriedade contra quem quer que a moleste e de persegui-la aonde quer que ela esteja, não cabendo nos direitos obrigacionais que só podem ser exigidos do devedor.

h) **Direito de preferência creditório:**

Este só decorre dos direitos reais de garantia (hipoteca, penhor e anticrese) e consiste na preferência de recebimento de seus créditos frente a outros credores (quirografários), não sendo aplicável aos direitos pessoais.

i) **Usucapião:**

Só existe como forma de aquisição da propriedade no direito real, não se cogitando sua existência nos direitos obrigacionais.

Conclusão: pelas diferenças apontadas entre os direitos obrigacionais e os direitos reais fica visível que **o titular de direitos reais goza de uma maior certeza na realização do seu crédito**, tendo em vista que a garantia é a própria coisa (garantia é muito forte, pois a coisa é a garantia e ela dificilmente deixará de existir); enquanto que no direito obrigacional a garantia é o patrimônio do devedor, que pode até inexistir no momento da execução (garantia fraca, tal qual a palavra empenhada). Se o devedor não quiser cumprir e não tiver patrimônio, o crédito nunca será satisfeito.

6. DIFERENÇAS ENTRE OBRIGAÇÃO E RESPONSABILIDADE

É importante notar que existem diferenças entre obrigação e responsabilidade, embora na prática o leigo considere ambas como coisas iguais.

A obrigação é o resultado da vontade do Estado, através do permissivo legal, e deve ser cumprida espontânea e voluntariamente pelo devedor.

A responsabilidade somente irá surgir se o devedor não cumprir espontaneamente com a obrigação, cuja consequência será a busca da satisfação do credor, se necessário até coercitivamente através do Estado-juiz, atingindo o patrimônio do devedor.

Conclusão: nada impede que exista obrigação sem responsabilidade ou responsabilidade sem obrigação, conforme veremos a seguir.

6.1 Obrigação sem responsabilidade

São as chamadas **obrigações naturais** que, embora existentes, não podem ser exigidas judicialmente. Para melhor ilustrar podemos mencionar dois exemplos: as **dívidas de jogos** (CC, art. 814, *caput*)[11] e **os créditos prescritos** (CC, art. 882).[12] Importante frisar que, nesses dois casos, a obrigação existe, porém o credor não terá ação para poder coagir ou responsabilizar o devedor pelo não cumprimento.

Atenção: o Superior Tribunal de Justiça tem entendido que é perfeitamente normal a cobrança de dívida de jogo no Brasil desde que a dívida tenha sido contraída onde essa prática é considerada legal.[13]

11. CC, Art. 814. As dívidas de jogo ou de aposta não obrigam a pagamento; mas não se pode recobrar a quantia, que voluntariamente se pagou, salvo se foi ganha por dolo, ou se o perdente é menor ou interdito.
12. CC, Art. 882. Não se pode repetir o que se pagou para solver dívida prescrita, ou cumprir obrigação judicialmente inexigível.
13. STJ, REsp 1628974, 3ª. Turma, relator Min. Villas Bôas Cueva, publicado 10/07/2017.

6.2 Responsabilidade sem obrigação

Da mesma forma que pode haver obrigação sem responsabilidade, pode o inverso também ocorrer. Um exemplo bem elucidativo de uma **responsabilidade sem obrigação é a do fiador** que, em verdade, funciona como um garantidor da eventual dívida, o que somente ocorrerá se o afiançado (responsável) não pagar. Nesse caso, quem tem a obrigação de pagar os alugueres é o inquilino, mas se ele não o fizer, o fiador é que será responsabilizado.

Lição 2
NOÇÕES BÁSICAS SOBRE O DIREITO DAS OBRIGAÇÕES

Sumário: 1. Conceito e significado jurídico da palavra *obrigação* – 2. Elementos constitutivos das obrigações; 2.1 Elemento subjetivo; 2.2 Elemento objetivo; 2.3 Vínculo jurídico ou elemento abstrato – 3. As fontes das obrigações; 3.1 A lei como fonte direta das obrigações; 3.2 Os atos e negócios jurídicos como fontes das obrigações; 3.3 O ato ilícito como fonte das obrigações – 4. Classificação das obrigações – 5. Prestação; 5.1 Licitude; 5.2 Possibilidade; 5.3 Determinação – 6. Efeitos das obrigações.

1. CONCEITO E SIGNIFICADO JURÍDICO DA PALAVRA *OBRIGAÇÃO*

Vamos ver o conceito jurídico de obrigação e o desdobramento das palavras que a compõem, naquilo que é mais significativo.

Conceito: **obrigação é a relação jurídica transitória** pela qual alguém (o devedor) se obriga a dar (às vezes restituir, devolver), fazer ou não fazer determinada coisa **espontaneamente** em favor de outrem (o credor), que, não sendo cumprida, permitirá seja executado o seu patrimônio para satisfação do crédito (**prestação econômica**), incluídas as eventuais perdas e danos.

a) **Relação jurídica transitória:**

As obrigações se extinguem, normalmente, pelo cumprimento daquele que estava obrigado (pagamento). A transitoriedade é da essência das obrigações tendo em vista não haver obrigações perpétuas. Mesmo nas obrigações com caráter continuado (até mesmo vitalício), como normalmente é o usufruto, por exemplo, há um limite de sua duração, qual seja a morte do usufrutuário.

b) **Espontaneamente:**

As obrigações são assumidas pelas pessoas para serem cumpridas espontaneamente, isto é, de forma natural e livre. Só em caso de não cumprimento é que fará surgir para o credor o direito de exigir forçadamente, através do Estado-juiz, que seja adimplido o seu crédito até, se for o caso, com desfalque do patrimônio do devedor.

c) **Prestação econômica:**

Toda obrigação tem que ter, obrigatoriamente, uma expressão monetária. Mesmo naquelas obrigações que não envolvam diretamente uma prestação econômica como, por exemplo, nas obrigações de fazer enquanto prestação de um serviço, ainda assim há de ser possível uma avaliação econômica, ou seja, o seu objeto deve exprimir um valor pecuniário. Obrigação cujo conteúdo não tenha valor economicamente apreciável escapa dos domínios dos direitos obrigacionais.

2. ELEMENTOS CONSTITUTIVOS DAS OBRIGAÇÕES

Os elementos constitutivos das obrigações são três: o **subjetivo**, representado pelas figuras do credor (ativo) e do devedor (passivo) que podem ser pessoas jurídicas ou físicas; o **objetivo**, enquanto a prestação a ser realizada pelo devedor em favor do credor; e **vínculo jurídico**, que é a previsão legal, decorrente das fontes das obrigações, unindo os sujeitos envolvidos na relação.

2.1 Elemento subjetivo

São as partes envolvidas na relação obrigacional. Quer dizer, refere-se aos sujeitos da obrigação, o **ativo** (credor) e o **passivo** (devedor), podendo tanto um quanto o outro ser pessoa física (natural), capaz ou incapaz;[1] pessoa jurídica (de direito público ou privado, com finalidade lucrativa ou de benemerência) ou até mesmo um ente despersonalizado (espólio) ou as sociedades de fato (pessoa jurídica em formação). Podem ser simples (um devedor e um credor) ou complexas (multiplicidade de devedores e/ ou de credores).

O **sujeito ativo** (credor) será aquele, ou aqueles, em favor do qual o sujeito passivo (devedor) prometeu realizar um determinado tipo de fato (prestação) e que, como titular do direito, poderá exigir (até forçadamente, via judiciário) que seja cumprido o prometido.

Tratando-se ainda do sujeito ativo, ele pode ser individual (uma pessoa individualmente considerada) ou coletivo (os integrantes de um condomínio),

1. Se a pessoa for absolutamente incapaz (CC, art. 3º.) deverá ser representado por quem de direito; se relativamente incapaz (CC, art. 4º.), deverá ser assistido, sob pena de nulidade ou anulabilidade do ato praticado (ver CC, arts. 166 e 171).

de existência presente (pessoa já existente) ou futura (nascituro, fundação a ser criada etc.).

Quanto ao **sujeito passivo** (devedor) deverá ser determinado, porém o ativo (credor) poderá ser excepcionalmente determinável. Exemplo: a escola (sujeito passivo; devedor certo) oferece uma bolsa de estudo para quem ganhar (credor indeterminado) um concurso de monografia. Nesse caso só vamos conhecer o credor (aluno ganhador do prêmio) quando for encerrado o concurso e forem atribuídos os pontos aos participantes. Durante todo o tempo o sujeito passivo (devedor) é conhecido, portanto determinado: a escola.

2.2 Elemento objetivo

É o objeto da obrigação e será sempre uma conduta ou ato humano, também chamado *prestação*. É o elemento da relação obrigacional que corresponde a uma conduta, podendo ser chamada de prestação positiva (dar ou fazer) ou negativa (não fazer). Nesse caso é a ação ou omissão a que está obrigado o devedor.

Há limitação no que diz respeito ao objeto tendo em vista que o mesmo deverá ser lícito, possível, determinado ou determinável (CC, art. 104)[2] e suscetível de avaliação pecuniária.

2.3 Vínculo jurídico ou elemento abstrato

É o elo existente entre os sujeitos ativo e passivo e que confere ao primeiro o direito de exigir do segundo o cumprimento da obrigação de forma espontânea ou, em última análise, socorrer-se do judiciário para, através da ameaça de execução sobre os seus bens, obter, de duas uma, ou a execução do prometido ou, na impossibilidade, a indenização por perdas e danos (CC, art. 389).[3]

3. AS FONTES DAS OBRIGAÇÕES

A fonte de qualquer obrigação é o ato ou fato jurídico que originou esse dever, desde que em conformidade com o ordenamento jurídico.

2. CC, Art. 104. A validade do negócio jurídico requer:
   I – agente capaz;
   II – objeto lícito, possível, determinado ou determinável;
   III – forma prescrita ou não defesa em lei.
3. CC, Art. 389. Não cumprida a obrigação, responde o devedor por perdas e danos, mais juros e atualização monetária segundo índices oficiais regularmente estabelecidos, e honorários de advogado.

A rigor, **a fonte das obrigações** é uma só, qual seja, **a lei**, em face do princípio constitucional da legalidade que dispõe: "Ninguém será obrigado a fazer ou deixar de fazer alguma coisa senão em virtude de lei" (CF, art. 5º, II). Quer dizer, todas as obrigações oriundas dos contratos, atos unilaterais da vontade, ou mesmo decorrente do ato ilícito, só vão existir e ter validade se estiverem em conformidade com a lei.

Ocorre que, **por uma razão estritamente didática, dividimos a fonte das obrigações em três**:

a) **A lei:**

   Quando independente da vontade ou agir das pessoas, impõe algum tipo de obrigação;

b) **Os atos e negócios jurídicos:**

   Como manifestação livre da vontade das pessoas; e,

c) **Os atos ilícitos:**

   Como decorrência da ação ou omissão das pessoas, de forma consciente (dolo) ou inconsciente (culpa) e que tenha causado dano a outrem.

3.1 A lei como fonte direta das obrigações

Algumas obrigações decorrem diretamente da lei, isto é, independentemente do querer ou do agir das pessoas como, por exemplo, a **obrigação de prestar alimentos** (CC, art. 1.694, *caput*)[4] ou a **obrigação de reparar o dano causado por fato de terceiro** (CC, art. 932),[5] que existem independentemente de qualquer contrato ou mesmo da vontade do devedor.

---

4. CC, Art. 1.694. Podem os parentes, os cônjuges ou companheiros pedir uns aos outros os alimentos de que necessitem para viver de modo compatível com a sua condição social, inclusive para atender às necessidades de sua educação.
5. CC, Art. 932. São também responsáveis pela reparação civil:

   I – os pais, pelos filhos menores que estiverem sob sua autoridade e em sua companhia;

   II – o tutor e o curador, pelos pupilos e curatelados, que se acharem nas mesmas condições;

   III – o empregador ou comitente, por seus empregados, serviçais e prepostos, no exercício do trabalho que lhes competir, ou em razão dele;

   IV – os donos de hotéis, hospedarias, casas ou estabelecimentos onde se albergue por dinheiro, mesmo para fins de educação, pelos seus hóspedes, moradores e educandos;

   V – os que gratuitamente houverem participado nos produtos do crime, até a concorrente quantia.

3.2 Os atos e negócios jurídicos como fontes das obrigações

Aqui se encontra a maior gama de obrigações, tendo em vista que as pessoas firmam os mais diversos contratos diuturnamente e, por conseguinte, criam obrigações para adquirir, transferir, modificar, resguardar e até mesmo extinguir direitos. São exemplos as **manifestações bilaterais** (contratos em geral) e **unilaterais** (promessa de recompensa) **da vontade.**

3.3 O ato ilícito como fonte das obrigações

Esse também é de grande incidência enquanto fonte das obrigações, tendo em vista o **princípio *neminem laedere*** que significa, em última análise, que ninguém pode lesar a outrem impunemente, princípio este positivado na nossa Constituição Federal (CF, art. 1º, III e art. 5º, V e X),[6] bem como no Código Civil (CC, arts. 186,[7] 187[8] e 927).[9]

4. CLASSIFICAÇÃO DAS OBRIGAÇÕES

As obrigações se resumem, no geral, em um dar (às vezes devolver ou restituir), um fazer ou um não fazer.

Ocorre que, por decorrência da vida prática, qualquer uma dessas modalidades de obrigações pode implicar em consequências diversas, seja com relação ao objeto da prestação, seja com relação às pessoas envolvidas, por isso há uma necessidade de classificar e estudar as modalidades incidentes de obrigações.

É possível adotar várias sistemáticas para classificar as obrigações, vejamos **nossa classificação**:

a) **Quanto à prestação:**

Obrigação de dar (ou restituir), obrigação de fazer e obrigação de não fazer.

---

6. O art. 1º, inciso III, da Constituição Federal, eleva a dignidade da pessoa humana a fundamento da República. Já os incisos V e X do art. 5º tratam da indenização por dano moral por ofensa a honra e a imagem, dentre outras hipóteses.
7. CC, Art. 186. Aquele que, por ação ou omissão voluntária, negligência ou imprudência, violar direito e causar dano a outrem, ainda que exclusivamente moral, comete ato ilícito.
8. CC, Art. 187. Também comete ato ilícito o titular de um direito que, ao exercê-lo, excede manifestamente os limites impostos pelo seu fim econômico ou social, pela boa-fé ou pelos bons costumes.
9. CC, Art. 927. Aquele que, por ato ilícito (arts. 186 e 187), causar dano a outrem, fica obrigado a repará-lo.

   Parágrafo único. Haverá obrigação de reparar o dano, independentemente de culpa, nos casos especificados em lei, ou quando a atividade normalmente desenvolvida pelo autor do dano implicar, por sua natureza, risco para os direitos de outrem.

b) **Quanto às fontes:**

Obrigação legal (decorre da lei) e obrigação voluntária (decorre da vontade das partes).

c) **Quanto à exigibilidade:**

Obrigação natural (não tem atributo de coerção, como as dívidas de jogo) e obrigação civil (exigível judicialmente).

d) **Quanto à pessoalidade:**

Obrigação fungível, também chamada de impessoal (qualquer pessoa pode executar) e obrigação infungível ou personalíssima (só o devedor pode fazer).

e) **Quanto aos elementos e sujeitos:**

Obrigação simples (um só objeto e um só elemento) e obrigação composta ou complexa (mais de um sujeito ou mais de um objeto).

f) **Quanto à multiplicidade de sujeitos**

(ativos ou passivos): Obrigação divisível, obrigação indivisível e obrigação solidária.

g) **Quanto à liquidez:**

Obrigação líquida (valor certo e definido) e obrigação ilíquida (valor a ser apurado).

h) **Quanto ao momento da execução:**

Obrigação de execução instantânea (compra à vista, por exemplo), e obrigação de execução futura (a ser realizada por uma ou ambas as partes em data futura). A obrigação de execução futura se desdobra em duas modalidades: obrigação diferida (a ser cumprida no futuro de uma só vez – exemplo: a compra paga com cheque pós-datado) e obrigação periódica ou de trato sucessivo (a ser cumprida no futuro, porém, em parcelas periódicas – exemplo: locação de imóveis).

i) **Quanto aos elementos acidentais:**

Obrigação pura e simples (sem incidentes), obrigação condicional (sob determinada condição), obrigação a termo (sujeita a uma determinada data) e obrigação com encargo ou modal (mediante uma contraprestação).

j) **Quanto à reciprocidade:**

Obrigação principal (existe por si só) e obrigação acessória (para existir depende da principal).

k) **Quanto ao comportamento do devedor:**

Obrigação comissiva (prestação ativa = fazer) e obrigação omissiva (prestação negativa = não fazer).

l) **Quanto ao fim a ser alcançado:**

Obrigação de meio (médicos e advogados, no geral), obrigação de resultado (cirurgião plástico) e obrigação de garantia (fornecedor de produtos e serviços).

Observação: todas essas modalidades serão objeto de estudo de forma detalhada nas lições que serão ministradas no desenvolver da presente obra.

5. PRESTAÇÃO

Prestação é o objeto da obrigação assumida, quer dizer, é o dar ou restituir (prestação de coisa), o fazer ou o não fazer (prestação de fato), que deve, obrigatoriamente, ser algo lícito, possível, determinado ou determinável quando do seu cumprimento (CC, art. 104),[10] sob pena de nulidade (CC, art. 166, II).[11]

5.1 Licitude

A licitude da obrigação implica em que não se pode exigir algo de alguém que seja contrário à lei (dívida de jogo, por exemplo – CC, art. 814, *caput*).[12] Mas não é só isso. Também não pode ser contrário à moral e aos bons costumes (contrato de prestação de serviços sexuais, embora não seja ilícito, não é moralmente aceito).

5.2 Possibilidade

Deve a prestação ser possível, tanto física quanto juridicamente. Assim, será considerada impossível e, portanto, inexigível, a obrigação, por exemplo, de

10. CC, Art. 104. A validade do negócio jurídico requer:
I – agente capaz;
II – objeto lícito, possível, determinado ou determinável;
III – forma prescrita ou não defesa em lei.

11. CC, Art. 166. É nulo o negócio jurídico quando:
I – celebrado por pessoa absolutamente incapaz;
II – for ilícito, impossível ou indeterminável o seu objeto (omissis).

12. CC, Art. 814. As dívidas de jogo ou de aposta não obrigam a pagamento; mas não se pode recobrar a quantia, que voluntariamente se pagou, salvo se foi ganha por dolo, ou se o perdente é menor ou interdito.

entregar um terreno em Marte (impossibilidade física), bem como a obrigação que envolva a herança de pessoa viva (impossibilidade jurídica – CC, art. 426).[13]

5.3 Determinação

A prestação deve também ser determinada, ou seja, o objeto deve ser previamente conhecido das partes envolvidas (a entrega do veículo placa XPTO) ou pelo menos determinável em algum momento futuro (a entrega de dez sacas de arroz – CC, art. 243),[14] que será individualizado antes da entrega pela escolha (o ato de escolha chama-se juridicamente de "concentração").

Por fim, cabe um alerta: não se confunda o objeto da prestação (objeto imediato, próximo) com os meios utilizados para essa operação (o contrato) ou com a coisa sobre a qual recai a prestação (objeto mediato, distante). Por exemplo, no comodato (contrato) o comodatário se obriga a restituir (objeto imediato) a coisa emprestada gratuitamente (objeto mediato).

6. EFEITOS DAS OBRIGAÇÕES

O **principal efeito das obrigações é sujeitar o devedor a cumprir**, nos exatos termos (objeto, lugar e tempo), **o compromisso assumido** (adimplemento).

Como efeito secundário, surge o direito do credor de exigir do devedor o cumprimento do acordado e, no caso de inadimplemento, recorrer às vias judiciais para ver seu crédito satisfeito.

De regra as obrigações geram efeitos somente entre as partes contratantes, podendo ser, eventualmente, responsabilizados os herdeiros, no caso de morte, até o limite das forças da herança (CC, art. 1.792).[15] Nesse caso, não é o sucessor que irá pagar com o dinheiro de seu bolso, mas sim o patrimônio do devedor representado pelos bens que deixou para serem inventariados.

---

13. CC, Art. 426. Não pode ser objeto de contrato a herança de pessoa viva.
14. CC, Art. 243. A coisa incerta será indicada, ao menos, pelo gênero e pela quantidade.
15. CC, Art. 1.792. O herdeiro não responde por encargos superiores às forças da herança; incumbe-lhe, porém, a prova do excesso, salvo se houver inventário que a escuse, demostrando o valor dos bens herdados.

Capítulo 2
Das várias modalidades de obrigações

Lição 3
DAS OBRIGAÇÕES DE DAR: COISA CERTA E COISA INCERTA

I – DAS OBRIGAÇÕES DE DAR COISA CERTA

1. CARACTERÍSTICAS NAS OBRIGAÇÕES DE DAR (E RESTITUIR) COISA CERTA

Quando se trata das obrigações de dar (entrega de coisa na compra e venda, por exemplo) ou de restituir (devolução do imóvel cedido em comodato, por exemplo), algumas peculiaridades chamam a atenção e precisam ser adequadamente compreendidas em face de sua grande incidência na vida prática.

Independentemente da vontade das partes, muitas circunstâncias podem influir ou mesmo alterar o cumprimento da obrigação como, por exemplo, a coisa ter se deteriorado antes da entrega (sofreu uma perda parcial de suas qualidades) ou vir a perecer (ocorreu a perda total do bem). Pode também ocorrer de ela sofrer uma valorização em face de acréscimos ou melhoramentos.

Outra questão importante que deve ser frisada desde logo: o leigo pensa que quando assina um contrato já adquiriu a coisa, isto é, já é proprietário. Ledo engano! **O contrato não transfere a propriedade**, somente cria obrigações para ambas as partes.

Por tudo isso, vamos analisar cada uma dessas questões nos tópicos seguintes.

1.1 Conceito da obrigação de dar ou restituir

A obrigação de dar é uma obrigação do tipo positiva, pela qual o devedor está jungido a promover, em benefício do credor, a entrega (no caso da compra e venda) ou restituição (no caso de comodato) de coisa determinada, individualizada, podendo ser resumida numa única palavra: "tradição".

1.2 Proibição de entregar coisa diferente

Na obrigação de dar coisa certa, o devedor é obrigado a entregar o objeto da prestação pactuada, pois lhe **é vedado entregar coisa diversa, mesmo que seja mais valiosa** (CC, art. 313).[1]

De outro lado, o credor de coisa certa não pode exigir coisa diversa da pactuada, ainda que menos valiosa, de tal sorte a afirmar que a recíproca é verdadeira.

Isso se justifica porque o contrato faz lei entre as partes e as obriga na exata medida do que foi pactuado. Não fosse assim, tanto o credor quanto o devedor poderiam, segundo suas conveniências, alterar o objeto da prestação somente para atender seus próprios caprichos ou interesses – seria um caos.

Vamos imaginar, por exemplo, que você tenha comprado um pneu para seu veículo de passeio e depois a loja resolve entregar um pneu de trator. Ainda que o pneu de trator seja mais valioso monetariamente, não lhe interessa porque não atende as suas necessidades. Da mesma forma, se você comprou um pneu para veículo de passeio, não pode exigir que lhe seja entregue um de caminhão.

Cumpre observar que, dentro da liberdade outorgada às partes, tanto credor quanto devedor podem expressamente concordar em receber/ entregar coisa diferente do que foi pactuado, porém isso será uma nova convenção, que tanto pode ser uma dação em pagamento quanto uma novação (veremos mais adiante).

---

1. CC, Art. 313. O credor não é obrigado a receber prestação diversa da que lhe é devida, ainda que mais valiosa.

1.3 A tradição como forma de transferir a propriedade

Conforme já dissemos, no direito brasileiro o contrato não é o instrumento hábil à transferência do domínio, tendo em vista que ele é somente uma fonte de obrigações e direitos, já que **só a tradição** (real ou ficta) **é que tem o poder de transferir o domínio** (CC, art. 1.267, *caput*).[2]

Assim, alguém só adquire a propriedade de uma determinada coisa pela tradição que, em se tratando de **coisa móvel, ocorrerá pela entrega efetiva do bem** (CC, art. 1.226)[3] e, **no caso de imóvel pelo registro da escritura** (título hábil à transferência), perante o Cartório de Registro de Imóveis da circunscrição onde se localiza o imóvel (CC, art. 1.245).[4]

> **Exemplo:** vamos supor que você foi até a loja de eletrodomésticos Tralhas & Treckos e comprou aquela TV preto e branco de 17' que era seu sonho de consumo. Pagou à vista. A loja disse que entregaria no prazo de 4 (quatro) dias. Pergunta-se: após você ter realizado o pagamento se pode dizer que você já é o proprietário da televisão? Resposta: não! O que você tem em mãos é um contrato (compra e venda à vista) pelo qual pode provar que pagou (virou credor) e a loja se obrigou a entregar (devedor). Tanto é assim que a loja pode vender essa mesma TV para outra pessoa e nunca lhe entregar o bem prometido.
>
> **Outro exemplo:** da mesma forma se a coisa for um imóvel. Vamos supor que você tenha adquirido uma cobertura no Jardim Robru e pagou a vista o valor de R$ 50 mil. Ao fazer isso, surge para o vendedor (agora devedor), a obrigação de comparecer em Cartório de Notas e lavrar a respectiva escritura de venda do imóvel que lhe permitirá levá-la a registro no Cartório de Imóveis de circunscrição para fazer constar que, agora, o imóvel é seu (você é o credor, nessa operação). Enquanto não fizer isso, o imóvel continua legalmente sendo de propriedade do vendedor. Se dúvidas restarem veja-se o que diz o § 1º do já citado art. 1.245, do Código Civil.

---

2. CC, Art. 1.267. A propriedade das coisas não se transfere pelos negócios jurídicos antes da tradição.
3. CC, Art. 1.226. Os direitos reais sobre coisas móveis, quando constituídos, ou transmitidos por atos entre vivos, só se adquirem com a tradição.
4. CC, Art. 1.245. Transfere-se entre vivos a propriedade mediante o registro do título translativo no Registro de Imóveis.

   § 1º. Enquanto não se registrar o título translativo, o alienante continua a ser havido como dono do imóvel.

   § 2º. Enquanto não se promover, por meio de ação própria, a decretação de invalidade do registro, e o respectivo cancelamento, o adquirente continua a ser havido como dono do imóvel.

Advirta-se que o ato de entrega (coisa móvel) ou a transcrição no CRI (imóvel) não significa novo negócio, mas sim mera formalidade de convalidação do negócio já realizado.

1.4 Direito aos melhoramentos, acréscimos e frutos

1.4.1 Na entrega de coisa certa

Pode ocorrer que entre a realização do negócio e a efetiva transferência do bem decorra certo lapso de tempo. Nesse período a coisa continua sendo do devedor e ele terá direitos aos acréscimos pelos quais poderá pedir um aumento de preço que, se o credor não concordar, lhe autoriza desfazer o negócio (resolver).

Por exemplo: se o negócio envolve um animal e, entre o ato de venda e a entrega efetiva, o mesmo vem a dar uma cria. Nesse caso, o devedor não está obrigado a entregar a cria, exceto se isso constou, expressamente, do contrato. Se, no entanto, no ato da entrega a cria ainda não nasceu, ela passa para o credor, pois este tem direito aos frutos pendentes (CC, art. 237 e parágrafo único).[5]

1.4.2 No caso de restituição

Tratando-se de restituição como, por exemplo, no caso de depósito, o credor tem direito a devolução do bem com todos os melhoramentos e acréscimo, se isso ocorreu sem trabalho ou despesas do devedor (CC, art. 241 e 629).[6]

1.4.3 Direito de retenção

Quando se tratar de restituição, se o devedor empregou esforços próprios ou realizou gastos para os melhoramentos ou acréscimos, terá direito a indenização. Se não for indenizado pelo credor, poderá exercer o direito de reter a coisa como forma de obrigar a realização da indenização (CC, art. 1.219).[7]

---

5. CC, Art. 237. Até a tradição pertence ao devedor a coisa, com os seus melhoramentos e acrescidos, pelos quais poderá exigir aumento no preço; se o credor não anuir, poderá o devedor resolver a obrigação. Parágrafo único. Os frutos percebidos são do devedor, cabendo ao credor os pendentes.
6. CC, Art. 241. Se, no caso do art. 238 (esse artigo fala da obrigação de restituir), sobrevier melhoramento ou acréscimo à coisa, sem despesa ou trabalho do devedor, lucrará o credor, desobrigado de indenização.
   CC, Art. 629. O depositário é obrigado a ter na guarda e conservação da coisa depositada o cuidado e diligência que costuma com o que lhe pertence, bem como a restituí-la, com todos os frutos e acrescidos, quando o exija o depositante.
7. CC, Art. 1.219. O possuidor de boa-fé tem direito à indenização das benfeitorias necessárias e úteis, bem como, quanto às voluptuárias, se não lhe forem pagas, a levantá-las, quando o puder sem detrimento da coisa, e poderá exercer o direito de retenção pelo valor das benfeitorias necessárias e úteis.

1.5 O conteúdo e alcance dos acessórios

Uma das máximas de direito afirma que "**o acessório segue o principal**". Isso de alguma forma está expresso no art. 233 do Código Civil.[8]

Principal é um bem que tem existência própria (no caso acima, a vaca) enquanto que o acessório é aquilo cuja existência depende da existência do principal, ou seja, sem ele não existiria (no mesmo exemplo, o bezerro).

Cabe esclarecer que **esse princípio aplica-se** somente às partes integrantes da coisa principal tais quais **os produtos e os frutos**, sejam naturais e civis (CC, art. 95),[9] **e também às benfeitorias** (CC, art. 96),[10] que devem acompanhá-la quando da tradição, porquanto incluídos no conceito de acessórios.

> **Atenção:** este princípio não se aplica às pertenças (CC, art. 94),[11] exceto se, expressamente, constou do pactuado.

1.6 Responsabilidade do devedor na obrigação de dar

O devedor tem o dever de guardar e conservar a coisa objeto da obrigação de tal sorte que se a mesma perecer ou se deteriorar antes do devedor fazer a entrega é preciso verificar se o fato ocorreu por sua culpa ou não, para poder definir responsabilidades.

Independente das responsabilidades a serem apuradas, saber precisar o exato momento da tradição da propriedade (móvel ou imóvel) é muito importante porque se aplica no direito brasileiro a regra de que **a coisa perece ou se deteriora para o dono** (*res perit domino*).

1.6.1 Perecimento sem culpa do devedor

Se o fato ocorreu sem culpa do devedor, extingue-se a obrigação (resolução) para ambas as partes, voltando ambos à situação anterior (CC, art. 234, 1ª parte).[12]

---

8. CC, Art. 233. A obrigação de dar coisa certa abrange os acessórios dela embora não mencionados, salvo se o contrário resultar do título ou das circunstâncias do caso.
9. CC, Art. 95. Apesar de ainda não separados do bem principal, os frutos e produtos podem ser objeto de negócio jurídico.
10. CC, Art. 96. As benfeitorias podem ser voluptuárias, úteis ou necessárias.
    § 1º São voluptuárias as de mero deleite ou recreio, que não aumentam o uso habitual do bem, ainda que o tornem mais agradável ou sejam de elevado valor.
    § 2º São úteis as que aumentam ou facilitam o uso do bem.
    § 3º São necessárias as que têm por fim conservar o bem ou evitar que se deteriore.
11. CC, Art. 94. Os negócios jurídicos que dizem respeito ao bem principal não abrangem as pertenças, salvo se o contrário resultar da lei, da manifestação de vontade, ou das circunstâncias do caso.
12. CC, Art. 234. Se, no caso do artigo antecedente, a coisa se perder, sem culpa do devedor, antes da tradição, ou pendente a condição suspensiva, fica resolvida a obrigação para ambas as partes; se a perda resultar de culpa do devedor, responderá este pelo equivalente e mais perdas e danos.

Assim, se o vendedor já recebeu o preço, deverá devolvê-lo ao comprador e, neste caso arcará com o prejuízo da perda do objeto (CC, art. 492).[13]

> **Vejamos um exemplo:** imagine o negócio envolvendo a venda de um animal e, depois de concluído o negócio, o mesmo veio a morrer antes da entrega, por ter sido atingido por um raio (força maior). Nesse caso, para as partes retornarem ao "status quo ante", deverá o vendedor (devedor) devolver o preço eventualmente pago pelo comprador (credor) e sofrerá o prejuízo da perda do animal (isto porque o vendedor permanece proprietário da coisa até a tradição).

1.6.2 Perecimento com culpa do devedor

Nesse caso, o devedor deverá arcar com a devolução do que foi pago, e ainda poderá ser condenado a indenizar as perdas e danos do credor (ver CC, art. 234, 2ª parte).

1.6.3 Deterioração sem culpa do devedor

Se o devedor não concorreu (por ação ou omissão) para a deterioração da coisa, sobrará para o comprador a opção de resolver o negócio recebendo seu dinheiro de volta ou ficar com o bem exigindo abatimento no preço, proporcional à diminuição no valor da coisa (CC, art. 235).[14]

1.6.4 Deterioração com culpa do devedor

Nesse caso o credor poderá optar por exigir que lhe seja devolvido o que pagou e assim resolver o contrato, ou aceitar a coisa deteriorada e, em ambos os casos, poderá exigir, adicionalmente, perdas e danos (art. 236).[15]

---

13. CC, Art. 492. Até o momento da tradição, os riscos da coisa correm por conta do vendedor, e os do preço por conta do comprador.
§ 1º. Todavia, os casos fortuitos, ocorrentes no ato de contar, marcar ou assinalar coisas, que comumente se recebem, contando, pesando, medindo ou assinalando, e que já tiverem sido postas à disposição do comprador, correrão por conta deste.
§ 2º. Correrão também por conta do comprador os riscos das referidas coisas, se estiver em mora de as receber, quando postas à sua disposição no tempo, lugar e pelo modo ajustados.
14. CC, Art. 235. Deteriorada a coisa, não sendo o devedor culpado, poderá o credor resolver a obrigação, ou aceitar a coisa, abatido de seu preço o valor que perdeu.
15. CC, Art. 236. Sendo culpado o devedor, poderá o credor exigir o equivalente, ou aceitar a coisa no estado em que se acha, com direito a reclamar, em um ou outro caso, indenização das perdas e danos.

1.7 Responsabilidade do devedor na obrigação de restituir

Esclareça-se que **a obrigação de restituir é como uma subespécie da obrigação de dar**, caracterizando-se pelo fato de que **a coisa em poder do devedor não lhe pertence**, estando em suas mãos em razão de um contrato de locação, comodato ou de depósito. Também nesse tipo de obrigação o devedor poderá ser obrigado a indenizar se a perda ou deterioração da coisa ocorreu por sua culpa, ficando isento se isso aconteceu sem sua participação. Vejamos.

1.7.1 Perecimento sem culpa do devedor

Se a coisa se perder sem a concorrência de culpa do devedor, o credor arcará com os prejuízos do objeto perdido, como no exemplo do animal atingido por um raio (CC, art. 238).[16]

1.7.2 Perecimento com culpa do devedor

Se o devedor deu causa ao evento danoso, por negligência, imprudência ou mesmo imperícia, deverá indenizar o proprietário pelo valor da coisa, acrescido das eventuais perdas e danos (CC, art. 239).[17]

1.7.3 Deterioração sem culpa do devedor

Se a coisa se deteriorar sem que o devedor tenha culpa, o credor estará obrigado a recebê-la no estado em que se encontrar, arcando com os prejuízos da diminuição de valor do bem (CC, art. 240, 1ª parte).[18]

1.7.4 Deterioração com culpa do devedor

Se o devedor deu causa à deterioração do bem, responderá pelo equivalente do prejuízo em dinheiro, acrescido das perdas e danos que o credor comprovar (CC, art. 240, 2ª parte).[19]

---

16. CC, Art. 238. Se a obrigação for de restituir coisa certa, e esta, sem culpa do devedor, se perder antes da tradição, sofrerá o credor a perda, e a obrigação se resolverá, ressalvados os seus direitos até o dia da perda.
17. CC, Art. 239. Se a coisa se perder por culpa do devedor, responderá este pelo equivalente, mais perdas e danos.
18. CC, Art. 240. Se a coisa restituível se deteriorar sem culpa do devedor, recebê-la-á o credor, tal qual se ache, sem direito a indenização.
19. CC, Art. 240. Se...; se por culpa do devedor, observar-se-á o disposto no art. 239.

1.8 Obrigação de dar dinheiro: obrigações pecuniárias

Muitas vezes, em sala de aula, surge a dúvida no que diz respeito à natureza da obrigação de pagar quantia certa, especialmente no que diz respeito à classificação, se é uma obrigação de dar ou de fazer.

Embora o devedor compareça perante o credor para "fazer" o pagamento do valor devido, em verdade ele está cumprindo com uma prestação de fato que é "entregar" o dinheiro devido para adimplir a obrigação pecuniária assumida, logo, obrigação de dar.

Contudo, atente-se para o seguinte fato: **é uma obrigação de dar de caráter *sui generis* porque o risco da perda do objeto não se transmite ao credor**. Se você tem uma dívida representada por dinheiro, pouco importa se perdeu o dinheiro numa enchente (força maior), se ele foi furtado (caso fortuito) ou se a moeda saiu de circulação (teoria da imprevisão). Você continua sendo o devedor pelo equivalente.

Com relação ao pagamento em dinheiro, é importante observar que o nosso Código Civil estipula que as dívidas em dinheiro devem ser pagas em moeda corrente e pelo valor nominal (art. 315).[20] Quando fala-se em valor nominal, isso quer dizer que foi adotado **o princípio do nominalismo** pelo qual o valor a ser considerado é o valor nominal da moeda adotada pelo Brasil. Nesse texto também aparece a figura da **moeda de curso forçado**, implicando dizer que o pagamento somente deverá ser realizado em moeda corrente nacional.

Cabe ainda **distinguir dívida de dinheiro de dívida de valor**. Dívida de dinheiro é aquela em que o devedor já assumiu, na origem, uma prestação decorrente do próprio dinheiro (contrato de empréstimo bancário, por exemplo). Já no tocante às dívidas de valor, essas se originam de um fato ao qual se atribui um valor para efeito de indenização ou recomposição do dano decorrente do ato ilícito (a indenização por dano moral, por exemplo).

2. DAS OBRIGAÇÕES DE DAR COISA INCERTA

2.1 Conceito

A obrigação de dar coisa incerta é aquela em que o devedor se compromete a entregar ao credor objeto indeterminado, porém determinável pelo gênero e quantidade que deverá estar indicado no contrato (CC, art. 243).[21]

---

20. CC, Art. 315. As dívidas em dinheiro deverão ser pagas no vencimento, em moeda corrente e pelo valor nominal, salvo o disposto nos artigos subsequentes.
21. CC, Art. 243. A coisa incerta será indicada, ao menos, pelo gênero e pela quantidade.

2.2 Necessidade de indicação de gênero e quantidade

Se não for indicada a quantidade e o gênero, a obrigação será impossível e, portanto, inexistente como, por exemplo, a obrigação de entregar "dez sacas", sem dizer do quê.

2.3 A escolha como forma de cessar a incerteza

Após a definição, pelo devedor (CC, art. 244),[22] do que deve ser entregue (**o ato de escolha chama-se concentração**), a obrigação se transforma em obrigação de dar coisa certa (CC, art. 245).[23]

2.4 Responsabilidade pelo perecimento ou deterioração da coisa

Antes de realizada a escolha, o devedor não poderá alegar perda ou deterioração da coisa, ainda que por força maior ou caso fortuito, tendo em vista que o negócio não envolve uma coisa determinada (infungível), sendo perfeitamente possível a substituição por outra coisa de igual espécie, qualidade e quantidade (CC, art. 246).[24]

---

22. CC, Art. 244. Nas coisas determinadas pelo gênero e pela quantidade, a escolha pertence ao devedor, se o contrário não resultar do título da obrigação; mas não poderá dar a coisa pior, nem será obrigado a prestar a melhor.
23. CC, Art. 245. Cientificado da escolha o credor, vigorará o disposto na Seção antecedente.
24. CC, Art. 246. Antes da escolha, não poderá o devedor alegar perda ou deterioração da coisa, ainda que por força maior ou caso fortuito.

Lição 4
DAS OBRIGAÇÕES DE FAZER E NÃO FAZER

1. DAS OBRIGAÇÕES DE FAZER

Normalmente está vinculada a uma atividade humana, podendo ser representada por um trabalho físico ou intelectual e, às vezes, por uma declaração de vontade. Dentro da liberdade outorgada aos particulares (autonomia da vontade) e desde que o objeto seja lícito, possível e determinado ou determinável, podem as pessoas contratar os mais variados serviços, desde uma obra de alvenaria, até a feitura de uma pintura em tela ou mesmo a escrita de um livro.

1.1 Conceito

A obrigação de fazer consiste na prestação de um serviço ou fato, a ser realizada pelo devedor em favor do credor, podendo consistir em um trabalho físico ou intelectual ou até mesmo um ato jurídico. De certo modo, toda obrigação de fazer é, ainda que por vias tortas, uma obrigação de dar.

1.2 Espécies

Conforme possa ser o ato praticado pelo próprio devedor e somente por ele, seja o ato que pode ser praticado por qualquer pessoa, classificamos as obrigações em fungíveis ou infungíveis. Há ainda um tipo especial que consiste na declaração de vontade.

1.2.1 *Obrigação fungível, material ou impessoal*

Nesse tipo de obrigação não há exigência expressa com relação a quem deva fazer, podendo ser realizada por qualquer pessoa ou pela própria pessoa do devedor (CC, art. 249).[1]

> **Por exemplo:** se Jojolino contrata uma empreiteira para fazer um "puxadinho" na sua casa em Long Beach, pouco importa qual pedreiro vai realizar a obra; importa que ela fique pronta na forma, prazo e preço contratado.

1.2.2 *Obrigação infungível, imaterial, personalíssima ou* intuito personae

Nesse caso o contrato é *intuitu personae*, quer dizer, baseado na confiança pessoal depositada nas credenciais do devedor, seja por suas qualidades, seja por sua capacidade. Nesse caso, **o devedor somente se exonerará se ele próprio cumprir a obrigação**, executando o ato ou serviço prometido, não se cogitando a sua substituição por outra pessoa (CC, art. 247).[2] Por ser ato personalíssimo, não se pode nem exigir dos sucessores em caso de morte do obrigado.

> **Para melhor aclarar:** vamos supor que meu amigo Paulo tenha contratado o cantor Jerry Adriani para abrilhantar a sua festa de aniversário, e o fez por ser grande fã desse famoso cantor. No dia da festa, Jerry decide que não vai e quer mandar o Pavarotti ou o Zeca Pagodinho em seu lugar. Paulo não é obrigado a aceitar porque contratou o Jerry por suas especialidades, de sorte que só ele é que pode cumprir a obrigação pela forma e modo contratado.

Se a obrigação não puder ser cumprida, até porque não se pode obrigar alguém a fazer o que não quer, resolve-se via perdas e danos. Nesse caso Jerry deverá devolver o cachê que recebeu e indenizará Paulo por todas as despesas que ele realizou (contratação da montagem do palco, equipamento de som e luz, cadeiras etc.). Paulo poderá até pedir danos morais, pois, com o não comparecimento de Jerry, acabou por ser alvo de chacotas por parte de seus amigos.

---

1. CC, Art. 249. Se o fato puder ser executado por terceiro, será livre ao credor mandá-lo executar à custa do devedor, havendo recusa ou mora deste, sem prejuízo de indenização cabível.

   Parágrafo único. Em caso de urgência, pode o credor, independentemente de autorização judicial, executar ou mandar executar o fato, sendo depois ressarcido.
2. CC, Art. 247. Incorre na obrigação de indenizar perdas e danos o devedor que recusar a prestação a ele só imposta, ou só por ele exequível.

1.2.3 Obrigação de emitir declaração de vontade

A obrigação de fazer pode também derivar de um contrato preliminar e consistir numa manifestação de vontade a ser expressa pelo devedor.

> **Exemplo:** no compromisso de compra e venda de bens imóveis a prestação, o vendedor se obriga a outorgar a escritura definitiva quando do final do pagamento. Sua negativa comporta uma ação com o fim de compelir o mesmo a praticar esse ato (fazer), denominada adjudicação compulsória (ver Decreto-lei nº 58, art. 16).[3] Nesse caso, a sentença irá substituir a declaração não emitida pelo devedor (CPC, art. 501).[4]

1.3 Responsabilidade pelo inadimplemento

Nesse caso é indispensável que se afira se o inadimplemento decorre da culpa, ou não, do devedor, pois as consequências serão diferentes (CC, art. 248);[5] vejamos:

1.3.1 Com culpa do devedor

Havendo culpa do devedor e, não se podendo obrigar o mesmo a cumprir a obrigação, resolve-se via perdas e danos.

> **Exemplo:** vamos imaginar que Jojolino contratou uma empreiteira para fazer uma reforma em sua casa. A empresa iniciou os serviços, mas depois parou na metade da obra, abandonando-a. Nesse caso, Jojolino poderá pedir autorização judicial para contratar outra empresa às custas da primeira ou, se for urgente o serviço, poderá fazê-lo sem autorização judicial (ver CC, art. 249, parágrafo único).

1.3.2 Sem culpa do devedor

Se a prestação se tornar impossível sem culpa do devedor, nesse caso ficará afastada sua responsabilidade, resolvendo-se a obrigação.

---

3. Dec.-lei 58, Art. 16. Recusando-se os compromitentes a outorgar a escritura definitiva no caso do art. 15, o compromissário poderá propor, para o cumprimento da obrigação, ação de adjudicação compulsória, que tomará o rito sumaríssimo.
4. CPC, Art. 501. Na ação que tenha por objeto a emissão de declaração de vontade, a sentença que julgar procedente o pedido, uma vez transitada em julgado, produzirá todos os efeitos da declaração não emitida.
5. CC, Art. 248. Se a prestação do fato tornar-se impossível sem culpa do devedor, resolver-se-á a obrigação; se por culpa dele, responderá por perdas e danos.

Exemplo: vamos supor que um médico especialista foi contratado por Juka para realizar determinada operação. No dia marcado, quando se dirigia para o hospital, o médico sofre um acidente com seu veículo e quebra a mão. Ele não poderá realizar o serviço para o qual foi contratado e não poderá ser responsabilizado (típico caso fortuito).

1.4 Execução por terceiro

Conforme já vimos, quando a prestação é fungível, havendo inadimplemento do devedor, poderá o credor optar por requerer autorização judicial e mandar executar a prestação à custa do devedor. Em caso de urgência, dispensa-se a ordem judicial e o credor poderá contratar outra empresa e debitar à conta do devedor as despesas, sendo típico caso de autotutela (CC, art. 249 e seu parágrafo único, já citado).

1.5 Astreintes

É uma multa pecuniária, imposta judicialmente, normalmente por dia de atraso, com o fim de constranger indiretamente o devedor, inclusive de obrigação personalíssima, a fazer o que não estava disposto a realizar. Quer dizer, é um meio indireto de forçar o devedor a cumprir com o prometido, pois atinge a parte mais sensível do corpo do ser humano – o bolso.

1.6 Diferenças entre a obrigação de dar e de fazer

Esclareça-se por primeiro que, de certo modo, muitas obrigações de fazer, ainda que por vias tortas, acabam por ser uma obrigação de dar. Vejamos o seguinte exemplo: imagine que Jojolino contratou um pintor para lhe fazer um quadro com motivos florais. O pintor vai "fazer" o quadro e depois "entregar" (dar) ao credor.

Apesar disso, há duas diferenças que são importantes para que não se cometa o erro de trocar uma por outra:

a) Na obrigação de dar existe uma prestação de coisas (certa ou incerta), enquanto **na obrigação de fazer, existe uma prestação de fato**, representada por atos ou serviços que o devedor deve executar.

b) A obrigação de dar comporta cumprimento in natura, isto é, aquele que se comprometeu a entregar determinada coisa pode ser compelido a fazê-lo, utilizando-se, por exemplo, da busca e apreensão, enquanto **na obrigação de fazer isso não é possível** porque ninguém pode ser compelido a fazer algo contra sua vontade, de sorte que se resolve por perdas e danos.

2. DAS OBRIGAÇÕES DE NÃO FAZER

Esse tipo de obrigação impõe ao devedor uma abstenção. Quer dizer, não faça! Se o devedor agir quando não deveria fazê-lo, vai fazer surgir a sua responsabilização, quer dizer, se descumprida a obrigação de não fazer, surge para o devedor uma nova obrigação que, por vias tortas, acaba sendo uma obrigação de fazer, tendo em vista que sua responsabilidade agora será a de **fazer o desfazimento daquilo que fez e não poderia ter feito**.

2.1 Conceito

É uma obrigação negativa, isto é, impõe ao devedor uma obrigação de abster-se de fazer algo ou praticar o ato, que se não tivesse obrigado (pela lei ou pelo contrato), poderia livremente praticá-lo.

2.2 Consequências do inadimplemento

Se o devedor realiza ato a que estava proibido, o credor pode exigir que ele o desfaça, sob pena de ser desfeito por terceiro às suas custas, sem prejuízo da eventual indenização por perdas e danos.

2.3 O momento do inadimplemento

Nesse tipo de obrigação, o devedor é constituído em mora no exato momento que realiza o ato a que se obrigou não praticar. Quer dizer, a mora é presumida só pelo fato de descumprir o dever de não agir.

2.4 Descumprimento por fato alheio à vontade do devedor

Pode ocorrer de o devedor não poder cumprir o prometido, em razão de fato alheio à sua vontade. Nesse caso, resolve-se a obrigação e não há falar-se em indenização (CC, art. 250).[6]

> **Exemplo:** a convenção do Condomínio Alphavella impõe a todos os moradores a obrigação de não fazer muros limítrofes, admitindo apenas cercas vivas como marco divisório. Advém uma lei municipal que obriga todos a murarem seus terrenos. Nesse caso o ato emanado de autoridade competente é como um caso fortuito que irá isentar de responsabilidade

6. CC, Art. 250. Extingue-se a obrigação de não fazer, desde que, sem culpa do devedor, se lhe torne impossível abster-se do ato, que se obrigou a não praticar.

os condôminos que agora serão obrigados a construir seus respectivos muros, contrariando a convenção condominial.

2.5 Execução por terceiro

Praticado pelo devedor o ato que não poderia praticar como, por exemplo, ter alterado a varanda de seu apartamento quando isso é proibido pela convenção do condomínio, fará surgir o dever de desfazer a obra e retornar ao que era antes. Se houver recusa, o condomínio pode pedir judicialmente a citação do réu, intimando-o a desfazer sob pena de, não o fazendo, ser desfeito por terceiro às suas custas (ver CC, art. 251).

Sendo o caso de urgência, autoriza o mesmo dispositivo legal que o credor possa usar de suas próprias forças e assim impor ao devedor a realização do desfazimento por terceiro às suas custas, sem a necessidade de autorização judicial, sendo esse um típico caso de autotutela (CC, art. 251, parágrafo único).[7]

2.6 Impossibilidade de desfazimento

Em algumas situações torna-se impossível o desfazimento do ato, isto é, não se pode voltar ao *status* anterior. Nesse caso a única alternativa é a indenização via perdas e danos. Por exemplo: no compromisso de não divulgar segredo industrial assumido pelo empregado, se ele divulga tal fato, não há como restituir às partes ao *status quo ante*, **resolvendo-se em perdas e danos.**

3. AÇÃO CABÍVEL PARA OBRIGAR O DEVEDOR

O credor, esgotadas as providências extrajudiciais cabíveis no intento de forçar o devedor a cumprir com sua obrigação, não obtendo resultado, poderá ir a juízo para obter do judiciário de duas uma: ou uma ordem que substitua a vontade do devedor (quando cabível) ou a determinação de que seja necessário dar ou restituir, fazer ou não fazer, enquanto tutela específica. Vejamos.

3.1 Obrigação de dar ou restituir

Sendo a obrigação de dar, existem várias ações possíveis de serem manejadas pelo credor conforme seja a prestação a ser cumprida. Além de ser possível

7. CC, Art. 251. Praticado pelo devedor o ato, a cuja abstenção se obrigara, o credor pode exigir dele que o desfaça, sob pena de se desfazer à sua custa, ressarcindo o culpado perdas e danos.
Parágrafo único. Em caso de urgência, poderá o credor desfazer ou mandar desfazer, independentemente de autorização judicial, sem prejuízo do ressarcimento devido.

manejar ação cominatória, pode ser manejada a ação de busca e apreensão, de reintegração de posse, de imissão na posse, dentre outras (CPC, art. 498).[8]

3.2 Obrigação de fazer ou não fazer

Nas obrigações de fazer ou não fazer, no sentido de um fato ou ato a ser praticado (ou não) pelo devedor, a ação correspondente para obrigá-lo à prestação correspondente será, conforme o caso, de "ação de obrigação de fazer" ou "ação de obrigação de não fazer" (CPC, art. 497).[9]

Se o fato não puder ser mais prestado, o credor poderá requerer seja a obrigação convertida em perdas e danos (CPC, art. 499).[10]

3.3 Emissão de vontade

Tratando-se de obrigação de emissão de vontade como, por exemplo, no caso de ser necessário compelir aquele que vendeu um imóvel a comparecer em cartório e lavrar a respectiva escritura que permitirá ao adquirente transferir a propriedade para seu nome junto ao Cartório de Registro de Imóveis, a ação cabível é a "adjudicação compulsória". Esse procedimento atualmente está mais ágil e mais efetivo porque o juiz está autorizado a emitir uma decisão que substitua a vontade a ser declarada pelo devedor, nos termos do que prevê o art. 501 do Novo CPC.[11]

8. CPC, Art. 498. Na ação que tenha por objeto a entrega de coisa, o juiz, ao conceder a tutela específica, fixará o prazo para o cumprimento da obrigação.
   Parágrafo único. Tratando-se de entrega de coisa determinada pelo gênero e pela quantidade, o autor individualizá-la-á na petição inicial, se lhe couber a escolha, ou, se a escolha couber ao réu, este a entregará individualizada, no prazo fixado pelo juiz.
9. CPC, Art. 497. Na ação que tenha por objeto a prestação de fazer ou de não fazer, o juiz, se procedente o pedido, concederá a tutela específica ou determinará providências que assegurem a obtenção de tutela pelo resultado prático equivalente.
   Parágrafo único. Para a concessão da tutela específica destinada a inibir a prática, a reiteração ou a continuação de um ilícito, ou a sua remoção, é irrelevante a demonstração da ocorrência de dano ou da existência de culpa ou dolo.
10. CPC, Art. 499. A obrigação somente será convertida em perdas e danos se o autor o requerer ou se impossível a tutela específica ou a obtenção de tutela pelo resultado prático equivalente.
11. CPC, Art. 501. Na ação que tenha por objeto a emissão de declaração de vontade, a sentença que julgar procedente o pedido, uma vez transitada em julgado, produzirá todos os efeitos da declaração não emitida.
    Ver também o Decreto-Lei nº 58/37 (arts. 16 a 22); CC (art. 1418), CPC (art. 814 para título extrajudicial) e Súmula do STJ nº 239.

Lição 5
DAS OUTRAS MODALIDADES DAS OBRIGAÇÕES (PARTE I)

1. DAS OBRIGAÇÕES ALTERNATIVAS, CUMULATIVAS E FACULTATIVAS

Quando a obrigação envolve uma só prestação (entregar um cavalo, por exemplo) diz-se que a obrigação é simples. Quando envolve mais de uma prestação (entregar um cavalo e/ou uma vaca), dizemos que é composta e, nesse caso, desdobra-se nas obrigações: alternativas (ou disjuntivas) ou cumulativas (ou conjuntivas).

Quanto às obrigações facultativas, iremos ver que se trata de uma modalidade de obrigação alternativa.

1.1 Conceito de obrigações alternativas ou disjuntivas

Diz-se alternativa quando a obrigação pode ser cumprida por mais de uma forma diferente, porém se extingue com o atendimento por uma das formas escolhidas. Isto é, a obrigação é única, porém pode ser cumprida de várias formas.

Exemplo típico: é o da seguradora que, na ocorrência de sinistro com veículo segurado, pode optar por entregar outro veículo novo ou custear as despesas para efetuar os reparos necessários no veículo avariado.

1.2 Direito de escolha (concentração)

A escolha, como regra geral, é do devedor, a não ser que seja pactuado de forma diferente, podendo as partes estabelecer que a escolha ficará a cargo do credor ou mesmo determinar que a escolha ficará a cargo de terceira pessoa estranha ao pacto, devendo ser observados os seguintes aspectos (CC, art. 252 e seus parágrafos):[1]

a) **A escolha não poderá ser parcial:**

Não se pode pretender cumprir parte em uma prestação e parte em outra, em razão da indivisibilidade do pagamento (ver CC, art. 252, § 1º).

Exemplo: se o devedor estava obrigado a entregar dez sacas de milho ou dez de feijão, não pode pretender entregar cinco sacas de um e cinco sacas da outra.

b) **Quando a escolha for de prestação periódica:**

Tratando-se de prestações mensais, semestrais, anuais, enfim, periódicas, a escolha da forma de cumprimento da obrigação será exercida em cada vencimento, podendo variar de um período para outro.

Exemplo: no arrendamento de terras, se foi pactuado que se pagará em feijão ou em dinheiro, o arrendatário pode, em cada período, escolher se paga em dinheiro ou em feijão.

---

1. CC, Art. 252. Nas obrigações alternativas, a escolha cabe ao devedor, se outra coisa não se estipulou.

§ 1º Não pode o devedor obrigar o credor a receber parte em uma prestação e parte em outra.

§ 2º Quando a obrigação for de prestações periódicas, a faculdade de opção poderá ser exercida em cada período.

§ 3º No caso de pluralidade de optantes, não havendo acordo unânime entre eles, decidirá o juiz, findo o prazo por este assinado para a deliberação.

§ 4º Se o título deferir a opção a terceiro, e este não quiser, ou não puder exercê-la, caberá ao juiz a escolha se não houver acordo entre as partes.

c) **Escolha por terceiros:**

A escolha poderá ficar a cargo de terceira pessoa, da confiança dos contratantes e, em último caso, também poderá ser realizada pelo juiz em duas situações: quando houver pluralidade de optantes e entre eles não houver acordo ou quando a escolha couber a terceiro e este se recusar ou não puder fazê-lo.

d) **Sorteio:**

Cabe registrar que, embora não prevista na lei, nada impede que a escolha possa ser feita por sorteio (CC, art. 817).[2]

1.3 Características

Com os informes já prestados, é possível individualizar as características próprias desse tipo de obrigação, que são:

a) **Objeto:**

O objeto da obrigação não é único, mas sim composto (duas ou mais opções);

b) **Prestação:**

As prestações são independentes entre si;

c) **Escolha:**

Há um direito de escolha quanto à prestação, pouco importando se feita pelo credor, devedor ou terceiro;

d) **Certeza do objeto:**

Realizada a escolha, cessa a incerteza e ocorre a concentração no objeto escolhido.

1.4 Vantagem para as partes nesse tipo de obrigação

A possibilidade de escolha na hora de cumprir a obrigação apresenta vantagens tanto para o credor, quanto para o devedor, a saber:

a) **Para o credor:**

Terá maior garantia do recebimento da prestação, pois se houver perecimento de uma das coisas a ser escolhida, é possível ainda ele reclamar a outra que restou. Há, por assim dizer, duas chances de recebimento (CC, art. 253).[3]

---

2. CC, Art. 817. O sorteio para dirimir questões ou dividir coisas comuns considera-se sistema de partilha ou processo de transação, conforme o caso.
3. CC, Art. 253. Se uma das duas prestações não puder ser objeto de obrigação ou se tornada inexequível, subsistirá o débito quanto à outra.

b) **Para o devedor:**

Também é vantajoso, pelo fato de ele poder escolher a prestação que lhe for menos onerosa, pois em caso de obrigação alternativa ele não está obrigado a escolher a prestação média entre a melhor e a pior, podendo oferecer a que achar mais conveniente, menos onerosa.

1.5 Obrigações alternativas decorrentes de lei

A maioria das obrigações desse tipo decorre da vontade das partes inserta nos contratos, porém é possível surgir esse tipo de obrigação por imposição de lei como, por exemplo, o contido no § 1º do art. 18 do Código de Defesa do Consumidor que defere ao lesado, no caso de vício de produto não sanado no prazo de trinta dias, a opção de escolha quanto à solução do problema: a troca do produto por outro igual, ou o desfazimento do negócio, ou o abatimento de preço.[4]

Outro exemplo que pode ilustrar a matéria é a obrigação do alimentante que, normalmente, é em dinheiro, porém a lei permite seja cumprida de outra forma, através do fornecimento de estadia e alimentos *in natura*, cuja opção é do devedor (CC, art. 1.701).[5]

1.6 Impossibilidade de cumprimento da obrigação

Agora nos cabe analisar a eventual impossibilidade de cumprimento da obrigação e quais serão as consequências para o credor e para o devedor. Vejamos.

a) **Se uma das prestações se tornar inexequível:**

Se isso ocorrer, por obvio só restará a outra alternativa. Nesse caso, independente de culpa ou não do devedor, o credor estará obrigado a receber a prestação que sobrou (ver CC, art. 253).[6] Exemplo: se um dos produtos opcionais a que estava obrigado o devedor não é mais importado pelo

---

4. CDC, Art. 18. (Omissis).

§ 1º Não sendo o vício sanado no prazo máximo de trinta dias, pode o consumidor exigir, alternativamente e à sua escolha:

I – a substituição do produto por outro da mesma espécie, em perfeitas condições de uso;

II – a restituição imediata da quantia paga, monetariamente atualizada, sem prejuízo de eventuais perdas e danos;

III – o abatimento proporcional do preço.

5. CC, Art. 1.701. A pessoa obrigada a suprir alimentos poderá pensionar o alimentando, ou dar-lhe hospedagem e sustento, sem prejuízo do dever de prestar o necessário à sua educação, quando menor.

Parágrafo único. Compete ao juiz, se as circunstâncias o exigirem, fixar a forma do cumprimento da prestação.

6. CC, Art. 253 – uma das duas prestações não puder ser objeto de obrigação ou se tornada inexequível, subsistirá o débito quanto à outra.

representante da empresa no Brasil, estamos diante de uma impossibilidade material de cumprimento da obrigação, logo só a outra se poderá cumprir. Outro exemplo: uma das opções era a entrega do cavalo Korisko, mas o mesmo veio a falecer, de sorte que só resta a outra obrigação.

b) **Se todas as prestações se tornarem impossíveis sem culpa do devedor:**

Se tal fato ocorreu sem culpa do devedor, a obrigação se resolve, isto é, a obrigação se extingue e ambas as partes retornam ao *status* anterior (CC, art. 256).[7]

c) **Impossibilidade por culpa do devedor:**

Se ambas as prestações pereceram por desídia do devedor, quando lhe cabia a escolha, o mesmo ficará obrigado a indenizar o credor pelo valor da coisa que pereceu por último, acrescido das perdas e danos (CC, art. 254).[8]

d) **Impossibilidade quando a escolha era do credor:**

Quando a escolha competir ao credor temos duas situações distintas. Se uma das prestações se tornar impossível por culpa do devedor, o credor poderá exigir a prestação subsistente ou o valor da que se tornou impossível. Quando a impossibilidade recair em ambas, o credor poderá reclamar o preço de qualquer delas, isto é, a que melhor lhe convier. Em ambos os casos poderá também exigir, cumulativamente, as perdas e danos decorrentes do incumprimento da obrigação (CC, art. 255).[9]

1.7 Obrigações cumulativas ou conjuntivas

Nesse tipo de obrigação há uma pluralidade de prestações e todas devem ser cumpridas fielmente, ou seja, há tantas obrigações quanto prestações a serem cumpridas pelo devedor. Nesse caso, a obrigação será cumprida quando o devedor entregar todos os objetos que fizeram parte do pacto. Esse tipo de obrigação, normalmente, vem interligada pela conjunção *e* como, por exemplo, a obrigação

7. CC, Art. 256. Se todas as prestações se tornarem impossíveis sem culpa do devedor, extinguir-se-á a obrigação.
8. CC, Art. 254. Se, por culpa do devedor, não se puder cumprir nenhuma das prestações, não competindo ao credor a escolha, ficará aquele obrigado a pagar o valor da que por último se impossibilitou, mais as perdas e danos que o caso determinar.
9. CC, Art. 255. Quando a escolha couber ao credor e uma das prestações tornar-se impossível por culpa do devedor, o credor terá direito de exigir a prestação subsistente ou o valor da outra, com perdas e danos; se, por culpa do devedor, ambas as prestações se tornarem inexequíveis, poderá o credor reclamar o valor de qualquer das duas, além da indenização por perdas e danos.

de entregar um cavalo e uma carroça. Ou seja, o devedor só se libera se promover a entrega dos dois objetos.

1.8 Obrigações facultativas

Cumpre esclarecer por primeiro que o nosso Código Civil não prevê esse tipo de obrigação, talvez por ser ela um tipo de obrigação alternativa, porém *sui generis*, pela qual o devedor se exonera da obrigação mediante a escolha de uma opção que lhe pareça melhor no momento do cumprimento de obrigação. Pode ser decorrente da lei ou do contrato; vejamos:

a) **Decorrente da lei:**

No caso de lesão, por exemplo, o comprador tem a opção de poder completar o preço e assim aperfeiçoar o negócio ou restituir a coisa (CC, art. 157, § 2º);[10] e

b) **Decorrente do contrato:**

Nada impede que as partes celebrem um contrato como o de locação, por exemplo, pelo qual o devedor fique obrigado a pagar os alugueres, podendo se exonerar se entregar os frutos da coisa.

2. DAS OBRIGAÇÕES DIVISÍVEIS E INDIVISÍVEIS

A obrigação que envolve um só credor e um só devedor chama-se única ou simples, logo incabível pensar em divisão. Se a obrigação tem uma multiplicidade de credores ou de devedores, diz-se composta, podendo ser divisível ou indivisível, dependendo do objeto.

2.1 Conceitos

Vejamos os conceitos das obrigações divisível e indivisível:

a) **Obrigação divisível:**

É a obrigação na qual há um desdobramento de pessoas no polo ativo ou passivo, ou em ambos, passando a existir tantas obrigações distintas quantas sejam as pessoas dos devedores ou dos credores, podendo cada credor exigir a sua quota e cada devedor responder pela sua parte, desde que a coisa ou o fato possa ser suscetível de divisão, sem alteração na sua

---

10. CC, Art. 157. (Omissis).

§ 2º Não se decretará a anulação do negócio, se for oferecido suplemento suficiente, ou se a parte favorecida concordar com a redução do proveito.

substância, diminuição considerável de valor, ou prejuízo do uso a que se destinam (CC, art. 87[11] c/c art. 257[12]).

b) **Obrigação indivisível:**

Por decorrência do primeiro conceito, indivisível será aquela obrigação que, pela sua própria natureza, for insuscetível de divisão (um cavalo de corrida), ou por motivo de ordem econômica (um diamante fracionado não tem o mesmo valor que ele inteiro), ou por determinação legal (servidões, hipoteca, herança etc.), ou ainda, por vontade das partes manifestada por testamento ou pelo contrato (art. 258).[13]

2.2 Consequências da divisibilidade e indivisibilidade

A regra é que a responsabilidade dos devedores, assim como o direito dos credores, incide somente na quota parte de cada um, porém temos situações distintas conforme haja pluralidade de credores ou de devedores.

a) **Vários devedores:**

Se divisível a obrigação, cada devedor deve somente a sua quota-parte (CC, art. 257, já citado). Se de outro lado a coisa for indivisa, cada um se obriga pela dívida toda (CC, art. 259).[14]

b) **Vários credores:**

Havendo vários credores, cada um receberá somente a sua parte, contudo poderá cada um exigir a dívida inteira, desde que esteja autorizado pelos demais ou ofereça caução (CC, art. 260, II).[15]

---

11. CC, Art. 87. Bens divisíveis são os que se podem fracionar sem alteração na sua substância, diminuição considerável de valor, ou prejuízo do uso a que se destinam.
12. CC, Art. 257. Havendo mais de um devedor ou mais de um credor em obrigação divisível, esta presume-se dividida em tantas obrigações, iguais e distintas, quantos os credores ou devedores.
13. CC, Art. 258. A obrigação é indivisível quando a prestação tem por objeto uma coisa ou um fato não suscetíveis de divisão, por sua natureza, por motivo de ordem econômica, ou dada a razão determinante do negócio jurídico.
14. CC, Art. 259. Se, havendo dois ou mais devedores, a prestação não for divisível, cada um será obrigado pela dívida toda.
    Parágrafo único. O devedor, que paga a dívida, sub-roga-se no direito do credor em relação aos outros coobrigados.
15. CC, Art. 260. Se a pluralidade for dos credores, poderá cada um destes exigir a dívida inteira; mas o devedor ou devedores se desobrigarão, pagando:
    I – a todos conjuntamente;
    II – a um, dando este caução de ratificação dos outros credores.

2.3 Relação interna entre os credores e entre os devedores

Nas obrigações divisíveis podem ocorrer certos desdobramentos em face da relação múltipla estabelecida entre os envolvidos, sejam os credores ou os devedores.

a) **Sub-rogação:**

O devedor que paga a dívida inteira, seja a coisa divisível ou indivisível, sub-roga-se nos direitos do credor em relação aos outros coobrigados (CC, ver o já citado art. 259, seu parágrafo único).

b) **Concurso de credores:**

Se só um dos credores recebe a prestação por inteiro, a cada um dos outros assistirá o direito de exigir dele, em dinheiro, a parte que lhe cabia no total (CC, art. 261).[16]

c) **Remissão de dívida:**

Existindo dois ou mais credores, se um deles perdoar a dívida, o perdão só atinge a quota parte correspondente àquele credor, permanecendo o devedor obrigado pelas quotas restantes com os demais credores (CC, art. 262).[17]

2.4 Conversão de indivisível para divisível

Diz o Código Civil que perde a indivisibilidade a obrigação que se resolver em perdas e danos. E tem toda uma lógica para assim ser, já que o dinheiro é uma coisa divisível por excelência.

Nesse caso, a responsabilidade pelo inadimplemento poderá ser de todos ou só de um dos devedores. Se houver culpa de todos os devedores, todos responderão por partes iguais, porém se a culpa for de um só, os outros ficarão exonerados, e somente aquele que deu causa é que responderá pelas perdas e danos (CC, art. 263 e parágrafos).[18]

16. CC, Art. 261. Se um só dos credores receber a prestação por inteiro, a cada um dos outros assistirá o direito de exigir dele em dinheiro a parte que lhe caiba no total.
17. CC, Art. 262. Se um dos credores remitir a dívida, a obrigação não ficará extinta para com os outros; mas estes só a poderão exigir, descontada a quota do credor remitente.
18. CC, Art. 263. Perde a qualidade de indivisível a obrigação que se resolver em perdas e danos.

    § 1º Se, para efeito do disposto neste artigo, houver culpa de todos os devedores, responderão todos por partes iguais.

    § 2º Se for de um só a culpa, ficarão exonerados os outros, respondendo só esse pelas perdas e danos.

3. DAS OBRIGAÇÕES SOLIDÁRIAS

Solidária é a obrigação que, embora unitária, apresenta multiplicidade de credores (ativa) ou de devedores (passiva), podendo ser exigida de qualquer um dos credores ou devedores, como se cada um deles estivesse obrigado individualmente pela integralidade do débito/crédito (CC, art. 264).[19]

3.1 Características das obrigações solidárias

a) **Multiplicidade de partes:**

Uma das características das obrigações solidárias é a multiplicidade de credores (sujeitos ativos) ou de devedores (sujeitos passivos), sendo que cada credor poderá exigir de cada devedor a totalidade da prestação, como se fosse um único credor, e o devedor escolhido como se fosse o único responsável pela prestação inteira, e vice-versa.

b) **Multiplicidade de vínculos:**

Além disso, existe uma multiplicidade de vínculos, sendo independente o que une o credor a cada um dos codevedores solidários e vice-versa.

c) **Unidade de prestação:**

Tendo em vista que cada devedor responde pela integralidade do débito, assim como cada credor por exigi-la por inteiro, temos que a prestação não se fraciona.

d) **Corresponsabilidade dos envolvidos:**

Por fim temos a corresponsabilidade dos interessados, já que o pagamento realizado por qualquer um dos devedores extingue a obrigação dos demais.

3.2 Natureza jurídica da solidariedade

Embora haja dissenso na doutrina, consideramos que a solidariedade funciona como uma espécie de representação, tendo em vista que aquele que recebe age na condição de representante dos demais credores, assim como aquele que paga o faz em nome dos demais coobrigados. É como se houvesse um mandato tácito que não pode ser presumido, já que a solidariedade deve, obrigatoriamente, decorrer da lei ou do contrato (CC, art. 265).[20]

---

19. CC, Art. 264. Há solidariedade, quando na mesma obrigação concorre mais de um credor, ou mais de um devedor, cada um com direito, ou obrigado, à dívida toda.
20. CC, Art. 265. A solidariedade não se presume; resulta da lei ou da vontade das partes.

3.3 Diferenças entre solidariedade e indivisibilidade

A principal diferença é que, na obrigação indivisível, a indivisibilidade decorre da impossibilidade de dividir o objeto, enquanto que na solidariedade, a indivisibilidade decorre do contrato ou da lei, pouco importando se o objeto é divisível ou não, porquanto a prestação será única.

Outra diferença é que, mesmo sendo indivisível, se a obrigação se tornar impossível de cumprimento, se resolverá em perdas e danos e cada devedor ficará obrigado apenas por sua quota-parte (CC, art. 263),[21]enquanto que na solidariedade, por ser a prestação unitária, mesmo que isso venha a ocorrer, cada devedor continuará obrigado pelo todo, podendo ser cobrada a integralidade da prestação de qualquer um dos codevedores (CC, art. 271).[22]

3.4 Princípios aplicáveis à solidariedade

São dois os princípios aplicáveis às obrigações solidárias; vejamos:

a) **A solidariedade não se presume:**

É importante registrar e não esquecer que **a solidariedade nunca pode ser presumida**, devendo sempre ser expressa, seja em face do contrato ou por imposição da lei (CC, art. 265, já citado).

b) **A possibilidade de tratamento diferenciado para um ou algum dos devedores:**

Embora a prestação seja unitária, nada impede que possa ser para um devedor sob condição e para outro pura e simples. Da mesma forma quanto ao pagamento, pode ser num determinado lugar para um e noutro lugar para o outro devedor (CC, art. 266).[23]

3.5 Fontes das obrigações solidárias

Diz o Código Civil claramente que só pode existir solidariedade se houver previsão em lei ou se ela se originar do contrato. Quer dizer, a solidariedade não pode nunca ser presumida (ver CC, art. 265, já citado).

---

21. CC, Art. 263. Perde a qualidade de indivisível a obrigação que se resolver em perdas e danos.
22. CC, Art. 271. Convertendo-se a prestação em perdas e danos, subsiste, para todos os efeitos, a solidariedade.
23. CC, Art. 266. A obrigação solidária pode ser pura e simples para um dos cocredores ou codevedores, e condicional, ou a prazo, ou pagável em lugar diferente, par a o outro.

3.6 Espécies de obrigações solidárias

Numa determinada relação jurídica, tanto pode haver pluralidade de credores (solidariedade ativa) quanto pluralidade de devedores (solidariedade passiva). Vejamos cada uma delas.

3.6.1 Solidariedade ativa

Ocorre quando há multiplicidade de credores e cada um deles pode exigir do devedor comum o cumprimento da obrigação por inteiro (CC, art. 267),[24] que se extinguirá desde que o devedor faça o pagamento a qualquer um dos credores (CC, art. 269).[25]

3.6.1.1 Utilidade do instituto

É de pouca ou nenhuma valia atualmente, por depender da confiança entre os credores. Podemos citar como exemplo a conta corrente conjunta, onde os titulares são credores e o banco o devedor dos valores depositados, de sorte que qualquer um dos correntistas pode sacar a totalidade dos numerários, não cabendo ao banco indagar qual é a quota parte de cada um.

3.6.1.2 Características

Ainda que o instituto não tenha nenhuma valia, o Código Civil dedica oito artigos para disciplinar a matéria, podendo deles ser extraídas as características desse tipo de obrigação, que são:

a) **Quem pode exigir a prestação?**

   Cada um dos credores solidários pode exigir do devedor a prestação por inteiro (CC, art. 267, já citado).

b) **Pagamento pelo devedor:**

   Enquanto os credores solidários não ingressarem em juízo para receber o crédito do devedor comum, o devedor pode pagar a qualquer deles (CC, art. 268).[26]

---

24. CC, Art. 267. Cada um dos credores solidários tem direito a exigir do devedor o cumprimento da prestação por inteiro.
25. CC, Art. 269. O pagamento feito a um dos credores solidários extingue a dívida até o montante do que foi pago.
26. CC, Art. 268. Enquanto alguns dos credores solidários não demandarem o devedor comum, a qualquer daqueles poderá este pagar.

c) **Pagamento extingue a obrigação:**

Realizado o pagamento a qualquer um dos credores solidários, faz extinguir dívida (CC, art. 269, já citado).

d) **Morte de um dos credores:**

No caso de falecimento de um dos credores solidários, os herdeiros só poderão exigir a quota parte que caiba a cada um, exceto se a obrigação for indivisível (CC, art. 270).[27]

e) **Remissão parcial da dívida:**

O credor que perdoar a dívida ou tiver recebido o pagamento, responderá para os outros credores pela parte que cabia a cada um deles (CC, art. 272).[28]

3.6.1.3 Extinção da solidariedade ativa

O pagamento feito a qualquer um dos credores extingue a totalidade da dívida. Se o pagamento for parcial, extingue a dívida até o montante do pagamento, permanecendo a solidariedade quanto ao restante (CC, art. 269, já citado).

3.6.1.4 Direito de regresso

Obviamente que o credor que não recebeu a prestação pode cobrar a sua quota parte de quem recebeu a totalidade da prestação. Não se esqueça de que a prestação é única, porém concorre a ela mais de um credor, de sorte que há uma relação interna entre os credores que garante o direito de cada um em receber uma quota parte da totalidade da dívida.

Assim, aquele que recebeu a prestação passa a dever para os demais outros na proporção do que cada um tinha de direito (CC, art. 272, já citado).

3.6.2 Solidariedade passiva

É a relação obrigacional que se caracteriza pela existência de vários devedores e pelo fato de que o credor pode exigir de qualquer um deles o cumprimento da

27. CC, Art. 270. Se um dos credores solidários falecer deixando herdeiros, cada um destes só terá direito a exigir e receber a quota do crédito que corresponder ao seu quinhão hereditário, salvo se a obrigação for indivisível.
28. CC, Art. 272. O credor que tiver remitido a dívida ou recebido o pagamento responderá aos outros pela parte que lhes caiba.

totalidade da prestação, como se aquele escolhido fosse o único devedor (CC, art. 275, *caput*).[29]

3.6.2.1 *Utilidade do instituto*

Diferentemente da solidariedade ativa, a passiva é de grande incidência e importância no mundo das relações obrigacionais, pois garante ao credor maior possibilidade de sucesso no recebimento da prestação acordada, tendo em vista a multiplicidade de devedores.

3.6.2.2 *Direitos do credor*

O credor tem direito a exigir e, portanto, de receber, de qualquer um ou de todos os devedores (é sua a opção de escolha a quem demandar), a integralidade da dívida e, mesmo que o acionado realize o pagamento parcial, todos os demais continuam solidariamente responsáveis pelo restante do débito (ver CC, art. 275, parágrafo único).

3.6.2.3 *Características*

Importante destacar as características que marcam o instituto, merecendo destaque as seguintes:

a) **Demanda contra um dos devedores:**

   Se o credor resolver demandar um dos devedores, isso não significa que tenha renunciado à solidariedade em relação aos demais outros, de sorte a afirmar que se essa ação se frustrar, poderá ainda demandar os demais outros (ver CC, art. 275, *caput*, já citado);

b) **A morte de um dos devedores solidários:**

   A morte de um dos devedores solidários não extingue a obrigação, mas faz por dividir a mesma, de sorte que os herdeiros somente responderão pela quota parte que seria da responsabilidade do falecido, a não ser, é obvio, se a prestação recair em um objeto indivisível. Se já tiver ocorrido a partilha no inventário, todos os herdeiros deverão ser demandados

---

29. CC, Art. 275. O credor tem direito a exigir e receber de um ou de alguns dos devedores, parcial ou totalmente, a dívida comum; se o pagamento tiver sido parcial, todos os demais devedores continuam obrigados solidariamente pelo resto.
Parágrafo único. Não importará renúncia da solidariedade a propositura de ação pelo credor contra um ou alguns dos devedores.

conjuntamente porque, nessas circunstâncias, cada um só responde pela parte que lhe coube no quinhão (CC, art. 276).[30]

c) **O pagamento parcial e perdão da dívida:**

Se foi feito o pagamento parcial por um dos codevedores ou se ele obteve o perdão da sua quota da dívida, essas circunstâncias não favorecerão os demais codevedores que continuarão como solidários, porém somente pelo restante da dívida (CC, art. 277 c/c art. 388).[31]

d) **Cláusula onerando a obrigação:**

Qualquer cláusula adicional que venha a ser imposta pelo credor e aceita por um dos devedores por aditamento contratual não obrigará os demais devedores se não tiverem concordado expressamente com a mesma (CC, art. 278).[32]

3.6.2.4 Impossibilidade de cumprimento da obrigação

Se a prestação não puder ser cumprida por culpa de qualquer um dos devedores solidários, todos continuarão responsáveis pelo pagamento do equivalente em dinheiro; mas somente o culpado é que responderá pelas perdas e danos (CC, art. 279).[33] Nesse caso, todos responderão indistintamente pelos juros da mora perante o credor, mas depois poderão cobrar esse acréscimo daquele que foi o culpado (CC, art. 280).[34]

3.6.2.5 Das exceções como defesa dos devedores

O devedor que for demandado pode opor ao credor as exceções que lhe forem pessoais e as comuns a todos os demais coobrigados. Não poderá, to-

---

30. CC, Art. 276. Se um dos devedores solidários falecer deixando herdeiros, nenhum destes será obrigado a pagar senão a quota que corresponder ao seu quinhão hereditário, salvo se a obrigação for indivisível; mas todos reunidos serão considerados como um devedor solidário em relação aos demais devedores.
31. CC, Art. 277. O pagamento parcial feito por um dos devedores e a remissão por ele obtida não aproveitam aos outros devedores, senão até à concorrência da quantia paga ou relevada.

    CC, Art. 388. A remissão concedida a um dos codevedores extingue a dívida na parte a ele correspondente; de modo que, ainda reservando o credor a solidariedade contra os outros, já lhes não pode cobrar o débito sem dedução da parte remitida.
32. CC, Art. 278. Qualquer cláusula, condição ou obrigação adicional, estipulada entre um dos devedores solidários e o credor, não poderá agravar a posição dos outros sem consentimento destes.
33. CC, Art. 279. Impossibilitando-se a prestação por culpa de um dos devedores solidários, subsiste para todos o encargo de pagar o equivalente; mas pelas perdas e danos só responde o culpado.
34. CC, Art. 280. Todos os devedores respondem pelos juros da mora, ainda que a ação tenha sido proposta somente contra um; mas o culpado responde aos outros pela obrigação acrescida.

davia, opor as exceções pessoais a que tenham direitos os outros codevedores (CC, art. 281).[35]

Pense em exceções como preliminares no processo. Assim, as exceções comuns a todos os devedores são a nulidade do negócio jurídico e a prescrição, dentre várias outras. Já a exceção de caráter pessoal seria, por exemplo, a novação ou a transação, realizada pelo demandado e o credor. Nesse caso, somente esse devedor que realizou a novação (ou a transação) é que pode suscitar esse incidente em seu proveito. De outro lado, não poderá utilizar a renúncia da solidariedade que beneficiou outro devedor, porque essa é pessoal daquele outro e não sua.

3.6.2.6 Da renúncia à solidariedade

O credor pode renunciar à solidariedade em favor de um, de alguns ou de todos os devedores. Se a renúncia for parcial, isto é, somente para um ou alguns, todos os demais continuarão sendo solidariamente responsáveis (CC, art. 282 e parágrafo único).[36] Não confunda a renúncia à solidariedade com a remissão da dívida. Nesse caso, o credor apenas renunciou à solidariedade, mas a dívida continua como um todo. O que vai ocorrer é que terá que dividir a prestação em duas: sobre a parte perdoada não incide a solidariedade (cada um dos perdoados vai dever uma quota parte, como nas obrigações indivisíveis) e, quanto aos demais devedores não perdoados, continuará existindo a solidariedade pelo restante do débito.

3.6.2.7 Direito de regresso

O devedor solidário que honrar a obrigação perante o credor se sub-rogará no direito de exigir dos demais codevedores a quota-parte de cada um na obrigação (CC, art. 283 c/c art. 346, I).[37]

---

35. CC, Art. 281. O devedor demandado pode opor ao credor as exceções que lhe forem pessoais e as comuns a todos; não lhe aproveitando as exceções pessoais a outro codevedor.
36. CC, Art. 282. O credor pode renunciar à solidariedade em favor de um, de alguns ou de todos os devedores.
    Parágrafo único. Se o credor exonerar da solidariedade um ou mais devedores, subsistirá a dos demais.
37. CC, Art. 283. O devedor que satisfez a dívida por inteiro tem direito a exigir de cada um dos codevedores a sua quota, dividindo-se igualmente por todos a do insolvente, se o houver, presumindo-se iguais, no débito, as partes de todos os codevedores.
    CC, Art. 346. A sub-rogação opera-se, de pleno direito, em favor:
    I – do credor que paga a dívida do devedor comum. (Omissis).

Lição 6
DAS OUTRAS MODALIDADES DAS OBRIGAÇÕES (PARTE II)

1. DAS OBRIGAÇÕES CIVIS E NATURAIS

Nesta divisão vamos agrupar as obrigações segundo a exigibilidade de seu cumprimento.

Já vimos que uma das características fundamentais das obrigações é a sua exigibilidade. Quer dizer, não satisfeita a obrigação, o credor poderá se socorrer do judiciário para obter a satisfação de seu crédito (obrigação civil ou jurídica).

Ocorre que existem algumas obrigações que se situam no campo da moral, as quais o direito não empresta validade, por isso o credor não tem como exigir judicialmente o seu cumprimento (obrigação natural ou imprópria).

1.1 Obrigação natural (imperfeita ou imprópria)

É aquela obrigação que, embora existente, não há como o credor, utilizando-se do poder coercitivo do Estado, exigir o seu cumprimento. Quer dizer, não há sanção pelo descumprimento; não há ação para torná-la exigível.

Podemos classificar esse tipo de obrigação em **natural de causa lícita**, quando a lei expressamente proíbe, como é o caso da dívida de jogo (CC, art. 814, *caput*)[1] e o pagamento de dívida prescrita (CC, art. 882),[2] ou **natural de causa ilícita** quando embora não expressamente proibida em lei, possa se originar de algo ilícito, imoral ou proibido por lei, tendo em vista o princípio que diz que "ninguém pode se beneficiar de sua própria torpeza" (CC, art. 883, *caput*).[3]

A característica marcante desse tipo de obrigação é que elas não podem ser exigidas judicialmente.

1.2 Obrigação civil (perfeita ou jurídica)

São obrigações que interessam ao estudo do direito, tendo em vista que o seu inadimplemento autoriza ao credor, acionar a máquina judiciária para exigir, até forçadamente, seu cumprimento sob pena de ser executado à custa do patrimônio do devedor.

São as obrigações propriamente ditas, ou seja, aquelas que o direito protege e que, não cumpridas voluntariamente, autoriza ao credor pedir socorro ao judiciário para obrigar o devedor a cumprir com o prometido.

1.3 Diferença entre obrigação natural e obrigação civil

A diferença é fundamentalmente quanto à exigibilidade que, nas obrigações civis, se faz presente, enquanto que na obrigação natural não existe.

1.4 Efeitos do pagamento nas obrigações naturais

Se o devedor pagar voluntariamente uma obrigação natural, o pagamento será considerado perfeito porque embora a dívida não fosse exigível, de fato, ela

1. CC, Art. 814. As dívidas de jogo ou de aposta não obrigam a pagamento; mas não se pode recobrar a quantia, que voluntariamente se pagou, salvo se foi ganha por dolo, ou se perdente é menor ou interdito.
2. CC, Art. 882. Não se pode repetir o que se pagou para solver dívida prescrita, ou cumprir obrigação judicialmente inexigível.
3. CC, Art. 883. Não terá direito à repetição aquele que deu alguma coisa para obter fim ilícito, imoral, ou proibido por lei.

era existente. Tanto é assim que se o devedor fizer o pagamento, não poderá pedir repetição alegando que a dívida era inexigível (CC, art. 882, já citado).

2. DAS OBRIGAÇÕES DE MEIO, DE RESULTADO E DE GARANTIA

Nesse tipo de obrigação a finalidade ou objetivo a ser alcançado é que irá definir se ela é de meio, de resultado ou de garantia. Vejamos.

2.1 Obrigação de meio

É aquela em que o devedor se compromete a executar algo utilizando todo o seu conhecimento e técnica para obtenção do melhor resultado possível, sem garantir que o resultado final será atingido.

Exemplo típico é o advogado que assume o compromisso com o cliente de defendê-lo, empregando todos os seus conhecimentos e esforços, mas não pode garantir que irá ganhar a causa.

2.2 Obrigação de resultado

É aquela em que o devedor se obriga a cumprir a obrigação pela forma convencionada, respondendo pelo resultado prometido. Se o resultado não for alcançado, o devedor será considerado inadimplente, respondendo pelos prejuízos decorrentes do insucesso.

É o caso do empreiteiro de obra que assume o compromisso de edificar a construção nos moldes do projeto apresentado, não se admitindo possa o resultado não ser alcançado.

2.3 Obrigação de garantia

É a que decorre do contrato ou da lei e visa reduzir ou eliminar os riscos que recaem sobre a coisa, aumentado a segurança do credor, como por exemplo nos casos de vícios redibitórios (CC, art. 441),[4] da evicção (CC, art. 447),[5] do segurador em relação a terceiros, do fiador ou avalista em relação ao credor etc.

---

4. CC, Art. 441. A coisa recebida em virtude de contrato comutativo pode ser enjeitada por vícios ou defeitos ocultos, que a tornem imprópria ao uso a que é destinada, ou lhe diminuam o valor.
   Parágrafo único. É aplicável a disposição deste artigo às doações onerosas.
5. CC, Art. 447. Nos contratos onerosos, o alienante responde pela evicção. Subsiste esta garantia ainda que a aquisição se tenha realizado em hasta pública.

2.4 Quanto ao adimplemento

Conforme seja a obrigação assumida, se de meio ou de resultado, as consequências são bem diferentes quanto ao adimplemento. Vejamos:

a) **Nas obrigações de meio:**

O contrato estará cumprido, no exemplo do advogado, quando a causa for encerrada nos tribunais, fazendo jus aos seus honorários contratados, independentemente do resultado final (tenha ganhado ou perdido a ação). Nesse tipo de obrigação, o devedor só será responsabilizado se for provado que o resultado desejado não aconteceu por conta de sua negligência, imprudência ou imperícia (a prova é ônus do credor).

b) **Nas obrigações de resultado:**

O devedor será considerado inadimplente se os resultados não forem alcançados. Nos contratos de transportes, por exemplo, a tarefa do transportador é levar a pessoa ou mercadoria incólume do ponto de ingresso até o final da jornada (CC, art. 734).[6] Assim, se ocorrer um acidente, em princípio o devedor será responsabilizado, porquanto há um defeito na prestação de serviços e, como a obrigação é de resultado, o devedor só se exonera se provar caso fortuito ou força maior ou culpa exclusiva da vítima (aqui o ônus da prova é do devedor – típica inversão).

3. OBRIGAÇÃO DE EXECUÇÃO INSTANTÂNEA, DIFERIDA E CONTINUADA

A importância dessa classificação tem a ver com o momento em que a prestação deve ser cumprida se imediatamente (instantânea), se no futuro de uma só vez (diferida) ou se no futuro, porém em prestações periódicas (continuada ou de trato sucessivo).

3.1 Obrigação de execução instantânea

É aquela que se cumpre num só ato, sendo adimplida logo após a sua criação, como na compra e venda à vista, em que o vendedor recebe o preço e imediatamente entrega a coisa. As ações do credor e do devedor se realizam simultaneamente.

6. CC, Art. 734. O transportador responde pelos danos causados às pessoas transportadas e suas bagagens, salvo motivo de força maior, sendo nula qualquer cláusula excludente da responsabilidade.
Parágrafo único. É lícito ao transportador exigir a declaração do valor da bagagem a fim de fixar o limite da indenização.

3.2 Obrigação de execução diferida

É aquela cujo cumprimento deve ocorrer também em uma única prestação, porém em determinado momento futuro como, por exemplo, na compra de uma geladeira em que o vendedor (credor) promove a entrega imediatamente, mas aceita receber do comprador (devedor) no prazo de trinta dias depois da entrega.

3.3 Obrigação de execução continuada ou de trato sucessivo

O que caracteriza esse tipo de obrigação são os atos que serão praticados (pelo devedor ou credor, ou mesmo ambos) de forma reiterada no tempo e no espaço tais como a compra e venda a prazo, locação de imóveis, ou mesmo a aquisição de serviços públicos como água e luz.

4. OBRIGAÇÃO PURA E SIMPLES, CONDICIONAIS A TERMO, COM ENCARGO OU MODAL

Nesses tipos de obrigações o que se vai verificar é se as partes estabeleceram algum dos elementos acidentais possíveis de serem adicionados aos negócios jurídicos como o termo, a condição ou algum tipo de encargo.

4.1 Obrigação pura e simples

Será considerada pura e simples a obrigação que, para ser cumprida, não dependa de qualquer condicionante, de sorte que produzirá efeitos imediatamente após o ato da sua elaboração.

4.2 OBRIGAÇÃO CONDICIONAL

É a obrigação cuja eficácia fica na dependência de um acontecimento futuro e incerto, derivado da voluntária vontade das partes e expresso no contrato.[7] O acontecimento pode ficar na dependência de vir a ocorrer em face da vontade humana ("dar-te-ei o apartamento do Jardim Robru se casar com Jojolina") ou mesmo de fatores aleatórios, como no caso fortuito ou de força maior ("te darei o apartamento se chover amanhã").

---

7. Remetemos o leitor ao vol. 1 desta coleção, onde tratamos de maneira mais específica sobre condição, termo e encargo.

4.3 Obrigação a termo

Essa é o tipo de obrigação cuja eficácia fica na dependência de um acontecimento futuro, porém certo, ou pelo menos determinável. É muito parecida com a condição, porém dela difere, porque nesse tipo de obrigação o acontecimento é certo, apenas fica na dependência de uma data que pode ser determinada (firmo contrato de locação hoje, porém a locação só começa no dia 10 do próximo mês), ou determinável (o apartamento será da Jojolina quando o usufrutuário falecer).

4.4 Obrigação com encargo ou modal

É a obrigação cujos efeitos plenos ficam subordinados à realização de uma tarefa imposta ao devedor consistente numa obrigação de fazer. Normalmente aplicadas às declarações unilaterais da vontade (doações e testamentos), pode também ocorrer na promessa de recompensa e muito raramente nos contratos onerosos. Exemplo típico é o do testador que deixa uma casa para determinada pessoa com o encargo de fazer dela um asilo para animais.

5. OBRIGAÇÃO LÍQUIDA E ILÍQUIDA

Agora vamos estudar as obrigações a partir da sua liquidez, tendo em vista que ninguém pode ser obrigado a cumprir uma obrigação sem conhecer os exatos contornos do objeto ou os valores envolvidos. Isso se faz em juízo ou por acordo das partes.

5.1 Obrigação líquida

É a obrigação certa quanto à sua existência e determinada quanto ao seu objeto, podendo ser dinheiro (determinada quantia) ou mesmo uma coisa (um cavalo).

5.2 Obrigação ilíquida

É a obrigação de que, embora certa quanto à sua existência, pende uma indeterminação quanto aos exatos contornos de seu objeto, dependendo de uma prévia apuração. Antes da sua exigência o credor deverá promover a liquidação, isto é, torná-la líquida.

5.3 Espécies e forma de liquidação

O acertamento de valores é condição prévia para que o credor possa executar o seu crédito. Às vezes a apuração é muito simples, às vezes mais complexas. Vejamos.

a) **Liquidação por simples cálculos:**

Este é o tipo de liquidação muito simples, até advogado pode fazer, pois depende somente de meros cálculos, tais como atualização de valores, acréscimos de juros e soma de custas e honorários. Se você é estagiário é só lembrar-se daquela ação em que seu escritório ganhou a causa e, tendo chegado à fase de cumprimento de sentença (execução), foi necessário apresentar a chamada "planilha dos cálculos", ou "memória de cálculos", como preferem alguns.

b) **Liquidação por arbitramento:**

Esta ocorrerá quando for necessária a intervenção de um árbitro nomeado pelo juiz ou por acordo das partes para, com os elementos já constantes nos autos, encontrar um valor apto a atender o comando sentencial. Tomemos como exemplo a ação que visava recompor os danos causados à propriedade pela invasão dos animais do vizinho que destruiu a plantação e equipamentos. Proferida a sentença vai ser necessário nomear perito para encontrar o valor da condenação, levando-se em conta o valor da plantação destruída e dos bens que foram atingidos.

c) **Liquidação por artigo:**

A liquidação será por artigo quando for necessário provar "fato novo" para achegar-se ao valor final da condenação. Vamos supor que alguém ingressou com ação para se ver indenizado pelos danos causados pelo atropelamento ocorrido por culpa do réu. Vem a sentença e condena o réu a pagar, dentre outras coisas, uma pensão mensal equivalente à renda fixa que o autor tinha quando do acidente ou parcial na proporção de sua invalidez. Nesse caso, vai ser necessário fazer-se nova perícia para medir a extensão da invalidez do autor (se total ou parcial e, se parcial, quanto de redução houve).

5.4 Importância prática

Se a dívida for líquida e certa, constitui o devedor em mora tão logo ocorra o vencimento. Se for ilíquida, isto é, não houver data ou valor estipulado, somente constituirá o devedor em mora assim que o credor apresentar a liquidação por via judicial ou extrajudicial (CC, art. 397).[8]

8. CC, Art. 397. O inadimplemento da obrigação, positiva e líquida, no seu termo, constitui de pleno direito em mora o devedor.

Parágrafo único. Não havendo termo, a mora se constitui mediante interpelação judicial ou extrajudicial.

6. OBRIGAÇÃO PRINCIPAL E ACESSÓRIA

Agora vamos estudar as obrigações considerando umas em relação às outras. Dessa forma existem obrigações que são principais e obrigações que só existem porque existe outra da qual ela decorre. Por isso, a divisão em principais e acessórias.

6.1 Obrigação principal

É a obrigação que não depende de outro fator existindo por si mesmas como na obrigação de entregar o veículo no contrato de depósito.

6.2 Obrigação acessória

É aquela obrigação cuja existência é subordinada a uma outra relação jurídica, dependendo da obrigação principal, como a fiança no contrato de locação de imóveis.

6.3 Espécies de obrigações acessórias

As partes podem fixar as mais diversas obrigações acessórias, visando maior segurança jurídica para a obrigação principal ou mesmo com a finalidade de garantir sua execução (cláusula penal, por exemplo). Assim, quando tratamos dos direitos reais de garantia vamos encontrar a figura da hipoteca, do penhor e da anticrese que somente existem porque incidem sobre um bem (móvel ou imóvel) que é o principal. Encontramos ainda no Código Civil, como obrigações de garantias ao adquirente, a evicção e os vícios redibitórios que também só podem existir como garantia acessória se existir um bem principal.

6.4 Consequências jurídicas

Tendo em vista o princípio fundamental que rege os bens reciprocamente considerados (perfeitamente aplicável ao direito das obrigações), resumido na frase "**O acessório sempre segue o principal**",[9] temos as seguintes consequências:

a) **Anulação da obrigação principal:**

A decretação de nulidade da obrigação principal também anula a obrigação acessória. Dessa forma, anulado o contrato de locação de imóvel, por exemplo, anulada também estará a fiança a ele atrelado. Advirta-se que o

9. Nesse sentido, ver os arts. 92, 184, 233 e 364, todos do Código Civil.

inverso não é verdadeiro, tendo em vista que a fiança pode ser declarada nula, sem que isso contamine o contrato de locação.

b) **Prescrição da obrigação principal:**

Prescrita a obrigação principal, estará também prescrita a obrigação acessória. Se no contrato a cobrança de um débito foi declarada inexigível por ter sido atingida pela prescrição, prescritos também estarão os encargos dela decorrentes.

Capítulo 3

Da transmissão das obrigações

Lição 7
DA TRANSMISSÃO DAS OBRIGAÇÕES

1. HISTÓRICO DA TRANSMISSÃO DAS OBRIGAÇÕES

Na antiguidade a obrigação era entendida como uma relação de caráter pessoal, razão por que não era aceita a sua cessão *inter vivos*, somente sendo admitida na sucessão hereditária.

Esse conceito sofreu profundas alterações com o passar dos tempos e hoje o enfoque se encontra afastado desse caráter estritamente pessoal, passando a focar mais no objeto da obrigação. Quer dizer, se a obrigação é representada por um direito/dever que faz parte do patrimônio do credor/devedor, o importante é verificar o seu conteúdo, de sorte que a substituição de uma pessoa por outra, tanto no polo passivo quanto ativo da relação, pouco vai importar, pois não irá alterar a substância dos direitos que recai sobre a obrigação contraída.

2. TRANSMISSÃO DAS OBRIGAÇÕES NO DIREITO ATUAL

O direito moderno admite, sem maiores problemas, a transmissão das obrigações, tanto do lado passivo quanto ativo, podendo ser processada a título gratuito ou oneroso, por ato *inter vivos* ou *causa mortis*, podendo englobar a transferência de um negócio jurídico que pode ser um direito, um dever, uma ação ou até mesmo um complexo de direito, deveres e bens.

O ato pelo qual se processa chama-se *cessão*, quem transmite é denominado *cedente*, quem recebe (adquirente) é denominado *cessionário* e são das seguintes espécies: cessão de crédito, assunção de dívida ou cessão de débito e cessão de contrato.

3. ESPÉCIES DE TRANSMISSÃO DAS OBRIGAÇÕES

São três as espécies a saber:

a) **Cessão de crédito:**

É a operação pela qual o credor transfere a outrem seus direitos numa determinada relação obrigacional (CC, art. 286 e ss.).[1]

b) **Assunção de dívida ou cessão de débito:**

É o negócio jurídico pelo qual o devedor transfere a outrem sua dívida, sem que isso signifique novar ou extinguir a dívida anterior (CC, art. 299 e ss.).[2]

c) **Cessão de contrato:**

É o negócio jurídico pelo qual o cedente transfere sua posição contratual, quer dizer, os direitos e obrigações, ao cessionário, com base na liberdade contratual. Esse instituto não tem uma regulação específica no Código Civil, porém se realiza em face da autonomia da vontade outorgada às partes, desde que seja processada obedecendo às formalidades legais.

4. IMPORTÂNCIA DA CESSÃO DE CRÉDITO

É um instituto importante e bastante utilizado na vida negocial moderna, como forma de potencializar e incrementar os negócios em geral. Para se ter uma ideia, basta lembrar as famosas operações de "desconto de títulos" operadas, diuturnamente, pelas mais diversas empresas junto às instituições financeiras brasileiras.

4.1 Conceito

É um negócio jurídico bilateral através do qual o credor transfere a terceiros seus direitos de recebimento de um determinado crédito, que independe da

1. CC, Art. 286. O credor pode ceder o seu crédito, se a isso não se opuser a natureza da obrigação, a lei, ou a convenção com o devedor; a cláusula proibitiva da cessão não poderá ser oposta ao cessionário de boa-fé, se não constar do instrumento da obrigação.
2. CC, Art. 299. É facultado a terceiro assumir a obrigação do devedor, com o consentimento expresso do credor, ficando exonerado o devedor primitivo, salvo se aquele, ao tempo da assunção, era insolvente e o credor o ignorava.

anuência do devedor para ter eficácia, contudo devendo-lhe ser notificado da transação para que possa solver corretamente a quem de direito.

4.2 Objeto e requisitos

Os requisitos são aqueles gerais para a realização de qualquer negócio jurídico: objeto, capacidade e legitimação (CC, art. 104).[3]

O objeto e os requisitos se confundem na exata medida em que é exigida pessoa capaz e legitimada a promover a cessão (a pessoa deve ser o titular; se for representante ou mandatário é preciso verificar se tem poderes para tanto), o objeto deve ser lícito (como em qualquer outro negócio jurídico) e às vezes há necessidade de autorização para assim proceder (síndico da massa falida e o inventariante, por exemplo, dependem de autorização judicial).

4.3 Espécies e formas

A grande maioria dos negócios envolvendo cessão de crédito decorre da vontade das partes (**cessão convencional**) e não se exigem maiores formalidades, podendo ser realizada por escrito particular e, quando a lei exigir, por escritura pública. Algumas vezes pode ser necessária alguma formalidade adicional como, por exemplo, o registro em cartório para produzir efeitos em relação a terceiro (CC, art. 221, *caput*).[4]

Temos também a **cessão de crédito legal** quando a cessão não decorre da vontade das partes, mas da lei como a sub-rogação legal (CC, art. 346),[5] como no caso daquele que pagou a dívida pela qual poderia ser obrigado (CC, art. 283)[6] ou

3. CC, Art. 104. A validade do negócio jurídico requer:
   I – agente capaz;
   II – objeto lícito, possível, determinado ou determinável;
   III – forma prescrita ou não defesa em lei.
4. CC, Art. 221. O instrumento particular, feito e assinado, ou somente assinado por quem esteja na livre disposição e administração de seus bens, prova as obrigações convencionais de qualquer valor; mas os seus efeitos, bem como os da cessão, não se operam, a respeito de terceiros, antes de registrado no registro público.
5. CC, Art. 346. A sub-rogação opera-se, de pleno direito, em favor:
   I – do credor que paga a dívida do devedor comum;
   II – do adquirente do imóvel hipotecado, que paga a credor hipotecário, bem como do terceiro que efetiva o pagamento para não ser privado de direito sobre imóvel;
   III – do terceiro interessado, que paga a dívida pela qual era ou podia ser obrigado, no todo ou em parte.
6. CC, Art. 283. O devedor que satisfez a dívida por inteiro tem direito a exigir de cada um dos codevedores a sua quota, dividindo-se igualmente por todos a do insolvente, se o houver, presumindo-se iguais, no débito, as partes de todos os codevedores.

mesmo do fiador que paga a dívida do afiançado (CC, art. 831),[7] pois em ambos os casos vai ocorrer a sub-rogação nos direitos perante os outros devedores.

Por fim, existe a **cessão de crédito judicial**, quando emanar de ordem oriunda de um processo em andamento como, por exemplo, a penhora (de bens ou direitos) com a subsequente transferência ao credor pela adjudicação.

A cessão de crédito pode ainda ser classificada em ***pro soluto*** quando o cedente apenas garante a existência do crédito e ***pro solvendo*** quando o cedente garante, além da existência do crédito, que pagará o título caso o devedor seja insolvente.

4.4 Notificação do devedor

Numa primeira leitura do insculpido no art. 290[8] do Código Civil o leitor pode ser levado a crer que a validade da cessão de crédito estaria subordinada à anuência do devedor. Não é verdade! Essa comunicação tem apenas por objeto cientificá-lo de que existe um novo credor, isto é, aquele que está autorizado a lhe cobrar.

Quer dizer, embora não seja necessária a anuência do devedor para a validade do negócio jurídico, deve ele ser notificado, de forma judicial ou extrajudicial, para tomar ciência, de que o negócio se realizou para poder efetuar o pagamento a quem de direito. Essa notificação pode ser realizada tanto pelo cedente quanto pelo cessionário. Se decorrer de obrigação solidária, todos os codevedores devem ser notificados.

Alguns créditos, em face de sua própria natureza, dispensam a notificação, como, por exemplo, os títulos ao portador cuja transferência se perfaz pela simples tradição (CC, art. 904).[9] Da mesma forma, qualquer outro título que se possa transferir por endosso translativo (existe também o *endosso mandato*, mas este apenas autoriza fazer a cobrança em nome do credor).

4.5 Responsabilidade do cedente

De regra, a responsabilidade do cedente é somente com relação à existência do crédito, isto é, quanto à sua validade, titularidade e exigibilidade. Nesse caso, dizemos que o crédito é *pro soluto* – garante só a existência do crédito (CC, art. 295).[10]

---

7. CC, Art. 831. O fiador que pagar integralmente a dívida fica sub-rogado nos direitos do credor; mas só poderá demandar a cada um dos outros fiadores pela respectiva quota.
8. CC, Art. 290. A cessão do crédito não tem eficácia em relação ao devedor, senão quando a este notificada; mas por notificado se tem o devedor que, em escrito público ou particular, se declarou ciente da cessão feita.
9. CC, Art. 904. A transferência de título ao portador se faz por simples tradição.
10. Art. 295. Na cessão por título oneroso, o cedente, ainda que não se responsabilize, fica responsável ao cessionário pela existência do crédito ao tempo em que lhe cedeu; a mesma responsabilidade lhe cabe nas cessões por título gratuito, se tiver procedido de má-fé.

O credor somente responderá pela solvência do título se assim foi expressamente pactuado, sendo aquilo que a doutrina chama da cessão *pro solvendo* – garante a existência e a solvência do crédito (CC, art. 296).[11]

4.6 Créditos que não podem ser cedidos

Como já dissemos, a regra geral é que os créditos podem ser cedidos. Por exceção, existem aqueles que não podem ser cedidos, seja em razão de sua natureza, seja por impedimento legal. Vejamos:

a) **Pela sua própria natureza:**

Existem créditos que não podem ser transferidos em razão de sua própria natureza, ou seja, que não podem ser objeto de negócio jurídico, tais como os decorrentes do direito de família (filiação), os direitos da personalidade (nome) ou, ainda, os decorrentes de obrigações personalíssimas (obra encomendada a um autor renomado).

b) **Em virtude da lei:**

Há algumas proibições quanto à transmissão das obrigações decorrentes de lei, tais como o direito sobre a herança de pessoa viva (CC, art. 426);[12] do crédito já penhorado (CC, art. 298);[13] direito de preempção ou preferência (CC, art. 520)[14] os créditos de alimentos (CC, art. 1.707),[15] o usufruto, embora possa ser cedido o seu uso por locação ou comodato (CC, art. 1.393),[16] dentre outros.

c) **Por vontade das partes:**

Podem as partes livremente convencionar (de forma expressa no contrato) que não se poderá proceder à transferência de crédito relativo ao objeto do negócio jurídico entabulado (CC, art. 286, 2ª parte).[17]

---

11. CC, Art. 296. Salvo estipulação em contrário, o cedente não responde pela solvência do devedor.
12. CC, Art. 426. Não pode ser objeto de contrato a herança de pessoa viva.
13. CC, Art. 298. O crédito, uma vez penhorado, não pode mais ser transferido pelo credor que tiver conhecimento da penhora; mas o devedor que o pagar, não tendo notificação dela, fica exonerado, subsistindo somente contra o credor os direitos de terceiro.
14. CC, Art. 520. O direito de preferência não se pode ceder nem passa aos herdeiros.
15. CC, Art. 1.707. Pode o credor não exercer, porém lhe é vedado renunciar o direito a alimentos, sendo o respectivo crédito insuscetível de cessão, compensação ou penhora.
16. CC, Art. 1.393. Não se pode transferir o usufruto por alienação; mas o seu exercício pode ceder-se por título gratuito ou oneroso.
17. CC, Art. 286. O credor pode ceder o seu crédito, se a isso não se opuser a natureza da obrigação, a lei, ou a convenção com o devedor; a cláusula proibitiva da cessão não poderá ser oposta ao cessionário de boa-fé, se não constar do instrumento da obrigação.

5. ASSUNÇÃO DE DÍVIDA OU CESSÃO DE DÉBITO

Figura pouco usual na nossa prática diária, a cessão de débito é inovação criada pelo Código Civil de 2002. Ela pode ocorrer tanto em questões de ordem pessoal e moral (o pai que comparece perante o credor e assume a dívida de seu filho), quanto como decorrência da vida negocial em geral (compra-se um ponto comercial e o adquirente assume as dívidas do estabelecimento com os fornecedores).

5.1 Conceito

É o negócio jurídico bilateral pelo qual o devedor transfere a terceiro sua obrigação para com o credor, que deverá, expressamente, anuir com a realização do negócio, admitindo-se, por exceção, o silêncio como recusa (CC, art. 299, parágrafo único).[18]

5.2 Características

A principal característica do instituto é a substituição da pessoa do devedor (polo passivo) por outra, que pode ser física ou jurídica, sem alteração quanto ao objeto da prestação que continua sendo a mesma originariamente firmada entre as partes.

5.3 Consentimento do credor

Este é um requisito indispensável para a validade da cessão do débito. E faz sentido, porque o devedor poderia indicar outro devedor em piores condições e com isso fragilizar a possibilidade de recebimento por parte do credor. Por isso, é dado ao credor a oportunidade de dizer, de maneira expressa, se aceita a substituição, não se admitindo presunção a esse respeito (CC, art. 299, parágrafo único, já citado).

5.4 Efeitos da cessão de débito

São dois, porém o principal efeito é a substituição da figura do devedor. Além disso, extingue as garantias originalmente ofertadas pelo primitivo devedor.

18. CC, Art. 299. É facultado a terceiro assumir a obrigação do devedor, com o consentimento expresso do credor, ficando exonerado o devedor primitivo, salvo se aquele, ao tempo da assunção, era insolvente e o credor o ignorava.
Parágrafo único. Qualquer das partes pode assinar prazo ao credor para que consinta na assunção da dívida, interpretando-se o seu silêncio como recusa.

6. CESSÃO DE CONTRATO

Como já mencionado, não existe no Código Civil disposições regulando a matéria, o que não significa dizer que ela inexista ou não seja importante. A sua existência pode ser classificada como um negócio jurídico atípico que deve, como de resto qualquer outro negócio jurídico, ser firmado entre partes capazes, envolver objeto lícito, possível e determinado e obedecer às disposições de lei pertinentes ao negócio entabulado (ver CC, art. 104).

6.1 Conceito

Cessão de contratos é a transferência, ativa ou passiva, do conjunto de direitos e obrigações de que é titular determinada pessoa, derivado de um contrato de execução continuada, com a anuência do cedido.

6.2 Importância

Normalmente aplicada às obrigações diferidas ou de trato sucessivo, a possibilidade de transferir o contrato pode ser bastante útil e prática para as partes envolvidas que não necessitarão fazer um distrato do pacto existente, para depois o cedido firmar novo contrato com aquele que vai dar seguimento ao trabalho ou serviço originariamente contratado.

CAPÍTULO 4
DO ADIMPLEMENTO E EXTINÇÃO DAS OBRIGAÇÕES

Lição 8
PAGAMENTO DIRETO
(FORMA NORMAL DE EXTINÇÃO DAS OBRIGAÇÕES)

1. DAS FORMAS DE EXTINÇÃO E ADIMPLEMENTO DAS OBRIGAÇÕES

A extinção das obrigações ocorre, via de regra, pelo pagamento direto, isto é, quando o devedor satisfaz a prestação a que estava obrigado, na forma, tempo e lugar preestabelecidos no contrato, e diretamente ao credor.

Contudo, existem outras formas de extinção das obrigações sem que necessariamente ocorra o pagamento diretamente feito pelo devedor ao credor, de sorte que se pode afirmar que a extinção das obrigações ocorre pelo seu adimplemento, termo mais amplo que engloba o pagamento (direto ou indireto) e a extinção mesmo quando não ocorra pagamento (forma anormal). Por isso, existem as três formas diferentes de extinção das obrigações. Vejamos:

a) **Forma direta** (normal):

Quando o devedor, ou terceiro, realiza o pagamento nos termos exatos em que fora pactuado (forma, tempo e lugar) e diretamente ao credor, sendo este o principal modo de extinção das obrigações.

b) **Forma indireta** (especial):

Neste o pagamento será realizado, porém não da forma preestabelecida, seja em razão das pessoas envolvidas, da insuficiência integral da prestação, ou ainda em face do objeto da prestação, e pode ocorrer por consignação, com sub-rogação, imputação do pagamento e dação em pagamento.

c) **Forma anormal** (sem pagamento):

Embora a forma normal de extinção das obrigações seja o pagamento (direto ou indireto), algumas vezes é possível cogitar-se da extinção das obrigações sem que tenha havido o regular cumprimento da prestação a que estava obrigado o devedor, como no caso da novação, da compensação, da transação, da confusão, da remissão, da impossibilidade de execução sem culpa do devedor, de prescrição, de nulidade ou anulação.

2. O SIGNIFICADO DE PAGAMENTO

Quando se trata do direito das obrigações, o significado de **pagamento** está diretamente relacionado com a **extinção da obrigação pelo cumprimento ou adimplemento** a que estava obrigado o devedor, ou seja, é empregado no sentido de extinção de toda e qualquer obrigação, sejam aquelas cujo pagamento será em dinheiro ou mesmo naquelas em que o cumprimento da obrigação implica na entrega de uma coisa (obrigação de dar) ou na prática ou de um determinado ato (obrigação de fazer).

3. O PAGAMENTO DIRETO COMO FORMA NORMAL DE EXTINÇÃO DAS OBRIGAÇÕES

O pagamento direto é a forma normal e mais comum de liberação do devedor que ocorre quando a obrigação é cumprida tal como devida, na forma (coisa pactuada), no tempo (vencimento) e no lugar convencionado (onde deveria ser realizada a prestação).

3.1 Na forma de pagamento direto, quem deve pagar?

Por óbvio que a forma mais comum é o pagamento feito pelo próprio devedor, mas para o credor pouco importa se quem faz o pagamento é o próprio devedor ou alguém a seu mando ou mesmo em seu lugar. Dessa forma, vamos ver as formas de pagamento e a liberação direta do devedor, seja com o pagamento feito diretamente pelo devedor ou por terceira pessoa estranha à relação obrigacional.

a) **Pagamento realizado pelo próprio devedor:**

Esta é a regra geral pela qual aquele que figura no polo passivo da obrigação tem o maior interesse em quitar seu débito e paga diretamente ao credor.

b) **Pagamento efetuado por pessoa interessada:**

O pagamento pode ser feito por qualquer pessoa que tenha interesse jurídico em ver a dívida extinta, como no caso do devedor solidário (exceto nas obrigações personalíssimas) ou do fiador (CC, art. 304).[1]

c) **Pagamento realizado por pessoa não interessada:**

Pode ocorrer também de um terceiro, sem nenhum interesse jurídico no negócio, desejar pagar o débito do devedor, às vezes até por uma questão moral, como o pai que paga a dívida do filho. Nesse caso, voltamos a dizer, para o credor pouco importa quem pagará a dívida, importante para ele é receber (CC, art. 304, parágrafo único, já citado).

d) **Pagamento feito por terceiro com oposição ou desconhecimento do devedor:**

Pode o devedor ter justificadas razões para não querer que alguém pague a sua dívida, seja por uma questão moral (ele não quer ficar devendo para aquela pessoa) seja porque ele tem exceções pessoais que pode opor ao credor na eventual cobrança (como, por exemplo, a compensação). Assim, o Código Civil prescreve que se o pagamento for feito por terceiro, com desconhecimento ou oposição do devedor, ele não ficará obrigado a reembolsar a quantia que foi paga, especialmente se tinha meios para ilidir a ação de cobrança (CC, art. 306).[2]

3.2 Pagamento pela transmissão de propriedade

Pode também o pagamento consistir na transmissão de uma propriedade (móvel ou imóvel). Nesse caso, o pagamento só será considerado eficaz se for realizado pelo seu legítimo proprietário ou por quem o represente (CC, art. 307, *caput*).[3]

---

1. CC, Art. 304. Qualquer interessado na extinção da dívida pode pagá-la, usando, se o credor se opuser, dos meios conducentes à exoneração do devedor.
   Parágrafo único. Igual direito cabe ao terceiro não interessado, se o fizer em nome e à conta do devedor, salvo oposição deste.
2. CC, Art. 306. O pagamento feito por terceiro, com desconhecimento ou oposição do devedor, não obriga a reembolsar aquele que pagou, se o devedor tinha meios para ilidir a ação.
3. CC, Art. 307. Só terá eficácia o pagamento que importar transmissão da propriedade, quando feito por quem possa alienar o objeto em que ele consistiu.

3.3 Daquele a quem se deve pagar

Parece óbvio que o pagamento deva ser realizado àquele que conste no título como o seu real beneficiário, isto é, ao credor originário, porém no momento do pagamento o credor pode ser outra pessoa em face das mutações possíveis de ocorrer no cotidiano, de sorte a afirmar que pode existir um novo credor fruto da sub-rogação, por exemplo, ou mesmo em face da sucessão hereditária.

3.3.1 Pagamento realizado diretamente ao credor

Essa é a forma regular, pois o pagamento deve ser sempre feito ao credor ou a quem o represente, sob pena de só valer depois de por ele ratificado ou se provado que o pagamento reverteu em seu proveito (CC, art. 308).[4]

Quer dizer, o pagamento é plenamente válido mesmo que seja realizado na pessoa do representante do credor, que pode ser legal (os pais pelos filhos), ou judicial (inventariante) ou o convencional (aquele que tem procuração).

3.3.2 Quem paga mal, paga duas vezes

Já vimos que a regra é que o devedor deve realizar o pagamento diretamente ao credor, seja na pessoa do próprio credor ou na pessoa que o represente legalmente, sob pena de ter que pagar novamente (CC, art. 308, já citado).

Vamos imaginar que o devedor paga a quem não é credor e, mesmo que tenha recebido a quitação, o pagamento não terá validade por uma simples razão: pagou para pessoa errada e, portanto, o credor continua com o direito de lhe cobrar o devido.

Apesar dessa lógica natural, há exceções, pois se o pagamento for realizado de boa-fé ao credor putativo, será plenamente válido. Assim também, se o pagamento foi feito por terceiro e depois o credor o ratificou. Assim, há algumas excepcionalidades que devemos estudar. Vejamos.

a) **Pagamento feito de boa-fé ao credor putativo** (imaginário):

   Também será válido o pagamento feito de boa-fé à pessoa que o devedor imaginava ser o credor legitimado para receber a prestação (CC, art. 309).[5]

   Exemplo: Vamos imaginar que uma determinada pessoa comparecia todo mês ao escritório do *de cujus* e realizava o pagamento para um

---

4. CC, Art. 308. O pagamento deve ser feito ao credor ou a quem de direito o represente, sob pena de só valer depois de por ele ratificado, ou tanto quanto reverter em seu proveito.
5. CC, Art. 309. O pagamento feito de boa-fé ao credor putativo é válido, ainda provado depois que não era credor.

determinado filho dele que ali trabalhava, e continua fazendo isso, seja porque não sabe do falecimento ou porque, mesmo sabendo, pensa que aquele é único herdeiro. Ainda que a realidade seja diferente, esse pagamento será considerado válido, porque aquele que recebia aparentava ser o verdadeiro credor.

Nesse caso, em prestígio da boa-fé, o pagamento será considerado válido e ao verdadeiro credor restará o direito de ação contra aquele que recebeu indevidamente o pagamento (credor putativo), para tentar reaver o que é seu. Porém, não poderá responsabilizar o devedor que, nesse caso, já estará liberado.

b) **Pagamento feito a terceiro com ratificação posterior do credor:**

Se quem recebeu não estava oficialmente autorizado a fazê-lo, mas depois o credor entrega a quitação, ainda que o pagamento tenha se realizado de forma imperfeita, essa imperfeição foi corrigida pelo ato do credor que retroage à data do efetivo pagamento (CC, art. 308, 2ª parte, já citado).

c) **Pagamento ao mandatário presumido:**

Também será válido o pagamento que for realizado à pessoa que portava a quitação outorgada pelo credor, pois presume-se que veio receber a mando do mesmo, exceto se as circunstâncias puderem indicar que há uma fraude (CC, art. 311).[6]

Exemplo: comparece um cobrador em sua casa, com o uniforme da empresa, o título representativo da dívida em mãos, com carimbo no verso e assinatura. O que se deve pensar? Esse cara é o representante da empresa que veio efetuar a cobrança. Porém, se as circunstâncias forem duvidosas, o devedor deve se acercar de cautelas como, por exemplo, telefonar para a empresa credora e saber se aquele fulano está realmente autorizado a receber.

3.3.3 Nulidade do pagamento feito ao incapaz de quitar

Já cansamos de falar dos requisitos de validade do negócio jurídico (CC, art. 104).[7] Uma das exigências é que o agente seja capaz (se for incapaz, deverá ser assistido ou representado). Assim, se quem deu quitação não tinha capacidade para

6. CC, Art. 311. Considera-se autorizado a receber o pagamento o portador da quitação, salvo se as circunstâncias contrariarem a presunção daí resultante.
7. CC, Art. 104. A validade do negócio jurídico requer:
I – agente capaz;
II – objeto lícito, possível, determinado ou determinável;
III – forma prescrita ou não defesa em lei.

fazê-lo, consequência lógica é que o ato será considerado nulo ou anulável. Contudo, o legislador reputa o pagamento válido e eficaz, se o devedor provar (esse ônus é do devedor) que o pagamento reverteu em benefício do incapaz (CC, art. 310).[8]

3.3.4 Pagamento ao credor com crédito penhorado

No caso do crédito se encontrar penhorado, o devedor deve fazer depósito judicial, porque se pagar diretamente ao credor irá, com absoluta certeza, pagar duas vezes (CC, art. 312).[9]

4. DO OBJETO DO PAGAMENTO

Deve ser sempre respeitado e deve corresponder ao que foi pactuado entre as partes, já que o credor não é obrigado a receber coisa diversa do combinado, ainda que mais valiosa (CC, art. 313),[10] ou em partes se assim não se ajustou (CC, art. 314),[11] devendo ser realizado em moeda corrente nacional (CC, art. 315),[12] proibida a estipulação em moeda estrangeira ou mesmo em ouro (CC, art. 318).[13]

5. DA PROVA DO PAGAMENTO

O pagamento realizado prova-se pela quitação que, via de regra, deve processar-se por um recibo (instrumento particular) no qual conste a forma pela qual se deu a quitação, isto é, o valor e a espécie da dívida, o nome do devedor, ou o nome de quem por este pagou, o tempo e o lugar do pagamento, com a assinatura do credor, ou do seu representante (CC, art. 320, *caput*),[14] podendo, em determinadas condições, ser presumido.

---

8. CC, Art. 310. Não vale o pagamento cientemente feito ao credor incapaz de quitar, se o devedor não provar que em benefício dele efetivamente reverteu.
9. CC, Art. 312. Se o devedor pagar ao credor, apesar de intimado da penhora feita sobre o crédito, ou da impugnação a ele oposta por terceiros, o pagamento não valerá contra estes, que poderão constranger o devedor a pagar de novo, ficando-lhe ressalvado o regresso contra o credor.
10. CC, Art. 313. O credor não é obrigado a receber prestação diversa da que lhe é devida, ainda que mais valiosa.
11. CC, Art. 314. Ainda que a obrigação tenha por objeto prestação divisível, não pode o credor ser obrigado a receber, nem o devedor a pagar, por partes, se assim não se ajustou.
12. CC, Art. 315. As dívidas em dinheiro deverão ser pagas no vencimento, em moeda corrente e pelo valor nominal, salvo o disposto nos artigos subsequentes.
13. CC, Art. 318. São nulas as convenções de pagamento em ouro ou em moeda estrangeira, bem como para compensar a diferença entre o valor desta e o da moeda nacional, excetuados os casos previstos na legislação especial.
14. CC, Art. 320. A quitação, que sempre poderá ser dada por instrumento particular, designará o valor e a espécie da dívida quitada, o nome do devedor, ou quem por este pagou, o tempo e o lugar do pagamento, com a assinatura do credor, ou do seu representante.

5.1 Quitação

A quitação é o ato negocial que faz prova de que o débito foi adimplido. É um direito do devedor e se, por qualquer razão, o credor se recusar a dar a quitação, o devedor está autorizado a reter o pagamento, somente o fazendo quando a mesma lhe for dada (CC, art. 319).[15]

5.2 Despesas com a quitação

São de responsabilidade do devedor as despesas da quitação, exceto se as partes convencionaram no contrato de forma diferente (CC, art. 325).[16]

5.3 Presunção de pagamento

Como dito acima, a regra é que o recibo de quitação faz a prova do devido cumprimento da obrigação, porém, em algumas situações especiais, o legislador fez presumir que o pagamento tenha ocorrido. Vejamos:

a) **Quitação da última parcela nas obrigações periódicas:**

Parece lógico que se você tem um compromisso firmado para pagar em dez parcelas mensais, e tendo quitada a última parcela sem nenhuma ressalva por parte do credor, é de se presumir que a quitação dessa última parcela indica que as anteriores foram todas pagas (CC, art. 322).[17]

b) **Quitação do principal pressupõe o pagamento dos juros:**

Também parece óbvio que se foi pago o principal (a dívida propriamente dita) sem nenhuma ressalva, é de se presumir que tenham sido quitados os juros eventualmente incidentes na obrigação (CC, art. 323).[18]

c) **A entrega do título presume a quitação do débito:**

Algumas dívidas podem ser representadas por títulos como, por exemplo, uma nota promissória que será a prova do débito se o credor necessitar executar a cobrança. Nesse caso, se ela estiver em mãos do devedor, podemos presumir que houve o pagamento, tendo em vista que ninguém

15. CC, Art. 319. O devedor que paga tem direito a quitação regular, e pode reter o pagamento, enquanto não lhe seja dada.
16. CC, Art. 325. Presumem-se a cargo do devedor as despesas com o pagamento e a quitação; se ocorrer aumento por fato do credor, suportará este a despesa acrescida.
17. CC, Art. 322. Quando o pagamento for em quotas periódicas, a quitação da última estabelece, até prova em contrário, a presunção de estarem solvidas as anteriores.
18. CC, Art. 323. Sendo a quitação do capital sem reserva dos juros, estes presumem-se pagos.

entrega ao devedor o título que representa a sua dívida sem que ela tenha sido quitada (CC, art. 324, *caput*).[19]

6. LUGAR DO PAGAMENTO

Como regra a obrigação deve ser cumprida no domicílio do devedor (CC, art. 327),[20] e nesse caso dizemos que a dívida é ***quérable*** (quesível). No entanto, pode ser pactuado de forma diversa, sendo possível o cumprimento no domicílio do credor, quando então dizemos que a dívida é ***portable*** (portável).

Pode também ocorrer das partes convencionarem outro local para o cumprimento da obrigação e, em algumas situações, o local pode ser determinado em razão da natureza da obrigação, como acontece com o contrato de empreitada, que é cumprido no local onde deva ser realizada a obra.

Se no contrato constar dois ou mais lugares, caberá ao credor escolher qualquer deles.

7. TEMPO DO PAGAMENTO

É a data em que a obrigação deva ser cumprida. Portanto deverá ser realizado o pagamento no dia marcado como vencimento, independentemente de qualquer notificação, contudo o Código prevê três exceções; vejamos quais são:

7.1 Quando não há data estipulada

É como se fosse uma prestação a vista, podendo o credor exigi-lo imediatamente (CC, art. 331).[21]

7.2 Quando o cumprimento deva ocorrer em local diverso

O credor deverá esperar o tempo que for necessário para que o devedor possa providenciar a entrega da coisa no local determinado (CC, art. 134).[22]

---

19. CC, Art. 324. A entrega do título ao devedor firma a presunção do pagamento.
20. CC, Art. 327. Efetuar-se-á o pagamento no domicílio do devedor, salvo se as partes convencionarem diversamente, ou se o contrário resultar da lei, da natureza da obrigação ou das circunstâncias.
    Parágrafo único. Designados dois ou mais lugares, cabe ao credor escolher entre eles.
21. CC, Art. 331. Salvo disposição legal em contrário, não tendo sido ajustada época para o pagamento, pode o credor exigi-lo imediatamente.
22. CC, Art. 134. Os negócios jurídicos entre vivos, sem prazo, são exequíveis desde logo, salvo se a execução tiver de ser feita em lugar diverso ou depender de tempo.

Por exemplo: alguém se compromete a entregar um bem que se encontra em Manaus, sem estipular prazo; nesse caso o credor deverá conceder o prazo necessário ao transporte da coisa de Manaus até São Paulo.

7.3 Nas obrigações condicionais

De recordar que condição é a cláusula que subordina a eficácia do negócio jurídico a um evento futuro e incerto (CC, art. 121);[23] assim, não se pode exigir o cumprimento da obrigação em que ainda esteja pendente a condição (CC, art. 332).[24]

Exemplo: alguém se compromete a iniciar a construção de uma casa tão logo sejam concluídos os serviços de terraplenagem (essa é a condição para o início das obras). Enquanto a terraplenagem não for realizada, não pode o credor exigir do construtor que inicie os trabalhos de construção da casa.

8. PRINCÍPIOS APLICÁVEIS AO CUMPRIMENTO DAS OBRIGAÇÕES

São basicamente dois: o princípio da boa-fé objetiva, também chamado "da diligência normal; e, o princípio da pontualidade, vejamos:

a) **Princípio da boa-fé:**

O princípio da boa-fé exige que as partes se comportem de forma correta, proba, ética e honesta não só durante as tratativas iniciais, mas também durante a formação e a execução do contrato. Por esse princípio depreende-se que o devedor se obriga não somente pelo que está expresso no contrato, mas, também, por todas as consequências que podem resultar dos usos e costumes, além da lei (ver CC, art. 422).

b) **Princípio da pontualidade:**

É o princípio que exige que a prestação seja cumprida fielmente, isto é, no tempo, lugar e modo como foi combinado. Só a prestação devida, cumprida integralmente, desonera o obrigado.

---

23. CC, Art. 121. Considera-se condição a cláusula que, derivando exclusivamente da vontade das partes, subordina o efeito do negócio jurídico a evento futuro e incerto.
24. CC, Art. 332. As obrigações condicionais cumprem-se na data do implemento da condição, cabendo ao credor a prova de que deste teve ciência o devedor.

LIÇÃO 9
PAGAMENTO INDIRETO
(FORMA ESPECIAL DE EXTINÇÃO DAS OBRIGAÇÕES)

1. EXTINÇÃO DAS OBRIGAÇÕES PELO PAGAMENTO INDIRETO (FORMA ESPECIAL DE PAGAMENTO)

Já dissemos que a forma normal de extinção das obrigações é o pagamento diretamente feito ao credor, na forma, lugar e tempo em que a mesma fora contraída. Ocorre, todavia, que é perfeitamente possível adimplir a obrigação por outras formas quando, por exemplo, o credor se recusa em receber (consignação), ou quando terceiro comparecer para realizar o pagamento pelo devedor (sub-rogação), ou quando o devedor está obrigado por mais de uma dívida com o mesmo credor e não tem numerários suficientes para quitar as duas (imputação de pagamento), ou ainda quando o devedor não pode pagar com o objeto preestabelecido, mas se dispõe a entregar outra coisa e o credor aceita (dação em pagamento). Também podemos encaixar aqui a transação, já que através de negociações mútuas ambas as partes cedem em seus direitos e obrigações para que a composição possa ocorrer extinguindo a obrigação original, ainda que não da mesma forma como tinha sido convencionado na origem.

2. PAGAMENTO EM CONSIGNAÇÃO

Essa é uma das formas indiretas de pagamento porque o devedor paga através de depósito bancário ou judicial, e não diretamente ao credor. Pode ser utilizado, por exemplo, quando o credor se recusa ao recebimento da prestação, e o devedor, não desejando incorrer em mora, realiza o pagamento através da consignação.

Vamos imaginar que você alugou um veículo e que no dia da devolução, chegando à locadora, a mesma se encontra fechada. Independentemente de a loja se encontrar fechada, sua obrigação de entregar o carro persiste e é naquele dia. Se não o fizer, além de responder pela guarda e conservação do mesmo, poderá ainda ser cobrado em multa e juros. Assim, o devedor tem o direito de se liberar depositando a coisa em juízo, deixando-a à disposição do credor e assim, se ver livre da mora (CC, art. 334).[1]

2.1 Conceito e espécies

Consignar nada mais é do que depositar a prestação devida ao credor, na impossibilidade de fazer o pagamento diretamente a ele, cujo efeito é a liberação do devedor.

Para que a consignação seja válida, isto é, tenha força de pagamento, é necessário que concorram, em relação às pessoas, ao objeto, modo e tempo, todos os requisitos sem os quais não é válido o pagamento (ver CC, art. 336). Significa dizer que deverá observar a legitimidade, tanto do credor quando do devedor, além de respeitar o objeto da prestação na sua integralidade, bem como o modo de pagamento (se em uma única ou mais parcelas).

As espécies de consignação são duas formas, vejamos:

a) **Extrajudicial:**

Quando o pagamento for a dinheiro o devedor tem duas opções, ou faz o depósito judicial ou pode fazê-lo em qualquer instituição bancária (CC, art. 334, já citado).

b) **Judicial:**

Como dito acima, se a obrigação envolve pagamento em dinheiro, o devedor pode optar pelo depósito judicial ou extrajudicial, porém se for outra coisa que não o dinheiro, a única opção é a consignação em juízo.

1. CC, Art. 334. Considera-se pagamento, e extingue a obrigação, o depósito judicial ou em estabelecimento bancário da coisa devida, nos casos e forma legais.

2.2 Cabimento da consignação

Só se pode utilizar desse instituto nos casos expressamente autorizadas por lei (CC, art. 335).[2] Aliás, se o devedor interpuser ação desse tipo e depois for julgado improcedente, arcará não só com as consequências da mora, como também com os ônus sucumbenciais (custas e honorários advocatícios). Por isso, **é importante verificar em quais situações cabe utilizar esse instrumento** de liberação do devedor. Vejamos:

a) **Se o credor não puder, ou, sem justa causa, recusar receber o pagamento, ou recusar dar quitação:**

   Essa é a chamada mora *accipiendi* (mora do credor) e a dívida do tipo *portable*, cujo pagamento deve ser realizado no domicílio do credor.

   Veja que não é só o caso de embaraço no recebimento, mas também na recusa em dar a devida quitação. Nessas circunstâncias, o devedor está autorizado a adotar o caminho da consignação como forma de se liberar da obrigação e não sofrer os ônus do inadimplemento.

b) **Se o credor não for, nem mandar receber a coisa no lugar, tempo e condição devidos:**

   Este é o caso de dívida *quérable*, cujo pagamento deve ocorrer no domicílio do devedor e o só fato de o credor não comparecer para receber e nem mandar alguém o fazer já é motivo suficiente para autorizar a consignação. Nesse caso, basta o devedor alegar que o credor não foi receber o que lhe era devido, invertendo-se o ônus da prova.

c) **Se o credor for incapaz de receber, for desconhecido, declarado ausente, ou residir em lugar incerto ou de acesso perigoso ou difícil:**

   Este terceiro permissivo engloba várias hipóteses. Vejamos cada uma delas para que dúvidas não pairem.

   A primeira hipótese é do credor incapaz de receber. Nada obsta que entre a assunção do compromisso e o dia de sua quitação possa ter advindo a incapacidade superveniente do credor. Pode também ter havido a

---

2. CC, Art. 335. A consignação tem lugar:

I – se o credor não puder, ou, sem justa causa, recusar receber o pagamento, ou dar quitação na devida forma;

II – se o credor não for, nem mandar receber a coisa no lugar, tempo e condição devidos;

III – se o credor for incapaz de receber, for desconhecido, declarado ausente, ou residir em lugar incerto ou de acesso perigoso ou difícil;

IV – se ocorrer dúvida sobre quem deva legitimamente receber o objeto do pagamento;

V – se pender litígio sobre o objeto do pagamento.

cessão do crédito e o novo credor seja incapaz. Lembrem-se sempre que os negócios jurídicos para ter validade necessitam, dentre outros, de agente capaz (CC, art. 104, já várias vezes citado). De sorte que, se o devedor pagar a quem for incapaz de receber e dar quitação, poderá ver questionada a regularidade desse pagamento. Para que isso não aconteça, deve fazer a consignação.

A segunda hipótese é a do credor desconhecido ou que tenha sido declarado ausente. É difícil o credor ser desconhecido, mas tal fato pode ocorrer como, por exemplo, na sucessão hereditária em que você não sabe quem vai ser o representante do *de cujus* (inventariante). Já quanto ao ausente, se o credor for considerado ausente, será necessário que lhe seja nomeado curador que lhe representará (CC, art. 22).[3] Enquanto isso não ocorrer, o pagamento deve ser consignado.

A última hipótese é de o credor residir em lugar incerto ou de acesso perigoso ou difícil: aqui o legislador se preocupou com a segurança e bem-estar do devedor que não pode ser obrigado a expor sua vida a riscos para cumprir uma obrigação. Assim, poderá consignar o pagamento se provar uma das premissas acima mencionada.

d) **Se ocorrer dúvida sobre quem deva legitimamente receber o objeto do pagamento:**

Não se esqueçam daquela máxima que diz: "quem paga mal, paga duas vezes". Assim, se houver dúvidas legítimas sobre quem deva ser o credor apto a receber e dar quitação, a solução será realizar a consignação e os dois que compareçam em juízo e provem sua qualidade de credor, levantando os valores depositados.

e) **Se pender litígio sobre o objeto do pagamento:**

Esta última hipótese já foi por nós abordada, ainda que *an passant*, quando tratamos "daqueles a quem se deve pagar" e mencionamos o fato de que se pender litígio e, ainda assim, o devedor realizar o pagamento, poderá ser cobrado de novo (CC, art. 312).[4] Essa disposição agora ganha reforço pelo que expressamente consta no art. 344.[5]

---

3. CC, Art. 22. Desaparecendo uma pessoa do seu domicílio sem dela haver notícia, se não houver deixado representante ou procurador a quem caiba administrar-lhe os bens, o juiz, a requerimento de qualquer interessado ou do Ministério Público, declarará a ausência, e nomear-lhe-á curador.
4. CC, Art. 312. Se o devedor pagar ao credor, apesar de intimado da penhora feita sobre o crédito, ou da impugnação a ele oposta por terceiros, o pagamento não valerá contra estes, que poderão constranger o devedor a pagar de novo, ficando-lhe ressalvado o regresso contra o credor.
5. CC, Art. 344. O devedor de obrigação litigiosa exonerar-se-á mediante consignação, mas, se pagar a qualquer dos pretendidos credores, tendo conhecimento do litígio, assumirá o risco do pagamento.

Atenção: vale lembrar um adágio popular que diz: "quem paga mal, paga duas vezes".

2.3 Procedimento judicial

A ação de consignação e pagamento encontra-se disciplinada no Código de Processo Civil (CPC, art. 539).[6] É uma ação de rito especial que, como qualquer outra, deve obedecer aos princípios do contraditório e da ampla defesa, por isso mesmo, proposta a ação o réu será citado para contestar quando então poderá arguir toda e qualquer matéria de defesa que lhe seja útil. Contestada a ação, a mesma seguirá o rito ordinário e terminará com uma sentença de procedência ou improcedência da ação. Procedente a ação, o depósito fará as vezes de pagamento e o devedor estará liberado. Se, de outro lado, a ação for julgada improcedente, o devedor arcará com os custos de sua aventura judicial.

2.4 Procedimento extrajudicial

Quando a obrigação é em dinheiro o devedor tem a opção de realizar um depósito bancário em favor do credor, em instituição bancária do local do pagamento.

Feito o depósito, deverá ser informando ao credor, por carta com aviso de recebimento, para que, no prazo de 10 (dez) dias manifeste sua eventual recusa. Não havendo manifestação o silêncio será interpretado como aceitação e o devedor estará liberado.

Na eventualidade de recusa do credor, manifestada por escrito à instituição bancária, o devedor terá o prazo decadencial de 1 (um) mês para ingressar em juízo com a ação de consignação em pagamento, instruindo sua inicial com o comprovante do depósito e da recusa no recebimento.

---

6. CPC, Art. 539. Nos casos previstos em lei, poderá o devedor ou terceiro requerer, com efeito de pagamento, a consignação da quantia ou da coisa devida.

§ 1º Tratando-se de obrigação em dinheiro, poderá o valor ser depositado em estabelecimento bancário, oficial onde houver, situado no lugar do pagamento, cientificando-se o credor por carta com aviso de recebimento, assinado o prazo de 10 (dez) dias para a manifestação de recusa.

§ 2º Decorrido o prazo do § 1º, contado do retorno do aviso de recebimento, sem a manifestação de recusa, considerar-se-á o devedor liberado da obrigação, ficando à disposição do credor a quantia depositada.

§ 3º Ocorrendo a recusa, manifestada por escrito ao estabelecimento bancário, poderá ser proposta, dentro de 1 (um) mês, a ação de consignação, instruindo-se a inicial com a prova do depósito e da recusa.

§ 4º Não proposta a ação no prazo do § 3º, ficará sem efeito o depósito, podendo levantá-lo o depositante.

Diz ainda o Código de Processo Civil que se a ação não for proposta no prazo de 1 (um) mês, o depósito ficará sem efeito e o devedor poderá comparecer ao banco e levantar o dinheiro depositado (Ver CPC, art. 539, §§ 1º ao 4º).

3. PAGAMENTO COM SUB-ROGAÇÃO

É o pagamento feito ao credor, porém não diretamente pela pessoa que se encontrava obrigada. Ocorre quando a obrigação é quitada por um terceiro, que tenha interesse jurídico na extinção da obrigação, como no caso do fiador ou ainda quando há pluralidade de devedores solidários e um deles paga a totalidade da dívida (CC, art. 346).[7]

3.1 Peculiaridade na extinção da obrigação

Na sub-rogação, o débito é extinto com relação ao credor originário, porém ele subsiste em relação ao devedor, que agora terá que pagar ao sub-rogado. Nesse caso, há uma substituição de pessoa no polo ativo da relação obrigacional, porém a obrigação não foi extinta, já que ela subsiste em relação ao devedor, razão porque alguns doutrinadores discutem a sua natureza jurídica, se pagamento ou se cessão de crédito.

3.2 Direito de regresso na sub-rogação

Em ambos os casos de sub-rogação acima mencionados, quem pagou tem direito de regresso, no caso do fiador contra o afiançado (CC, art. 831),[8] e no caso das obrigações indivisíveis quem pagou tem ação contra os demais codevedores (CC, art. 259, parágrafo único).[9] Esses são os casos mais comuns, porém pode também ocorrer a sub-rogação por convenção das partes (CC, art. 347).[10]

---

7. CC, Art. 346. A sub-rogação opera-se, de pleno direito, em favor:
   I – do credor que paga a dívida do devedor comum;
   II – do adquirente do imóvel hipotecado, que paga a credor hipotecário, bem como do terceiro que efetiva o pagamento para não ser privado de direito sobre imóvel;
   III – do terceiro interessado, que paga a dívida pela qual era ou podia ser obrigado, no todo ou em parte.
8. CC, Art. 831. O fiador que pagar integralmente a dívida fica sub-rogado nos direitos do credor; mas só poderá demandar a cada um dos outros fiadores pela respectiva quota.
9. CC, Art. 259. Se, havendo dois ou mais devedores, a prestação não for divisível, cada um será obrigado pela dívida toda.
   Parágrafo único. O devedor, que paga a dívida, sub-roga-se no direito do credor em relação aos outros coobrigados.
10. CC, Art. 347. A sub-rogação é convencional:
   I – quando o credor recebe o pagamento de terceiro e expressamente lhe transfere todos os seus direitos;

3.3 Sub-rogação parcial

Pode ocorrer que o pagamento realizado pelo terceiro não seja integral, mas sim parcial. Nesse caso, o credor originário terá preferência em relação ao sub-rogado, na eventual execução da dívida restante, se os bens do devedor não forem suficientes para quitar os dois débitos (CC, art. 351).[11]

4. IMPUTAÇÃO DE PAGAMENTO

É a indicação da dívida a ser quitada quando o devedor se encontra obrigado por mais de uma prestação a um só credor e efetua pagamento insuficiente para quitar todas elas. Nesse caso, indicará a qual dívida se refere o pagamento parcialmente efetuado e, se sobrar saldo, o mesmo deverá ser abatido da outra prestação (CC, art. 352).[12]

4.1 A questão do principal e dos juros

Diz o nosso Código Civil que havendo capital e juros, o pagamento será imputado primeiro nos juros vencidos, e depois no capital, salvo se as partes tiverem estipulado em contrário, ou se o credor passar a quitação por conta do capital (CC, art. 354).[13]

4.2 Requisitos

Para que se possa falar em imputação de pagamento, é necessário atender a alguns requisitos, quais sejam:

a) **Pluralidade de débitos:**

Para utilizar este instituto é necessário haver mais de um débito a ser adimplido, pois esse requisito é da essência da imputação.

b) **Singularidade de sujeitos:**

As obrigações devem se vincular aos mesmos credor/devedor, isto é, deve haver somente um sujeito ativo e um passivo.

II – quando terceira pessoa empresta ao devedor a quantia precisa para solver a dívida, sob a condição expressa de ficar o mutuante sub-rogado nos direitos do credor satisfeito.

11. CC, Art. 351. O credor originário, só em parte reembolsado, terá preferência ao sub-rogado, na cobrança da dívida restante, se os bens do devedor não chegarem para saldar inteiramente o que a um e outro dever.

12. CC, Art. 352. A pessoa obrigada por dois ou mais débitos da mesma natureza, a um só credor, tem o direito de indicar a qual deles oferece pagamento, se todos forem líquidos e vencidos.

13. CC, Art. 354. Havendo capital e juros, o pagamento imputar-se-á primeiro nos juros vencidos, e depois no capital, salvo estipulação em contrário, ou se o credor passar a quitação por conta do capital.

c) **Natureza dos débitos:**

Os débitos a serem quitados devem ser de mesma natureza, isto é, coisas fungíveis de idêntica espécie e qualidade.

d) **Liquidez das dívidas:**

As dívidas que se pretende imputar pagamento devem ser líquidas e certas, não se admitindo que alguma delas seja ilíquida.

5. DAÇÃO EM PAGAMENTO

É o acordo entre as partes por meio do qual o **credor aceita outra forma de pagamento** diferente daquela que estava prevista inicialmente. Pode ocorrer com a substituição de dinheiro por outro bem móvel ou imóvel, de uma coisa por outra, de uma coisa por uma prestação de serviço; de dinheiro por títulos de crédito etc. (CC, art. 356).[14]

Vale lembrar que o credor não está obrigado a receber coisa diversa do que foi pactuado, ainda que mais valiosa (ver CC, art. 313).

Importante ainda registrar que a dação pode ser total ou parcial.

5.1 Vantagem para as partes

Esse é um permissivo legal que favorece tanto credor quanto devedor. Para o devedor pode ser vantajoso porque, não tendo possibilidade de cumprir a prestação, conforme convencionado, irá cair em inadimplência, mas se o credor aceitar que ele cumpra de forma diferente, se liberará da obrigação entregando outra coisa. Para o credor também é vantajoso porque, ainda que não receba a prestação originalmente pactuada, receberá outra que também poderá lhe ser útil, ao invés de correr o risco de nada receber.

5.2 Anuência do credor

Atente-se para o fato de que a dação só se aperfeiçoa se o credor anuir com a substituição da prestação. A rigor, conforme já mencionamos, ele não está obrigado a receber prestação diversa da pactuada, assim como não poderá exigir coisa diferente do devedor (CC, art. 313).[15]

---

14. CC, Art. 356. O credor pode consentir em receber prestação diversa da que lhe é devida.
15. CC, Art. 313. O credor não é obrigado a receber prestação diversa da que lhe é devida, ainda que mais valiosa.

5.3 DISPOSIÇÕES FINAIS

Se uma coisa for dada em pagamento em substituição de dívida em dinheiro, a mesma será avaliada e se houver alguma controvérsia a respeito, deverá ser aplicada as normas que regulam o contrato de compra e venda (CC, art. 357).[16]

Se, de outro lado, o pagamento for com título de crédito (CC, art. 358),[17] a transferência significará a cessão do crédito e, nesse caso, o cedido deverá ser notificado para saber com presteza a quem deve pagar, afim de atender ao disposto no art. 290 do Código Civil.

Considerando que aplica-se à dação de pagamento as regras da compra e venda, o legislador fez prever que na eventualidade de ocorrer a evicção, a obrigação primitiva se restabelecerá, ficando sem efeito a quitação que tinha sido dada (CC, art. 359).[18]

Podemos afirmar, ainda que por analogia, que se o objeto não for pecuniário, a sua substituição por outra coisa será similar a troca (ver CC, art. 533) e não a compra e venda.

6. TRANSAÇÃO

É uma espécie de negócio jurídico bilateral pelo qual as partes, fazendo mútuas concessões, se achegam a uma solução visando por fim a uma determinada obrigação, prevenindo conflito ou solucionando se já existente (CC, art. 840).[19] É uma **forma de autocomposição** pela qual as partes eliminam problemas sem a necessidade de buscar socorro perante o judiciário.

6.1 Características

A transação se assemelha à novação como também à dação em pagamento, tendo em vista que, como fruto das negociações, poderá ser aceito pagamento de prestação diferente do avençado originalmente, como também pode ocorrer de fazer-se um novo pacto, extinguindo-se o antigo.

---

16. CC, Art. 357. Determinado o preço da coisa dada em pagamento, as relações entre as partes regular-se-ão pelas normas do contrato de compra e venda.
17. CC, Art. 358. Se for título de crédito a coisa dada em pagamento, a transferência importará em cessão.
18. CC, Art. 359. Se o credor for evicto da coisa recebida em pagamento, restabelecer-se-á a obrigação primitiva, ficando sem efeito a quitação dada, ressalvados os direitos de terceiros.
19. CC, Art. 840. É lícito aos interessados prevenirem ou terminarem o litígio mediante concessões mútuas.

6.2 Elementos da transação

O principal é o acordo de vontade entre as partes para, através de concessões recíprocas, prevenir litígio ou por fim a algum preexistente. Como elemento antecedente, é preciso que haja uma controvérsia com respeito ao objeto da relação jurídica; e, por fim, deve haver disposição para fazer concessões mútuas porque se assim não for, não será transação, mas imposição de uma parte para outra.

6.3 Transação judicial e extrajudicial

A transação pode ser tanto extrajudicial (instaurada antes da propositura de ação na justiça) quanto judicial (em processo já instaurado), na medida em que pode ser realizada dentro de um processo em andamento, quando então caberá ao juiz tão somente homologar a vontade manifesta das partes, fazendo coisa julgada entre os transatores.

6.4 Objeto da transação

Embora pareça cansativo, vamos rememorar que o objeto deve ser lícito, possível e determinado ou determinável (CC, art. 104, já tantas vezes citado).

Além disso, a **transação só pode recair em direitos patrimoniais disponíveis**. Quer dizer, se matéria for de ordem pública (como boa parte do direito de família) ou se envolver bens personalíssimos (nome, vida, liberdade) não se admite possa ser objeto de transação (CC, art. 841).[20]

6.5 Consequência

Pelo que se depreende do insculpido no art. 845[21] do Código Civil, a transação é meio de extinção de obrigações na exata medida em que, realizada, não se poderá reviver a obrigação originária. Essa nossa certeza se reforça quando verificamos o contido no art. 844[22] do mesmo diploma legal, especialmente seus

---

20. CC, Art. 841. Só quanto a direitos patrimoniais de caráter privado se permite a transação.
21. CC, Art. 845. Dada a evicção da coisa renunciada por um dos transigentes, ou por ele transferida à outra parte, não revive a obrigação extinta pela transação; mas ao evicto cabe o direito de reclamar perdas e danos.
    Parágrafo único. Se um dos transigentes adquirir, depois da transação, novo direito sobre a coisa renunciada ou transferida, a transação feita não o inibirá de exercê-lo.
22. CC, Art. 844. A transação não aproveita, nem prejudica senão aos que nela intervierem, ainda que diga respeito a coisa indivisível.
    § 1º Se for concluída entre o credor e o devedor, desobrigará o fiador.

parágrafos, quando diz que se o negócio for concluído entre o credor e o devedor, sem a participação do fiador, este estará exonerado (parágrafo primeiro), ou da extinção da obrigação existente entre os devedores solidários e o credor (parágrafos segundo e terceiro).

---

§ 2º Se entre um dos credores solidários e o devedor, extingue a obrigação deste para com os outros credores.

§ 3º Se entre um dos devedores solidários e seu credor, extingue a dívida em relação aos codevedores.

Lição 10
EXTINÇÃO DAS OBRIGAÇÕES SEM PAGAMENTO
(FORMA ANORMAL DE EXTINÇÃO DAS OBRIGAÇÕES)

1. EXTINÇÃO DAS OBRIGAÇÕES SEM PAGAMENTO

Já vimos que a fórmula regular de extinção das obrigações é o pagamento feito pelo devedor diretamente ao credor, no lugar, tempo e forma preestabelecido entre as partes (chamamos de pagamento direto). Vimos também que em determinadas situações a extinção da obrigação pode ocorrer com o pagamento, porém ele não se realiza da forma como originariamente havia sido pactuado entre as partes (chamamos de pagamento indireto). Agora vamos ver a extinção das obrigações sem que tenha ocorrido o pagamento (forma anormal).

Podemos denominar de "**forma anormal de extinção das obrigações**" porque, a rigor, o que vai extinguir a relação obrigacional não é o pagamento, mas sim um evento (ato ou negócio jurídico) cujo acontecimento vai ter como consequência aniquilar a relação jurídica anteriormente existente, pondo fim à pretensão do credor em algumas situações e noutras substituindo a antiga por uma nova obrigação.

Algumas das formas que serão objeto do presente estudo não estão reguladas no Código Civil no capítulo que trata da extinção das obrigações. Por isso muitos manuais, ao seguir a sistemática do Código, acabam por não mencionar a existência dessas formas de extinção das obrigações.

> **Rememore-se:** vamos tratar de algumas formas de extinção das obrigações sem que tenha ocorrido o pagamento regular. Quer dizer, a obrigação deixou de ser exigível não porque houve o cumprimento do que foi pactuado, mas porque ocorreu outro fato jurídico que a extinguiu ou a substituiu. Vejamos quais são...

2. NOVAÇÃO

É a criação de outra obrigação para substituir a anterior. **É a substituição de uma dívida por outra**, como, por exemplo, quando se renegocia um débito e se assume, através de uma confissão de dívida, o total do valor devido (incluindo juros e multa) e se pactua nova forma de pagamento. A novação é a um só tempo um ato extintivo da obrigação anterior e gerador de uma nova obrigação, fazendo com que o credor somente possa exigir esta última (CC, art. 360 e ss.).

2.1 Espécies

Pode ser de duas espécies, a **novação objetiva** quando se substitui o objeto da prestação por outro (CC, art. 360, I), e a **novação subjetiva** quando ocorre a substituição do devedor ou do credor por outra pessoa (CC, art. 360, II e III).[1]

A novação subjetiva é pouco comum, embora exista. A mais usual é a novação objetiva, normalmente representada por uma "confissão de dívida" na qual o devedor repactua seu débito com o credor, incluindo nesse novo pacto o principal, acrescido de multa e juros, de sorte que se extingue a obrigação anterior e no seu lugar surge uma nova obrigação que inclui o principal mais os acessórios da dívida anterior.

Quando se trata de novação subjetiva passiva, a mesma poderá ocorrer por duas formas diferentes:

a) Por delegação:

---

1. CC, Art. 360. Dá-se a novação:
I – quando o devedor contrai com o credor nova dívida para extinguir e substituir a anterior;
II – quando novo devedor sucede ao antigo, ficando este quite com o credor;
III– quando, em virtude de obrigação nova, outro credor é substituído ao antigo, ficando o devedor quite com este.

Será por delegação quando o devedor primitivo participar das negociações, indicando o terceiro que por ele irá assumir a obrigação.

b) **Por expromissão:**

Nesse caso a substituição se dará pelo terceiro sem a anuência do devedor primitivo (CC, art. 362).[2]

Atenção: alguns autores identificam ainda uma terceira espécie de novação, a mista. Trata-se de uma construção doutrinária, tendo em vista não haver previsão legal, mas que ocorreria na eventual hipótese de ocorrer, ao mesmo tempo, a mudança do objeto da prestação e dos sujeitos da relação jurídica.[3]

2.2 Efeitos jurídicos da novação

Os efeitos decorrentes da novação são os seguintes:

a) **Com relação a obrigação anterior:**

Extingue a obrigação anterior (CC, art. 360, já citado), sendo esse o principal efeito e a razão de ser do instituto.

b) **Quanto aos acessórios:**

Extinta a obrigação principal também serão extintos os acessórios da mesma, sejam elas fiança, hipoteca, penhor, juros etc. (CC, art. 364),[4] como consequência lógica da máxima que diz: "o acessório segue o principal".

c) **Nova obrigação:**

Criação de uma nova obrigação em substituição à anterior, o que transforma este instituto em algo *sui generis*, pois ao mesmo tempo em que cria uma nova obrigação, extingue a anterior envolvendo o mesmo objeto.

d) **Quanto aos deveres solidários:**

Haverá a exoneração dos devedores solidários da obrigação anterior que só estarão obrigados se participarem da novação (CC, art. 365).[5]

---

2. CC, Art. 362. A novação por substituição do devedor pode ser efetuada independentemente de consentimento deste.
3. Nesse sentido ver Carlos Roberto Gonçalves, Direitos Civil, v. 2, p. 344.
4. CC, Art. 364. A novação extingue os acessórios e garantias da dívida, sempre que não houver estipulação em contrário. Não aproveitará, contudo, ao credor ressalvar o penhor, a hipoteca ou a anticrese, se os bens dados em garantia pertencerem a terceiro que não foi parte na novação.
5. CC, Art. 365. Operada a novação entre o credor e um dos devedores solidários, somente sobre os bens do que contrair a nova obrigação subsistem as preferências e garantias do crédito novado. Os outros devedores solidários ficam por esse fato exonerados.

2.3 Requisitos

Cumpre esclarecer que não existe novação por imposição legal, logo será sempre fruto da vontade das partes, porém respeitados alguns requisitos; vejamos:

a) **Obrigação anterior:**

É requisito básico a existência de uma obrigação anterior válida, tendo em vista que não se pode novar obrigações nulas ou extintas (CC, art. 367).[6]

b) **Criação de nova obrigação:**

Outro requisito é a constituição de uma nova obrigação que substituirá a anterior, que é exatamente o objeto principal do instituto em análise (ver CC, art. 360).

c) ***Animus novandi*:**

É requisito indispensável a intenção de novar, representado pela vontade das partes em celebrar novo pacto, que não pode ser presumido (CC, art. 361).[7]

2.4 Efeitos da novação

O principal efeito da novação e a extinção da obrigação originária que será substituída pela nova obrigação assumida. Esta é a novação objetiva que, como já afirmamos, é a mais comum de ocorrer.

Quando se trata da novação subjetiva é necessário que o credor atente bem para a pessoa que vai substituir o devedor originário porque se este último cair em insolvência, o credor não terá ação regressiva contra o antigo devedor, a não ser que ele tenha agido de má-fé (CC, art. 363).[8]

Em se tratando de devedores solidários, na eventualidade de ser operada a novação entre o credor e um dos devedores solidários, somente sobre os bens do que contrair a nova obrigação subsistem as preferências e garantias do crédito novado. Os outros devedores solidários ficam por esse fato exonerados (ver CC, art. 365).

Também o fiador estará exonerado se o afiançado e o credor novarem sem sua participação (CC, art. 366).[9]

---

6. CC, Art. 367. Salvo as obrigações simplesmente anuláveis, não podem ser objeto de novação obrigações nulas ou extintas.
7. CC, Art. 361. Não havendo ânimo de novar, expresso ou tácito mas inequívoco, a segunda obrigação confirma simplesmente a primeira.
8. CC, Art. 363. Se o novo devedor for insolvente, não tem o credor, que o aceitou, ação regressiva contra o primeiro, salvo se este obteve por má-fé a substituição.
9. CC, Art. 366. Importa exoneração do fiador a novação feita sem seu consenso com o devedor principal.

3. COMPENSAÇÃO

É a forma de extinção das obrigações quando credor e devedor têm créditos a receber reciprocamente, um do outro, de tal forma que uma obrigação se paga com a outra (CC, art. 368).[10]

3.1 Espécies

A doutrina costuma dividir em três as espécies de compensação, embora, a nosso ver, existam somente duas (legal e convencional). Porém, para não fugir à regra, vamos abordar as três modalidades:

a) **Legal:**

É aquela que decorre da lei e será aplicada independente da capacidade ou vontade das partes, em processo judicial em que o próprio juiz determina as compensações possíveis, que retroagirão até a data dos fatos atingindo inclusive os acessórios, desde que provocadas por reconvenção ou em embargos, já que não pode ser aplicada de ofício. Para que esse tipo de compensação ocorra é necessário que haja reciprocidade de créditos (CC, art. 368, já citado). Além disso, é necessário liquidez e exigibilidade das obrigações a serem compensadas e também fungibilidade entre elas (CC, art. 369).[11]

b) **Convencional:**

Esta ocorre por vontade das partes que, de comum acordo, poderão até aceitar objetos diferentes, vencimentos diversos ou mesmo dívidas líquidas ou ilíquidas, para compensar uma pela outra. Situa-se dentro do campo da "autonomia da vontade".

Atenção: a doutrina ainda identifica outro tipo de compensação chamada de judicial que, a bem da verdade, se confunde com a compensação legal.

3.2 Dívidas que não podem ser objeto de compensação

Existem alguns tipos de dívidas que não podem ser compensadas, seja pela sua natureza, seja por determinação legal, seja ainda pela vontade das partes. Vejamos:

10. CC, Art. 368. Se duas pessoas forem ao mesmo tempo credor e devedor uma da outra, as duas obrigações extinguem-se, até onde se compensarem.
11. CC, Art. 369. A compensação efetua-se entre dívidas líquidas, vencidas e de coisas fungíveis.

a) **Por imposição convencional:**

Podem as partes estabelecer no contrato, por mútuo acordo, a exclusão da compensação daquele determinado negócio realizado (CC, art. 375).[12]

b) **Por imposição legal:**

O artigo 373[13] do Código Civil expressa algumas proibições. Além dessas existem outras dispersas pelo Código e até mesmo em legislação esparsa. **Por exemplo:** as dívidas de alimentos não podem ser compensadas, em face de seu caráter de subsistência da pessoa alimentária. Não bastasse isso, está expressamente previsto no nosso Código Civil (CC, art. 1.707).[14]

3.3 A posição do terceiro

Prevendo a possibilidade de fraude, o Código proíbe a compensação em prejuízo de terceiro, prevendo que o devedor é que se torna credor do seu credor, depois de penhorado o crédito deste, não pode opor ao exequente a compensação de que contra o próprio credor disporia (CC, art. 380).[15]

4. CONFUSÃO

É a anulação (porque não extingue) de uma determinada obrigação, total ou parcialmente, em face de se confundir na mesma pessoa, as qualidades de credor e o devedor (CC, art. 381).[16]

4.1 Típico caso de confusão

É possível de ocorrer a confusão na sucessão *causa mortis* (hereditária) quando, por exemplo, o filho deve para o pai que vem a falecer e este o sucede. Também na sucessão de empresas, quando a empresa credora compra a empresa

12. CC, Art. 375. Não haverá compensação quando as partes, por mútuo acordo, a excluírem, ou no caso de renúncia prévia de uma delas.
13. CC, Art. 373. A diferença de causa nas dívidas não impede a compensação, exceto:
I – se provier de esbulho, furto ou roubo;
II – se uma se originar de comodato, depósito ou alimentos;
III – se uma for de coisa não suscetível de penhora.
14. CC, Art. 1.707. Pode o credor não exercer, porém lhe é vedado renunciar o direito a alimentos, sendo o respectivo crédito insuscetível de cessão, compensação ou penhora.
15. CC, Art. 380. Não se admite a compensação em prejuízo de direito de terceiro. O devedor que se torne credor do seu credor, depois de penhorado o crédito deste, não pode opor ao exequente a compensação, de que contra o próprio credor disporia.
16. CC, Art. 381. Extingue-se a obrigação, desde que na mesma pessoa se confundam as qualidades de credor e devedor.

devedora e, por conseguinte, adquire os direitos e obrigações da empresa adquirida. Pode ainda ocorrer, em face da cessão de crédito.

4.2 Confusão e o devedor solidário

Numa obrigação solidária, com vários devedores (solidariedade passiva), se a confusão ocorre em face de um deles, extinguirá a dívida até o montante da participação desse devedor, não aproveitando aos demais (CC, art. 383).[17]

5. REMISSÃO DE DÍVIDAS

É a liberalidade do credor que exonera o devedor do cumprimento da obrigação, que pode ser parcial ou total, por instrumento público ou particular, podendo ainda ser por ato *inter vivos* ou *causa mortis*. Traduzindo, é o famoso perdão (CC, art. 385).[18]

5.1 Remissão presumida em lei

A remissão deve ser expressa, porém em algumas situações é possível presumir que o perdão foi concedido em duas situações previstas no Código Civil, quais sejam:

a) **Entrega ao devedor do título que representa a dívida:**

   Essa devolução deve ser voluntária e não pode ser realizada por terceiro (CC, art. 386).[19]

b) **Entrega do objeto empenhado:**

   Se a dívida é garantida por penhor e o devedor voluntária e espontaneamente devolve ao devedor o bem dado em garantia, presume-se que renunciou somente à garantia, permanecendo a dívida em aberto (CC, art. 387).[20]

---

17. CC, Art. 383. A confusão operada na pessoa do credor ou devedor solidário só extingue a obrigação até a concorrência da respectiva parte no crédito, ou na dívida, subsistindo quanto ao mais a solidariedade.
18. CC, Art. 385. A remissão da dívida, aceita pelo devedor, extingue a obrigação, mas sem prejuízo de terceiro.
19. CC, Art. 386. A devolução voluntária do título da obrigação, quando por escrito particular, prova desoneração do devedor e seus coobrigados, se o credor for capaz de alienar, e o devedor capaz de adquirir.
20. CC, Art. 387. A restituição voluntária do objeto empenhado prova a renúncia do credor à garantia real, não a extinção da dívida.

5.2 Remissão e a solidariedade

No caso de múltiplos devedores e havendo entre eles solidariedade, a remissão dada a um dos codevedores somente a ele aproveita, permanecendo a solidariedade entre os demais outros, descontada a quota parte do devedor que recebeu o perdão (CC, art. 388).[21]

6. PRESCRIÇÃO

Já vimos que a prescrição é um instituto que fulmina o direito de ação em face do não exercício do direito no prazo que a lei assinala. Assim, se a obrigação foi atingida pela prescrição, considera-se a mesma extinta. Veja-se que a obrigação será extinta sem que tenha havido o pagamento (a dívida passa a ser tão somente moral).

6.1 Dos prazos prescricionais

A prescrição vem preceituada no art. 189 do Código Civil que expressamente diz: "*Violado o direito, nasce para o titular a pretensão, a qual se extingue, pela prescrição, nos prazos a que aludem os arts. 205 e 206.*"

> **Atenção:** existem outros prazos prescricionais previstos em legislação especial como, por exemplo, o Código de Defesa do Consumidor, que estabelece como sendo de 5 (cinco) anos o prazo para o exercício dos direitos regulados naquela legislação.[22]

6.2 Da contagem dos prazos

O prazo da prescrição conta-se a partir do fato gerador. Quer dizer, se o credor tem um título e o mesmo venceu hoje, amanhã começa a contar o prazo de prescrição para sua cobrança. Esgotado o prazo, o credor não terá mais direito de ação para exigir do devedor os valores representados pelo título em questão.

> **Por exemplo:** vence em 3 (três) anos o prazo para cobrança dos aluguéis e despesas decorrente da locação de prédios urbanos ou rústicos (CC, art. 206, § 3º, I). Decorridos os 3 (três) anos e tendo ficado inerte o locador, não mais poderá cobrar judicialmente do locatário aquelas despesas.

---

21. CC, Art. 388. A remissão concedida a um dos codevedores extingue a dívida na parte a ele correspondente; de modo que, ainda reservando o credor a solidariedade contra os outros, já lhes não pode cobrar o débito sem dedução da parte remitida.
22. Sobre prescrição e decadência, remetemos o leitor para o volume 1 desta coleção, onde abordamos mais aprofundadamente o tema.

7. IMPOSSIBILIDADE DE EXECUÇÃO SEM CULPA DO DEVEDOR

Já vimos também que no caso de perda do objeto em razão de caso fortuito ou força maior, isto é, sem culpa do devedor, o contrato se resolve sem que haja obrigação de indenizar, retornando as partes ao *status* anterior (CC, art. 393,[23] ver também art. 234).[24]

7.1 Inexecução involuntária

As obrigações são assumidas para serem cumpridas voluntariamente (é o famoso *pacta sunt servanda*), porém se o seu descumprimento (total ou parcial) ocorreu por fato alheio à vontade do devedor, não se pode responsabilizá-lo pelo inadimplemento.

7.2 Exceção de responsabilidade

Pode ser estipulado no contrato que o devedor será responsabilizado, independentemente da ocorrência do caso fortuito ou de força maior, porém isso deverá ser de forma expressa, não se admitindo presunção (CC, art. 393, *caput*, 2ª parte).

7.3 Exemplo de ocorrência

Vamos imaginar que alguém vendeu um animal, recebeu o pagamento a vista e se comprometeu em fazer a entrega (obrigação de dar) na fazenda do comprador (credor). Entre o momento da venda e o dia da entrega cai um temporal e um raio atinge o animal, matando-o (força maior). O vendedor (devedor) não mais poderá cumprir com a obrigação, de sorte que deverá devolver o dinheiro recebido e não poderá ser responsabilizado por eventuais prejuízos que o credor possa ter sofrido em face da impossibilidade de entrega do animal.

8. NULIDADE OU ANULAÇÃO

Aqui encaixamos os casos de "invalidade do negócio jurídico" seja por decorrência de nulidade ou de anulabilidade.

---

23. CC, Art. 393. O devedor não responde pelos prejuízos resultantes de caso fortuito ou força maior, se expressamente não se houver por eles responsabilizado.
24. CC, Art. 234. Se, no caso do artigo antecedente, a coisa se perder, sem culpa do devedor, antes da tradição, ou pendente a condição suspensiva, fica resolvida a obrigação para ambas as partes; se a perda resultar de culpa do devedor, responderá este pelo equivalente e mais perdas e danos.

Por óbvio que se ocorrer a anulação do contrato em face de qualquer circunstância (vício ou defeito), as coisas voltam à situação anterior à contratação, e a obrigação tendo sido anulada desobrigará o devedor (ver CC, arts. 138 a 184, que tratam dos vícios e dos defeitos dos negócios jurídicos).[25]

8.1 Causas de nulidade e de anulabilidade

As causas que tornam o negócio jurídico nulo de pleno direito vêm expressamente previstas no art. 166 do Código Civil (nulidade absoluta). Além disso, o mesmo diploma legal prevê várias formas de anulabilidade e, de forma expressa, estipula no art. 171 que serão anuláveis os negócios jurídicos realizados por pessoa relativamente incapaz, bem como aqueles em que a vontade tenha sido firmada a partir de um vício resultante de erro, dolo, coação, estado de perigo, lesão ou fraude contra credores (nulidade relativa).

8.2 Efeitos da decretação de nulidade ou anulabilidade

Decretado o fim do negócio jurídico em face do vício que o contamina, as partes devem retornar à situação anterior ao pacto (*status quo ante*), operando-se *ex tunc* (retroagem até a data da realização) no caso de o negócio ser nulo, e *ex nunc* (produz efeitos jurídicos até a sua decretação) para os negócios anuláveis.

Em ambos os casos, referida decretação deve ser proferida pelo juiz e no caso de impossibilidade de retorno ao estado anterior a parte será indenizada pelo equivalente (CC, art. 182).[26]

25. Remetemos o leitor para o volume 1 desta nossa coleção, onde tratamos das várias formas de anulação e anulabilidade dos negócios jurídicos em geral
26. CC, Art. 182. Anulado o negócio jurídico, restituir-se-ão as partes ao estado em que antes dele se achavam, e, não sendo possível restituí-las, serão indenizadas com o equivalente.

Capítulo 5

Do inadimplemento das obrigações

Lição 11
DA INEXECUÇÃO DAS OBRIGAÇÕES

I – CONSEQUÊNCIAS DO INADIMPLEMENTO

1. DA INEXECUÇÃO DAS OBRIGAÇÕES

Como já mencionamos em outras passagens, as obrigações são assumidas para serem cumpridas fiel e voluntariamente (*pacta sunt servanda*), porém independentemente da vontade das pessoas pode ocorrer de não ser possível o cumprimento da obrigação assumida, seja por culpa do devedor ou mesmo sem que se possa lhe atribuir qualquer responsabilidade.

A responsabilidade surge, então, **em razão do descumprimento inescusável do devedor** com relação ao que foi pactuado no contrato, tendo em vista que as regras livremente estabelecidas pelas partes acabam por fazer lei entre elas, obrigando-as ao fiel cumprimento sob pena do devedor responder, patrimonialmente, pela inexecução da obrigação assumida (CC, art. 391).[1]

1. CC, Art. 391. Pelo inadimplemento das obrigações respondem todos os bens do devedor.

1.1 Abrandamento do *pacta sunt servanda*

No passado, o *pacta sunt servanda* já foi absoluto, significando que **os pactos são firmados para serem cumpridos**. Atualmente ele se encontra bastante relativizado em face dos princípios de ordem pública e pelo dirigismo contratual. Se dúvida restar, basta ver que o princípio constitucional da garantia da propriedade ficou subordinado a que ela cumpra sua função social, logo os contratos devem cumprir esta mesma função (CF, art. 5º, XXII e XXIII c/c art. 170, III).

O nosso Código Civil, por sua vez, faz alusão clara ao princípio da função social dos contratos (CC, art. 421),[2] não para derrogar o *pacta sunt servanda*, mas para garantir que os contratos não serão transformados em instrumentos de abuso dos poderosos em face dos mais fracos. Reforçando essa ideia, o Código contempla ainda o princípio da boa-fé objetiva (CC, art. 422)[3] e o da revisão dos contratos ou da onerosidade excessiva, também chamada *cláusula rebus sic stantibus* (CC, art. 478),[4] dentre outros, como forma de frear ou mesmo impedir o abuso de direito (CC, art. 187).[5]

1.2 Consequências da inexecução da obrigação

Ocorrendo a inexecução de qualquer obrigação, o credor terá que verificar se o descumprimento ocorreu por culpa do devedor ou se decorreu de fato alheio à vontade do mesmo, tendo em vista que as consequências são diferentes.

a) **Inexecução culposa:**

Ocorre quando o devedor deu causa ao incumprimento, ensejando ao credor acionar os mecanismos processuais para fazer valer seu direito através do cumprimento forçado ou, na impossibilidade, a conversão em indenização pelos prejuízos que a mora do devedor possa ter dado causa, acrescido dos acessórios (CC, art. 395).[6]

---

2. CC, Art. 421. A liberdade contratual será exercida nos limites da função social do contrato.
3. CC, Art. 422. Os contratantes são obrigados a guardar, assim na conclusão do contrato, como em sua execução, os princípios de probidade e boa-fé.
4. CC, Art. 478. Nos contratos de execução continuada ou diferida, se a prestação de uma das partes se tornar excessivamente onerosa, com extrema vantagem para a outra, em virtude de acontecimentos extraordinários e imprevisíveis, poderá o devedor pedir a resolução do contrato. Os efeitos da sentença que a decretar retroagirão à data da citação.
5. CC, Art. 187. Também comete ato ilícito o titular de um direito que, ao exercê-lo, excede manifestamente os limites impostos pelo seu fim econômico ou social, pela boa-fé ou pelos bons costumes.
6. CC, Art. 395. Responde o devedor pelos prejuízos a que sua mora der causa, mais juros, atualização dos valores monetários segundo índices oficiais regularmente estabelecidos, e honorários de advogado.

   Parágrafo único. Se a prestação, devido à mora, se tornar inútil ao credor, este poderá enjeitá-la, e exigir a satisfação das perdas e danos.

b) **Inexecução sem culpa:**

Neste caso, como a inexecução não decorreu de fato imputável ao devedor, tendo decorrido, por exemplo, de caso fortuito ou força maior, o mesmo não responde por perdas e danos, a não ser que tenha, expressamente, por ela se responsabilizado (CC, art. 393, *caput*).[7]

2. CONCEITO DE MORA E DE INADIMPLEMENTO ABSOLUTO

Mora e inadimplemento absoluto são formas de inexecução das obrigações com consequências diferentes, porque, no primeiro caso, pode ocorrer o cumprimento com alguma imperfeição, mas ainda terá utilidade para o credor; e, no segundo caso, ainda que a obrigação possa ser cumprida de forma imperfeita, o credor não tem mais interesse por não lhe interessar ou por não mais ter utilidade. Vejamos os dois casos.

a) **Mora:**

É o retardamento ou mesmo a imperfeição no cumprimento da obrigação. Vale lembrar que o contraente deve cumprir a obrigação na data do vencimento, no lugar onde assumiu que iria cumpri-la e pela forma como o contrato ou a lei estabelecer (CC, art. 394).[8]

Assim, será constituído em mora o devedor que não efetuar o pagamento ou o credor que não quiser receber, no tempo, na forma ou lugar que a lei ou o contrato tenha estabelecido. Quer dizer, estará em mora aquele (credor ou devedor) que descumprir esses requisitos. Par melhor entender, vamos supor que o locatário atrasa o pagamento do aluguel e pretende fazê-lo depois de vencido; é o caso de mora porque o credor ainda tem interesse em receber o aluguel, mesmo que atrasado.

b) **Inadimplemento absoluto:**

Se não for possível o cumprimento da obrigação ou, mesmo ela ainda sendo possível de execução, não tiver mais utilidade para o credor, ao invés de mora, dizemos que ocorreu o inadimplemento absoluto. Nesse caso, o credor pode recusar a prestação e exigir perdas e danos (CC, art. 395, parágrafo único).[9]

---

7. CC, Art. 393. O devedor não responde pelos prejuízos resultantes de caso fortuito ou força maior, se expressamente não se houver por eles responsabilizado.
8. CC, Art. 394. Considera-se em mora o devedor que não efetuar o pagamento e o credor que não quiser recebê-lo no tempo, lugar e forma que a lei ou a convenção estabelecer.
9. CC, Art. 395. (Omissis) [...]

   Parágrafo único. Se a prestação, devido à mora, se tornar inútil ao credor, este poderá enjeitá-la, e exigir a satisfação das perdas e danos.

Exemplo: alguém contrata um fotógrafo para cobertura de uma festa de casamento e o mesmo somente comparece para realizar o trabalho no dia seguinte. Nessa circunstância, a prestação não mais interessa, nem tem utilidade, para o credor, sendo o típico caso de inadimplemento absoluto.

2.1 Diferença entre mora e inadimplemento absoluto

Na mora a prestação, ainda que possa ser cumprida de maneira imperfeita (fora do prazo, noutro lugar ou com um objeto diferente), ainda tem interesse e utilidade para o credor (ver o exemplo do locatário acima). No inadimplemento, a prestação não tem mais utilidade ou não mais interessa para o credor (no exemplo do fotógrafo citado, a prestação se tornou impossível, pois o casamento já se realizou).

2.2 Responsabilidade por perdas e danos

Em ambos os casos (mora ou inadimplemento absoluto), o devedor responderá pelas consequências da inexecução, incluindo indenizar as perdas e danos que sua mora possa ter causado ao credor (CC, art. 389 e 395).

2.3 Espécies de mora

Embora seja mais comum a mora do devedor (*solvendi*), pode também ocorrer a mora do credor (*accipiendi*) e até mesmo a possibilidade de ambos os contratantes caírem em mora.

a) **Mora do devedor** (mora *solvendi*):

Estará em mora o devedor que descumprir a obrigação, que ainda pode ser cumprida em favor do credor, podendo ser mora *ex re*, quando existe data definida para o cumprimento da prestação, e vencendo-se a data diz-se que está constituído em mora de pleno direito (CC, art. 390[10] e 397, *caput*) e mora *ex persona*, quando se exige alguma providência adicional do credor. Daí dizer-se ser necessário constituir o devedor em mora (CC, art. 397, parágrafo único).[11]

---

10. CC, Art. 390. Nas obrigações negativas o devedor é havido por inadimplente desde o dia em que executou o ato de que se devia abster.
11. CC, Art. 397. O inadimplemento da obrigação, positiva e líquida, no seu termo, constitui de pleno direito em mora o devedor.
    Parágrafo único. Não havendo termo, a mora se constitui mediante interpelação judicial ou extrajudicial.

b) **Mora do credor** (mora *accipiendi*):

Estará em mora o credor, quando este se recusa, sem justificativa, a receber a prestação no lugar, tempo e forma que as partes convencionaram, isentando de responsabilidade o devedor pela guarda e conservação da coisa, além das perdas e danos delas decorrente (CC, art. 400).[12]

c) **Mora de ambos:**

Se ocorrer mora de ambas as partes, de duas uma, ou uma elimina a outra ou cada um responde pela sua mora, operando-se a compensação.

2.4 Purgação da mora

Purgar a mora significa cumprir a obrigação, ainda que tardiamente, arcando o devedor (ou o credor, se a mora for dele) com a responsabilidade de seu retardo que pode significar multas, juros, correções, honorários advocatícios e eventuais perdas e danos (CC, art. 401).[13]

3. PERDAS E DANOS

Devemos entender as perdas e danos como sendo os prejuízos que a mora (do credor ou do devedor) possa ter dado causa à outra parte, que tanto pode ser material quanto moral, englobando todas as despesas decorrentes do não cumprimento da prestação, acrescidas de juros, custas e honorários advocatícios, tudo devidamente corrigido e atualizado, sem prejuízo da multa contratual estabelecida (CC, art. 389, 395 e 404).[14]

---

12. CC, Art. 400. A mora do credor subtrai o devedor isento de dolo à responsabilidade pela conservação da coisa, obriga o credor a ressarcir as despesas empregadas em conservá-la, e sujeita-o a recebê-la pela estimação mais favorável ao devedor, se o seu valor oscilar entre o dia estabelecido para o pagamento e o da sua efetivação.
13. CC, Art. 401. Purga-se a mora:
    I – por parte do devedor, oferecendo este a prestação mais a importância dos prejuízos decorrentes do dia da oferta;
    II – por parte do credor, oferecendo-se este a receber o pagamento e sujeitando-se aos efeitos da mora até a mesma data.
14. CC, Art. 389. Não cumprida a obrigação, responde o devedor por perdas e danos, mais juros e atualização monetária segundo índices oficiais regularmente estabelecidos, e honorários de advogado.
    CC, Art. 395. Responde o devedor pelos prejuízos a que sua mora der causa, mais juros, atualização dos valores monetários segundo índices oficiais regularmente estabelecidos, e honorários de advogado.
    CC, Art. 404. As perdas e danos, nas obrigações de pagamento em dinheiro, serão pagas com atualização monetária segundo índices oficiais regularmente estabelecidos, abrangendo juros, custas e honorários de advogado, sem prejuízo da pena convencional.
    Parágrafo único. Provado que os juros da mora não cobrem o prejuízo, e não havendo pena convencional, pode o juiz conceder ao credor indenização suplementar.

3.1 Princípio da restituição integral

Diz o Código Civil que as perdas e danos devidos ao credor correspondem ao que efetivamente ele perdeu (dano emergente), acrescido do que razoavelmente deixou de lucrar (lucros cessantes), ou seja, deverá ser composto não só pelo dano decorrente da agressão perpetrada diretamente ao bem protegido, como também pelo que a vítima deixará de ganhar em razão do evento danoso (CC, art. 402), residindo aí o princípio do *restitutio in integrum*.

a) **Danos emergentes** (*damnum emergens*):

É o prejuízo decorrente do dano causado diretamente ao patrimônio da vítima, lhe diminuindo o valor.

Para efeito de melhor compreensão, vamos supor que Jojolino tenha se envolvido num acidente com veículos em que, comprovadamente, o outro motorista estava errado (culpado). O dano emergente será a soma em dinheiro que o Jojolino terá que desembolsar para providenciar o conserto do seu veículo (funilaria, pintura, peças etc.).

Se Jojolino teve outros prejuízos decorrentes diretamente do acidente, deve cobrá-los juntamente com as despesas realizadas para o conserto do veículo (despesas hospitalares, com remédios, com transportes etc.).

b) **Lucros cessantes:**

É o que a vítima teria ganhado se o evento não tivesse acontecido. Esse dano não pode ser presumido, deve ser certo e devidamente provado porque não se indeniza danos imaginários.

Utilizando o mesmo exemplo acima, vamos supor que o veículo era um táxi e que, por conta do acidente, Jojolino ficou 15 (quinze) dias sem poder trabalhar, aguardando que a oficina realizasse os reparos em seu veículo. Lucros cessantes vai ser, nesse caso, o valor equivalente ao que Jojolino ganharia se estivesse regularmente trabalhando.

3.2 Perdas e danos nas obrigações de pagamento em dinheiro

Quando as perdas e danos decorrerem de obrigações em dinheiro e o credor tenha necessitado ingressar em juízo, as perdas e danos deverão ser pagas com juros e atualização e, como houve intervenção de advogado, deverá também incluir os honorários advocatícios contratuais (ver CC, art. 404).[15]

---

15. CC, Art. 404. As perdas e danos, nas obrigações de pagamento em dinheiro, serão pagas com atualização monetária segundo índices oficiais regularmente estabelecidos, abrangendo juros, custas e honorários de advogado, sem prejuízo da pena convencional.

Importante esclarecer que os honorários advocatícios contratuais integram os valores devidos a título de reparação por perdas e danos, conforme o disposto nos artigos 389, 395 e 404 do Código Civil de 2002.

3.3 Correção monetária

A correção, ou atualização monetária nada mais é do que uma forma de atualização dos valores que eram devidos no passado, de sorte que o valor a ser pago no momento presente corresponda ao que efetivamente é devido.

Trata-se, pois, de uma simples atualização de valores para corrigir os efeitos da inflação monetária. Quer dizer, não se trata de ganhos, mas apenas de manutenção do valor de compra da moeda que, com o passar do tempo, sofre desvalorização em face do acréscimo de preços.

Só a título de esclarecimentos em todas as sentenças o juiz fixa a partir de qual momento deve incidir a correção monetária, isto é, o termo inicial a partir do qual deve ser feito a atualização (normalmente do inadimplemento). Cumpre esclarecer ainda que os tribunais disponibilizam tabelas de atualização monetária cujos índices orientam os advogados na elaboração de suas planilhas de cálculos.

3.4 Juros legais[16]

Há diversas espécies de juros, quais sejam compensatórios ou remuneratórios, convencionais e moratórios. Também podem ser classificados como simples ou compostos.

O que nos interessa são os juros moratórios legais, isto é, os juros incidentes em razão do retardo ou imperfeição no cumprimento da obrigação. Nesse caso a lei permite sejam convencionados pelas partes, isto é, prefixados no contrato, porém se não o for, serão em percentual conforme os juros fixados pela Fazenda Nacional para o pagamento dos débitos com o governo (CC, art. 406).[17]

Veja-se que os arts. 289, 395 e 404 do Código Civil deixam claro que havendo inadimplemento, isto é, descumprimento de obrigação, a consequência lógica é a incidência de juros que, nesse caso, independe da vontade das partes.

16. Para aqueles que pretendam entender de juros recomendamos a obra do querido amigo e professor Luiz Antonio Scavone Junior que é, sem nenhuma sobra de dúvidas, o maior especialista brasileiro nessa matéria (Juros no direito brasileiro, 3ª. ed., RT, 2009).
17. CC, Art. 406. Quando os juros moratórios não forem convencionados, ou o forem sem taxa estipulada, ou quando provierem de determinação da lei, serão fixados segundo a taxa que estiver em vigor para a mora do pagamento de impostos devidos à Fazenda Nacional.

É importante deixar claro que esses juros moratórios serão sempre devidos, independentemente de qualquer prejuízo, pois cumprem a função de pena (pecuniária) para aquele que deu causa a mora (CC, art. 407).[18]

3.5 Honorários advocatícios contratuais

É importante esclarecer que os honorários que vêm especificados no Código Civil em três artigos (CC, arts. 389, 395 e 404) referem-se ao descumprimento das obrigações, portanto são contratuais e não devem ser confundidos com os honorários sucumbenciais previstos no Código de Processo Civil (ver CPC, art. 85) e no estatuto da Ordem dos Advogados (ver Lei nº 8.906/94, art. 23).

Significa dizer que os honorários previstos no Código Civil têm caráter de dano emergente, ou seja, dano que o credor teve que suportar como decorrência da mora do devedor, já que se ele tivesse cumprido com a obrigação regularmente, o credor não teria tido necessidade de contratar advogado.

Assim, ao propor a ação visando a satisfação de seu crédito, o credor deverá colocar na sua petição inicial além do que lhe é efetivamente devido, os valores que teve (ou terá) que desembolsar para o pagamento da contratação de advogado. Nesse caso, em sendo procedente a demanda, o réu (devedor) pagará ao autor (credor) dois honorários advocatícios:

o referente à contração do advogado que lhe patrocinou a causa; e, o sucumbencial como decorrência de ter perdido a ação.

> **Para entender melhor:** Se o credor teve que contratar advogado para fazer valer seus direitos e para isso teve que pagar os respectivos honorários contratuais, como consequência lógica do princípio da restituição integral do dano, o devedor deve pagar, além do principal, juros e correção monetária, também as despesas realizadas pelo credor com a contratação de advogado.
>
> **Exemplo:** Vamos imaginar que Juka Bill deve R$ 10 mil para Jojolino e se recusa a pagar. Jojolino procura um escritório de advocacia para que seja promovida a cobrança judicial desse seu crédito. No escritório é informado que para promover essa ação de cobrança o escritório vai lhe cobrar 30% (trinta por cento) do valor do débito, qual seja, R$ 3 mil. Vejam que nesse caso Jojolino terá que pagar R$ 3 mil para o escritório promover a ação de sorte que deverá ser cobrando judicialmente de Juka

---

18. CC, Art. 407. Ainda que se não alegue prejuízo, é obrigado o devedor aos juros da mora que se contarão assim às dívidas em dinheiro, como às prestações de outra natureza, uma vez que lhes esteja fixado o valor pecuniário por sentença judicial, arbitramento, ou acordo entre as partes.

Bill os R$ 10 mil (corrigido e atualizado) correspondente ao principal, mais os R$ 3 mil referentes ao pagamento dos honorários advocatícios. Se assim não fosse Jojolino ao receber o que lhe é devido (R$ 10 mil) teria que pagar o advogado (R$ 3 mil) sobrando-lhe apenas R$ 7 mil, arcando com um prejuízo em face do inadimplemento de Juka.

Atenção: para que o credor possa cobrar do devedor os honorários advocatícios aqui tratados, necessário se faz tenha havido efetiva intervenção de advogado (judicial ou extrajudicial).

II – CLÁUSULA PENAL

4. CONCEITO DE CLÁUSULA PENAL *(STIPULATIO POENAE)*

A cláusula penal é uma obrigação acessória pela qual as partes estabelecem uma espécie de multa pelo descumprimento culposo da obrigação. Com a cláusula penal alguém se compromete a satisfazer determinada obrigação, seja ela em dinheiro ou de qualquer outra natureza, sob pena de incidência da multa previamente estabelecida.

A bem da verdade a cláusula penal cumpre um duplo papel, quais sejam:

a) **Primeiro:**

Forçar o devedor ao efetivo cumprimento da obrigação, tendo em vista que cumprir a obrigação no modo, forma, tempo e lugar preestabelecido significa adimplir a obrigação nos seus exatos termos.

b) **Segundo:**

Prefixar a indenização pelas perdas e danos. Advirta-se que esta indenização prescinde do elemento culpa, bastando ao credor a demonstração do não cumprimento da obrigação nos termos como convencionado (CC, art. 416).[19]

4.1 Espécies

Pode ser de duas espécies, compensatória ou moratória, podendo ambas ser cumuladas. Vejamos:

19. CC, Art. 416. Para exigir a pena convencional, não é necessário que o credor alegue prejuízo.
Parágrafo único. Ainda que o prejuízo exceda ao previsto na cláusula penal, não pode o credor exigir indenização suplementar se assim não foi convencionado. Se o tiver sido, a pena vale como mínimo da indenização, competindo ao credor provar o prejuízo excedente.

a) **Compensatória:**

É aquela estipulada para a hipótese de total inadimplemento da obrigação e funcionará como uma espécie de indenização pelo não cumprimento do acordado (CC, art. 410).[20]

b) **Moratória:**

Que é estipulada pelas partes como uma espécie de multa para os casos de cumprimento imperfeito da obrigação, normalmente decorrente de atraso de pagamento (CC, art. 411).[21]

c) **Possibilidade de cumulação:**

Pode ainda ocorrer, a um só tempo, a aplicação das duas espécies simultaneamente como, por exemplo, na locação de imóveis quando se estabelece multa pelo atraso de pagamento e multa pelo descumprimento total do contrato; se o locatário descumprir as duas obrigações, incidirão as duas penalidades.

4.2 Valor da cláusula penal

Quando a cláusula penal é moratória, usualmente é fixada em percentuais baixos, tendo em vista que ela vai cumprir o papel de multa pelo eventual atraso no cumprimento da obrigação. Já quando se trata da cláusula penal compensatória, a fixação é sempre de valor elevado, tendo em vista que irá cumprir o papel de indenização pelo inadimplemento, havendo, contudo, uma limitação imposta por lei, que é o valor máximo da obrigação (CC, art. 412).[22] Em ambos os casos se ela for exorbitante o juiz está autorizado a reduzi-la equitativamente (CC, art. 413).[23]

Nesse último caso, na eventualidade do prejuízo do credor ser maior do que a cláusula penal, poderá ele optar por demandar o devedor por perdas e danos provando os prejuízos sofridos.

20. CC, Art. 410. Quando se estipular a cláusula penal para o caso de total inadimplemento da obrigação, esta converter-se-á em alternativa em benefício do credor.
21. CC, art. 411. Quando se estipular a cláusula penal para o caso de mora ou em segurança especial de outra cláusula determinada, terá o credor o arbítrio de exigir a satisfação da pena cominada juntamente com o desempenho da obrigação principal.
22. CC, Art. 412. O valor da cominação imposta na cláusula penal não pode exceder o da obrigação principal.
23. CC, Art. 413. A penalidade deve ser reduzida equitativamente pelo juiz se a obrigação principal tiver sido cumprida em parte, ou se o montante da penalidade for manifestamente excessivo, tendo-se em vista a natureza e a finalidade do negócio.

4.3 Outras limitações da cláusula penal previstas em lei

Mesmo no Código Civil e na legislação esparsa encontramos outras limitações como, por exemplo, a cláusula penal para as contribuições condominiais, que é limitada a 2% (CC, art. 1.336, § 1º);[24] ou na compra e venda de imóveis cuja multa máxima permitida é de 10% (Lei nº 6.766/79, art. 26, V);[25] ou ainda, em qualquer contrato derivado das relações de consumo, cujo limite da cláusula penal é estipulado em 2% (Lei nº 8.078/90, art. 52, § 1º).[26]

III – ARRAS OU SINAL DE PAGAMENTO

5. ARRAS OU SINAL DE PAGAMENTO

É uma quantia em dinheiro ou mesmo um bem que se entrega a outra parte como forma de garantir a realização de um negócio jurídico, que funciona como uma espécie de princípio de pagamento. No momento da conclusão do negócio, o sinal deverá ser computado no valor do negócio (CC, art. 417).[27]

5.1 Espécies de arras

São de duas espécies. Vejamos:

a) **Confirmatórias:**
Nos casos em que não se admite o arrependimento, podendo o inadimplente perder o sinal ou devolver o que recebeu em dobro, além de indenizar eventuais outros prejuízos (CC, art. 418).[28]

---

24. CC, Art. 1.336. São deveres do condômino:
(Omissis)...
§ 1º O condômino que não pagar a sua contribuição ficará sujeito aos juros moratórios convencionados ou, não sendo previstos, os de um por cento ao mês e multa de até dois por cento sobre o débito.
25. Lei nº 6.766/79, Art. 26. Os compromissos de compra e venda, as cessões ou promessas de cessão poderão ser feitos por escritura pública ou por instrumento particular, de acordo com o modelo depositado na forma do inciso VI do art. 18 e conterão, pelo menos, as seguintes indicações:
(Omissis)...
V – taxa de juros incidentes sobre o débito em aberto e sobre as prestações vencidas e não pagas, bem como a cláusula penal, nunca excedente a 10% (dez por cento) do débito e só exigível nos casos de intervenção judicial ou de mora superior a 3 (três) meses;
26. Lei nº 8.078/90, Art. 52. (Omissis) ...
§ 1º As multas de mora decorrentes do inadimplemento de obrigações no seu termo não poderão ser superiores a dois por cento do valor da prestação.
27. CC, Art. 417. Se, por ocasião da conclusão do contrato, uma parte der à outra, a título de arras, dinheiro ou outro bem móvel, deverão as arras, em caso de execução, ser restituídas ou computadas na prestação devida, se do mesmo gênero da principal.
28. CC, Art. 418. Se a parte que deu as arras não executar o contrato, poderá a outra tê-lo por desfeito, retendo-as; se a inexecução for de quem recebeu as arras, poderá quem as deu haver o contrato por

b) **Penitenciais:**

Aplicável aos contratos com cláusula de arrependimento, quando então as arras cumprirão o papel indenizatório tão somente, não cabendo nenhuma outra espécie de indenização (CC, art. 420).[29]

5.2 Função das arras

A principal função é garantir a realização do negócio, pois a mesma funciona como uma espécie de princípio de pagamento, cuja finalização dependerá da entrega efetiva do bem objeto do negócio. Porém, pode também servir como prefixação das perdas e danos no caso de arras penitenciais.

---

desfeito, e exigir sua devolução mais o equivalente, com atualização monetária segundo índices oficiais regularmente estabelecidos, juros e honorários de advogado.

29. CC, Art. 420. Se no contrato for estipulado o direito de arrependimento para qualquer das partes, as arras ou sinal terão função unicamente indenizatória. Neste caso, quem as deu perdê-las-á em benefício da outra parte; e quem as recebeu devolvê-las-á, mais o equivalente. Em ambos os casos não haverá direito a indenização suplementar.

Lição 12
DO PAGAMENTO INDEVIDO

Sumário: 1. Pagamento indevido – 2. Fundamento jurídico – 3. *Accipiens* de boa-fé ou de má-fé – 4. Recebimento indevido de imóvel – 5. Pagamento indevido sem direito à repetição – 6. Requisitos da ação *in rem verso*.

1. PAGAMENTO INDEVIDO

Aquele que pagar o que não deve, ou pagar erroneamente a quem não devia, tem o direito de receber o que pagou indevidamente utilizando para isso a ação *in rem verso* (CC, art. 876).[1]

2. FUNDAMENTO JURÍDICO

O fundamento para tal instituto é evitar o enriquecimento sem causa (ilícito) que é condenado pelo nosso ordenamento jurídico e encontra-se previsto no Código Civil (art. 884),[2] baseado no princípio de que **ninguém pode enriquecer à custa do empobrecimento de outrem**.

Além disso, fundamenta-se também nos princípios gerais de direito e na equidade.

1. CC, Art. 876. Todo aquele que recebeu o que lhe não era devido fica obrigado a restituir; obrigação que incumbe àquele que recebe dívida condicional antes de cumprida a condição.
2. CC, Art. 884. Aquele que, sem justa causa, se enriquecer à custa de outrem, será obrigado a restituir o indevidamente auferido, feita a atualização dos valores monetários.

   Parágrafo único. Se o enriquecimento tiver por objeto coisa determinada, quem a recebeu é obrigado a restituí-la, e, se a coisa não mais subsistir, a restituição se fará pelo valor do bem na época em que foi exigido.

3. *ACCIPIENS* DE BOA-FÉ OU DE MÁ-FÉ

As consequências para o *accipiens* variam conforme tenha agido de boa-fé ou de má-fé (CC, art. 878).[3] Vejamos:

a) ***Accipiens* de boa-fé:**

Se o pagamento for recebido de boa-fé, o *accipiens* será obrigado a restituir o que recebeu, porém terá direito aos frutos recebidos, indenização pelas benfeitorias (necessárias e úteis), e ainda poderá utilizar o direito de retenção como forma de se ver indenizado utilizando-se do previsto nos arts. 1.214 a 1.222 do Código Civil (equipara-se ao possuidor de boa-fé).

b) ***Accipiens* de má-fé:**

Se estiver de má-fé, além de restituir o que indevidamente recebeu, não terá direito aos frutos recebidos, devendo restituí-los e, no tocante às benfeitorias, somente terá direito a ser indenizado pelas necessárias, sem direito de retenção.

4. RECEBIMENTO INDEVIDO DE IMÓVEL

Pode ocorrer do pagamento se realizar através da transmissão de imóveis (CC, art. 879).[4] Aquele que recebeu indevidamente o imóvel, provado o erro pelo *solvens*, não haverá outra alternativa senão devolver. Se agiu de boa-fé, aplica-se as disposições do Código Civil, especificamente os arts. 1.214, 1.217 e 1.219. Se agiu de má-fé, aplica-se os arts. 1.216, 1.218 e 1.220.

5. PAGAMENTO INDEVIDO SEM DIREITO À REPETIÇÃO

Existem algumas formas de pagamento que, embora indevido, não autoriza a propositura da ação para repetição. São elas:

a) **Inutilização do título:**

Se alguém receber o pagamento de uma dívida e de boa-fé inutilizar o título, aquele que pagou não terá direito a ação de repetição de indébito porque, embora inutilizado o título, a dívida era existente (ver CC, art. 880).

---

3. CC, Art. 878. Aos frutos, acessões, benfeitorias e deteriorações sobrevindas à coisa dada em pagamento indevido, aplica-se o disposto neste Código sobre o possuidor de boa-fé ou de má-fé, conforme o caso.
4. CC, Art. 879. Se aquele que indevidamente recebeu um imóvel o tiver alienado em boa-fé, por título oneroso, responde somente pela quantia recebida; mas, se agiu de má-fé, além do valor do imóvel, responde por perdas e danos.

Parágrafo único. Se o imóvel foi alienado por título gratuito, ou se, alienado por título oneroso, o terceiro adquirente agiu de má-fé, cabe ao que pagou por erro o direito de reivindicação.

b) **Extinção das garantias:**

Também se o credor abriu mão das garantias que asseguravam o pagamento da dívida, mas mesmo assim o devedor realizou o pagamento, não se poderá falar em pagamento indevido (CC, art. 880).[5]

c) **Prescrição do direito de ação ou obrigação judicialmente inexigível:**

Já vimos que a prescrição é a perda do direito de ação, mas tal instituto não elimina o direito existente. Quer dizer, a inércia do credor o fez perder a possibilidade de exigir judicialmente o pagamento, mas se o devedor realizou espontaneamente o pagamento, não se poderá dizer que o pagamento foi indevido porque a dívida existia (CC, art. 882).[6] Da mesma forma o pagamento das obrigações que não podem ser exigidas judicialmente como, por exemplo, as dívidas de jogo (CC, art. 814, *caput*).[7]

d) **Pagamento para obtenção de fins ilícitos:**

Nada mais correto! Se alguém pagou a outrem para a prática de algum ilícito, não poderá ir a juízo para requerer o que pagou indevidamente (CC, art. 883, *caput*).[8] É só lembrar do princípio basilar de direito que diz: "ninguém pode se beneficiar de sua própria torpeza" (*nemo auditur propriam turpitudinem allegans*).

6. REQUISITOS DA AÇÃO *IN REM VERSO*

Para propositura da ação visando receber o que se pagou indevidamente (repetição do indébito), além dos requisitos de qualquer ação, é preciso atender alguns aspectos específicos, quais sejam:

a) Aumento do patrimônio do réu (enriquecimento);

b) Diminuição do patrimônio do autor (empobrecimento);

c) Inexistência de causa jurídica (contrato ou lei);

---

5. CC, Art. 880. Fica isento de restituir pagamento indevido aquele que, recebendo-o como parte de dívida verdadeira, inutilizou o título, deixou prescrever a pretensão ou abriu mão das garantias que asseguravam seu direito; mas aquele que pagou dispõe de ação regressiva contra o verdadeiro devedor e seu fiador.
6. CC, Art. 882. Não se pode repetir o que se pagou para solver dívida prescrita, ou cumprir obrigação judicialmente inexigível.
7. CC, Art. 814. As dívidas de jogo ou de aposta não obrigam a pagamento; mas não se pode recobrar a quantia, que voluntariamente se pagou, salvo se foi ganha por dolo, ou se o perdente é menor ou interdito.
8. CC, Art. 883. Não terá direito à repetição aquele que deu alguma coisa para obter fim ilícito, imoral, ou proibido por lei.

d) Relação de causalidade;

e) Inexistência de outra ação específica (CC, art. 886);[9]

f) Ausência de obrigação moral (CC, art. 882).[10]

---

9. CC, Art. 886. Não caberá a restituição por enriquecimento, se a lei conferir ao lesado outros meios para se ressarcir do prejuízo sofrido.

10. CC, Art. 882. Não se pode repetir o que se pagou para solver dívida prescrita, ou cumprir obrigação judicialmente inexigível.

PARTE II
RESPONSABILIDADE CIVIL

Capítulo 6
Da culpa, do risco e do abuso de direito

Lição 13
HISTÓRICO DA RESPONSABILIZAÇÃO CIVIL

1. RESPONSABILIDADE CIVIL NA ANTIGUIDADE

Cabe registrar inicialmente que nos primórdios da civilização o homem se defendia das agressões sofridas, fossem materiais, morais ou físicas, com suas próprias forças, com as quais reprimia as ameaças, sendo em muitos casos auxiliado pelo grupo do qual fazia parte. Com isso, a cada agressão sofrida, movia-se o sentimento de vingança pessoal para satisfação da dor sofrida. Prevalecia o sistema de pena privada, aplicada ao agressor, pelo próprio ofendido ou pelas pessoas a ele ligadas. Prevalecia o sentimento de vingança e da justiça feita pelas próprias mãos.

2. A VINGANÇA COMO SENTIMENTO DE JUSTIÇA

Nesses sistemas prevalecia o sentimento de vingança e da justiça feita pelas próprias mãos. Quer dizer, interessava mais o castigo do ofensor, com a finalidade de satisfazer o espírito vingativo da vítima, do que perseguir ou mesmo obter a reparação do dano sofrido. A violência se enfrentava com a violência. O mal se pagava com o mal. Por um dano sofrido, causava-se um dano semelhante contra àquele que deu causa.

3. O CÓDIGO DE HAMURABI

Inicialmente a evolução foi lenta, mas à medida que os povos foram se organizando, o Estado passou a assumir o papel de distribuir justiça, colocando-se no lugar do ofendido e apenando o agressor para, em nome da harmonia social, garantir o bem-estar coletivo. Nesse passo, surge o Código de Hamurabi, por volta do século XVIII a. C., promulgado pelo Rei da Babilônia que, com relação à reparação de danos, adotou dois tratamentos distintos: as ofensas pessoais eram reparadas mediante ofensa igual a ser dirigida ao ofensor, mas apesar disso, existia paralelamente a possibilidade de reparação do dano à custa de pagamento de um valor pecuniário.

4. A MÁXIMA DO "OLHO POR OLHO, DENTE POR DENTE"

O Código de Hamurabi recepcionou os fundamentos da chamada Lei de Talião, tendo em vista que em várias passagens prescreve penas cujo fundamento é exclusivamente a vingança, tal qual consta no § 196, que prescrevia "*se um* awilum *(homem livre) destruir um olho de um (outro)* awilum, *destruirão seu olho*", e o § 200, que preconizava: "*se um* awilum *arrancou um dente de um* awilum *igual a ele arrancarão seu dente*".

5. AS ORIGENS DA TEORIA DA COMPENSAÇÃO FINANCEIRA

Apesar da prevalência dos princípios da Lei de Talião, o Código de Hamurabi já trazia os prenúncios do sistema de responsabilização civil moderna na exata medida em que alguns parágrafos regulavam a questão da indenização pecuniária em substituição à pena física, conforme se pode verificar no § 209, que prescrevia uma indenização consistente em valor monetário da época e assim foi redigido: "*§ 209. Se um homem livre ferir a filha de um outro homem livre e, em consequência disso, lhe sobrevier um aborto, pagar-lhe-á 10 ciclos de prata pelo aborto*".

6. OUTROS CÓDIGOS DA ANTIGUIDADE

Pesquisando no tempo, vamos encontrar fragmentos de outras legislações que contemplavam a possibilidade de reparação do dano, tais como o Código de Manu que, à semelhança do Código de Hamurabi, previa a reparação a uma lesão em valor pecuniário. Da mesma forma o Código de Ur-Nammu, cujos fragmentos, à semelhança da Lei das XII Tábuas, exprimia preocupações em coibir a vingança pessoal, substituída que era pela ação repressora do Estado, representado à época pela figura do monarca, como, por exemplo o § 224, no qual o rei ficava autorizado a impor pesada multa àquele que desse, em casamento, uma "donzela com defeitos", sem antes haver prevenido o interessado.

7. A LEI DAS XII TÁBUAS

Foi um marco histórico no Direito Romano antigo, por dois aspectos importantes: foi a primeira lei escrita e publicada e, como resultado da luta por igualdade levada a cabo pelos plebeus em Roma, aplicava-se a todos, tanto aos plebeus quanto aos patrícios.

Com essa lei, apesar de ainda prestigiar a pena de talião, a reparação de danos começa a ganhar maior nitidez, pois na Tábua VII, no capítulo que trata dos delitos, encontram-se claramente dispostos diversos apenamentos que estão a indicar que já se compensavam os danos morais. Nesse aspecto é importante salientar o Inciso 12 que, dentre outros, preceituava que, pela fratura de um osso de um homem livre, pena de trezentos *as*, se de um escravo, pena de cento e cinquenta *as*.

8. A *LEX AQUILIA* DO DIREITO ROMANO

A origem da responsabilidade civil extracontratual nos moldes que conhecemos hoje, isto é, aferida mediante a apuração da culpa (subjetiva), remonta à promulgação da Lei Aquilia (286 a. C.) que substituiu a retribuição do mal pelo mal, pela possibilidade de punir o ofensor com uma pena pecuniária, no caso de comprovação de sua ação culposa ou dolosa.

Por isso, muitas vezes vocês vão ouvir, ou vão encontrar nas leituras, o termo *responsabilidade aquiliana*, significando que se está tratando de responsabilidade extracontratual e mais, tendo como fundamento a comprovação da culpa do causador do dano (responsabilidade civil subjetiva).

9. O *ACTIO INJURIARUM AESTIMATORIA*

A partir da Lei Aquilia já se podia divisar a substituição da pena de vingança por uma pena pecuniária, mas foi com a legislação de Justiniano que houve uma ampliação no campo da reparabilidade de danos, inclusive o dano moral, com os contornos que conhecemos atualmente.

Para se ter uma ideia, é da época de Justiniano a criação pretoriana do *actio injuriarum aestimatoria*, cujo processo se assemelhava ao atual arbitramento, na medida em que a vítima de uma injúria, sob juramento, estimava um valor que correspondesse à sua satisfação quanto à reparação do dano.

O processo era simples. A vítima apresentava seu pedido e após especificar a extensão dos danos, pedia um pagamento em dinheiro como compensação. O juiz, ao tomar conhecimento do pedido e caso desse pela sua procedência, podia condenar o agressor no montante reivindicado, ou, se considerasse parcialmente procedente, modificava o valor pedido pela parte e arbitrava um valor que entendesse compatível, onde se vislumbra claramente o princípio da equidade, pela qual caberia ao Estado-juiz delimitar a quantia a ser despendida como indenização.

Lição 14
A RESPONSABILIDADE CIVIL NA MODERNIDADE

1. O CÓDIGO NAPOLEÔNICO

Dessa evolução e influindo decisivamente nas legislações de vários povos, o Código Civil francês de 1804, primeiro estatuto de direito privado da era moderna, seguiu a tradição do antigo direito romano, adotando a teoria da culpa como fundamento do direito de indenizar, estabelecendo o princípio pelo qual aquele que por ação ou omissão violar direito de outrem, causando dano, fica obrigado a reparar mediante a apuração de culpa, conforme expressamente previsto em seus arts. 1.382 e 1.383.[1]

2. NOVO PARADIGMA PARA REPARAÇÃO DOS DANOS

A evolução continuou e foi também na França que surgiu um movimento que procurava outras alternativas à teoria clássica da culpa. Os estudos foram iniciados no final do século XIX por Saleilles e seguido por Josserand, os quais consideravam que, no âmbito da culpa, seria insuficiente resolver todos os pro-

1. Art. 1.382. *Tout fait quelconque de l'homme, qui cause à autrui un dommage, oblige celui par la faute duquel il est arrivé à le réparer* (Tradução livre: qualquer fato oriundo daquele que provoca um dano a outrem, obriga aquele que causou a repará-lo).

Art. 1.383. *Chacun est responsible du dommage qu'il a causé non seulement par son fait, mais encore par as négligence ou par son imprudence* (Tradução livre: cada um é responsável pelos danos que provocou não só por seu próprio ato, mas ainda por sua negligência ou imprudência).

blemas decorrentes da responsabilidade civil, razão por que pregavam que a reparação do dano deveria se dar em razão do fato ou do risco criado.

Tal teoria mereceu muitas críticas a ponto de Ripert ter proclamado Saleilles e Josserand como "*os síndicos da massa falida da culpa*", muito embora o tempo tenha se encarregado de mostrar que determinadas atividades da vida moderna necessitavam ser reguladas de maneira especial, fora dos estreitos limites da teoria clássica da culpa.

3. A TEORIA DO ABUSO DE DIREITO

A evolução dos fundamentos da responsabilidade civil fez também realçar a teoria do abuso de direito que, embora antiga, somente passou a ser positivada nas várias codificações revisadas e atualizadas no século XX. No Brasil, somente em 2002, com o novo Código Civil é que o abuso de direito passou a ser realidade de direito material, equiparado ao ato ilícito (CC, art. 187), cujo objetivo principal é frear o egoísmo humano, apenando aqueles que no uso de seus direitos venham a exceder, especialmente, os limites impostos pela boa-fé e pelos bons costumes.

4. ATO ILÍCITO

O ato ilícito é uma das grandes fontes das obrigações, juntamente com os contratos e com os atos unilaterais de vontade.

Podemos encontrar a conceituação do ato ilícito no art. 186 do Código Civil que diz: "Aquele que, por ação ou omissão voluntária, negligência ou imprudência, violar direito e causar dano a outrem, ainda que exclusivamente moral, comete ato ilícito".

A consequência para quem comete ato ilícito, é a obrigação de reparar o dano causado, seja ele moral ou material (ver CC, art. 927, *caput*).[2]

A doutrina divide o ato ilícito em **ilícito absoluto** quando decorrente de uma relação extracontratual (aquiliana) e **ilícito relativo** quando decorrente das relações contratuais preexistentes.

5. RESPONSABILIDADE CIVIL

É a obrigação que incumbe a uma pessoa de reparar os danos causados a outrem, por ato próprio ou por fato de terceiros que dele dependam ou estejam

2. CC, Art. 927. Aquele que, por ato ilícito (arts. 186 e 187), causar dano a outrem, fica obrigado a repará-lo.

sob sua guarda, ou ainda, pelo fato das coisas animadas ou inanimadas que lhes pertença ou estejam sob sua responsabilidade (ver CC, arts. 932 a 938).

Há uma regra de conduta imposta a todos, que pode ser resumida no brocardo: *honeste vivere, neminem laedere, suum cuique tribuere* (viver honestamente, não prejudicar ninguém, atribuir a cada um o que lhe pertence).

5.1 Fundamentos da responsabilidade civil

Os fundamentos da responsabilidade civil são dois: a **culpa** (responsabilidade subjetiva ou aquiliana) e o **risco** (responsabilidade objetiva ou sem culpa).

A primeira tem como fundamento o estatuído no já citado art. 186 do Código Civil, enquanto que o segundo está previsto no parágrafo único do art. 927, do mesmo diploma legal, além de também ser encontrada em leis especiais (consumidor, meio ambiente etc.).

5.2 Pressupostos da responsabilidade civil

São três: agente ou responsável, dano e nexo de causalidade.

Quer dizer, para fazer surgir o dever indenizatório a vítima deverá sempre demonstrar a ocorrência, cumulativamente, dos seguintes pressupostos:

a) **Agente ou responsável:**

A vítima deverá provar que houve um ato ilícito possível de ser atribuído a uma pessoa (no caso de responsabilidade subjetiva) ou ao responsável pela atividade causadora do dano (no caso de responsabilidade objetiva);

b) **Dano:**

A vítima também deverá demonstrar a existência de um dano possível de ser aferido (moral, material ou estético) porque sem dano não há falar-se em responsabilidade civil; e,

c) **Nexo causal:**

A vítima deverá ainda provar que existe um nexo que ligue o dano ao agente (na responsabilidade subjetiva) ou ao responsável pela atividade (na responsabilidade objetiva).

5.3 Espécies de responsabilidade

A Responsabilidade Civil pode ser apresentada sob diferentes enfoques, conforme seja o ângulo pelo qual se analisa a questão. Nesse sentido, podemos apresentar as seguintes espécies de responsabilidade civil:

a) **Quanto à natureza da norma violada = responsabilidade civil e penal:**

É importante fazer desde logo essa distinção porque, embora nos dois casos o agente pratique uma infração, no caso do crime essa infração é de uma norma de direito público cuja pena será aplicada pelo Estado independentemente do prejuízo experimentado pela vítima, enquanto que no ilícito civil, o interesse a ser protegido é de caráter privado e dependerá da iniciativa da vítima que poderá exigir como pena a indenização do dano causado. Advirta-se, contudo, que há casos em que pode ocorrer repercussão do mesmo ilícito tanto na esfera civil quanto penal, como por exemplo, no caso de homicídio em que o agente poderá ser apenado com a prisão corporal e também com a devida indenização à família da vítima.

Atenção: a responsabilidade civil independe da responsabilidade penal (CC, art. 935).[3]

b) **Quanto ao fato gerador = Responsabilidade contratual e extracontratual:**

A responsabilidade contratual está prevista no art. 389 do Código Civil que impõe ao inadimplente a obrigação de indenizar as perdas e danos causados ao credor. Já a extracontratual (ou aquiliana) está prevista no art. 186 c/c art. 927 do Código Civil, que impõe a todo aquele que causar dano a outrem, dolosa ou culposamente, o dever de repará-lo.

c) **Quanto ao fundamento = Responsabilidade subjetiva (culpa) e objetiva (risco):**

A regra geral adotada pelo nosso Código Civil é o da responsabilidade subjetiva, isto é, aferida mediante apuração da culpa (art. 186 c/c art. 927, caput), de tal sorte que somente emergirá o dever indenizatório se ficar provado que o agente agiu culposa ou dolosamente. Já no que diz respeito à responsabilidade objetiva, a mesma foi adotada subsidiariamente pelo nosso Código Civil (art. 927, parágrafo único, 931 e 933), e é o tipo de responsabilidade que prescinde do elemento culpa, se satisfazendo com a demonstração do ilícito e com a causalidade entre a conduta e o dano experimentado pela vítima.

d) **Quanto ao agente = Responsabilidade por fato próprio e por fato de terceiro:**

A regra geral é aquela que prevê que só o agente causador do dano é que deve responder pela reparação que sua própria ação, ou omissão, deu

3. CC, Art. 935. A responsabilidade civil é independente da criminal, não se podendo questionar mais sobre a existência do fato, ou sobre quem seja o seu autor, quando estas questões se acharem decididas no juízo criminal.

causa, também chamada de **responsabilidade direta**. Por exceção, a lei estabelece alguns casos em que o agente deve responder por fato de outrem, suportando as consequências do ato danoso (ver CC, art. 932, 936, 937 e 938). É o que a doutrina chama de **responsabilidade indireta**.

6. CONCLUSÃO

Por esse breve relato, constata-se que a tendência moderna do direito caminha na direção de priorizar o ressarcimento do dano, de tal sorte que a vítima se veja sempre indenizada, como princípio elementar de justiça, pois não se pode admitir que aquele que sofreu um dano se veja obrigado a assumir os prejuízos causados por outrem, em face da dificuldade de provar a culpa do infrator.

Lição 15
DA CULPA
(RESPONSABILIDADE SUBJETIVA)

1. DA CULPA COMO FUNDAMENTO DA RESPONSABILIDADE CIVIL (RESPONSABILIDADE SUBJETIVA)

De registrar inicialmente que o nosso atual **Código Civil adota, como regra, o princípio da responsabilidade subjetiva fundada na culpa** como fundamento para responsabilizar o causador de dano, de sorte a afirmar que, por essa ótica, se não for provada a culpa do agente, nenhuma indenização obterá a vítima. Quer dizer, a responsabilidade extracontratual tem suas bases centradas no brocardo jurídico romano que pregava: *honest vivere, neminem laedere, suum cuique tribuere*, ou seja, viver honestamente, não prejudicar ninguém, atribuir a cada um o que lhe pertence pressuposto da responsabilidade *aquiliana* (CC, 186 e 187 c/c art. 927, *caput*).[1]

1. CC, Art. 186. Aquele que, por ação ou omissão voluntária, negligência ou imprudência, violar direito e causar dano a outrem, ainda que exclusivamente moral, comete ato ilícito.

   CC, Art. 187. Também comete ato ilícito o titular de um direito que, ao exercê-lo, excede manifestamente os limites impostos pelo seu fim econômico ou social, pela boa-fé ou pelos bons costumes.

Mesmo nos casos de responsabilidade contratual, o elemento subjetivo da culpa também será sempre importante, pois conforme esteja ou não presente, as consequências serão diferentes para aquele que descumpriu o contrato (ver nossas lições sobre obrigações, especialmente o capítulo do inadimplemento e o art. 393 do Código Civil).[2]

Os elementos da responsabilidade subjetiva são:

a) **Agente:**

É o autor do dano cuja ação ou omissão deva ser responsável pelo dano à vítima;

b) **Vítima:**

A pessoa que sofreu o dano injusto:

c) **Dano**:

É o prejuízo sofrido pela vítima que pode ser material (atingiu seu patrimônio) ou imaterial (quando o dano é moral);

d) **Nexo causal:**

É o resultado de causa e efeito, isto é, o vínculo entre a conduta do agente e o resultado danoso; e,

e) **Culpa ou dolo:**

É preciso também provar que o agente agiu com negligência, imprudência ou imperícia de forma premeditada (dolo) ou mesmo sem ter a intenção (culpa).

2. CONDUTA DO AGENTE

Quando a responsabilidade deve ser aferida com base na culpa, uma das grandes dificuldades reside na análise da conduta do agente, fator determinante para verificar suas responsabilidades. Isso faz realçar o arbítrio do julgador na exata medida em que, para verificar se houve ilícito, ou não, terá que comparar a conduta *sub judice* com a conduta esperada do homem médio (*bonus pater*

CC, Art. 927. Aquele que, por ato ilícito (arts. 186 e 187), causar dano a outrem, fica obrigado a repará-lo.

2. CC, Art. 393. O devedor não responde pelos prejuízos resultantes de caso fortuito ou força maior, se expressamente não se houver por eles responsabilizado.

Parágrafo único. O caso fortuito ou de força maior verifica-se no fato necessário, cujos efeitos não era possível evitar ou impedir.

famílias) e se, naquela circunstância, o dano decorreu de um agir negligente, imprudente ou imperito.

O que deve ser aferido é se a ação ou omissão do agente (conduta) resultou no dano que se pretende ver indenizado. De outro lado, é preciso averiguar se essa conduta foi a responsável pela violação de um dever jurídico que o agente deveria respeitar.

> **Exemplo:** o motorista que avança o sinal vermelho e atropela alguém será responsabilizado por sua conduta ativa (agiu no sentido de causar o dano). Se de outro lado, ele se evade do local e não socorre a vítima, poderá também ser responsabilizado por sua conduta omissiva (não prestou socorro à vítima).

3. DA CULPA E DO DOLO

Dispõe o Código Civil em sua literalidade: "aquele que, por ação ou omissão voluntária, negligência ou imprudência, violar direito e causar dano a outrem, ainda que exclusivamente moral, comete ato ilícito" (art. 186, já citado). Dessa conceituação, podemos depreender que a expressão *ação ou omissão voluntária* está diretamente ligada à vontade consciente de agir ou de não agir do agente, caracterizando assim o dolo; enquanto que *a negligência ou imprudência* está diretamente ligada a culpa.

4. O DOLO E O VALOR DA INDENIZAÇÃO

Pelo exposto acima, na sistemática do direito brasileiro, o dever de indenizar prescinde do dolo do agente, bastando para tanto a simples existência da culpa e, até, em alguns casos que estudaremos depois, independentemente da mesma (quando se tratar de responsabilidade objetiva).

Dessa forma o dolo, enquanto vontade desejada de praticar o ilícito, que no âmbito criminal atua como um elemento subjetivo para aumentar o peso da condenação, não tem relevância para a esfera cível na exata medida em que, de modo geral, não contribui para aumentar o valor do ressarcimento do dano.

No âmbito da responsabilidade civil o objetivo central da indenização é recompor a situação do lesado ao *status* anterior (dano material) ou, quando isso não for possível, recompensar a vítima por eventuais dissabores (dano moral), portanto, a função da indenização é de reparação integral do dano causado (*restitutio in integrum*), independente de culpa ou dolo do agente causador do dano.

5. DAS ESPÉCIES DE CULPA

Existem várias formas para classificar a culpa. Tendo em vista ser importante, do ponto de vista metodológico para o ensino, vamos apresentar nossa classificação.

5.1 Quanto à origem do dever violado

Tomando como referência a origem, podemos classificar a culpa em **contratual**, quando derivada do descumprimento ou infração de cláusulas ou ajustes previamente fixados entre as partes; ou **extracontratual** quando decorre do descumprimento de um dever legal e se origina do dano decorrente do ato ilícito.

5.2 Quanto à gradação em razão da gravidade

É importante registrar inicialmente que qualquer que seja o grau de culpa, isto não exime o causador do dano do dever de indenizar. Nesse sentido Washinton de Barros Monteiro já de longa data lecionava que na responsabilidade aquiliana, é verdade trivial, a mais ligeira culpa produz obrigação de indenizar (*in lege Aquilia et levissima culpa venit*).[3]

Contudo, contrariando o princípio da restituição integral do dano (*restitutio ad integrum*) o nosso Código Civil outorga ao juiz o poder de reduzir equitativamente o valor da indenização conforme seja o grau de culpa do agente causador do dano (ver o item 8 do presente capítulo).

Nessa classificação é possível dividir a culpa, conforme seja o caso, em grave, leve e levíssima, senão vejamos.

a) **Culpa grave:**

É a que mais se aproxima do dolo, caracterizando-se pela falta de cuidados básicos de conduta como, por exemplo, o médico amputar a perna errada do paciente. Em resumo: é o erro de conduta grosseiro, representado pelo completo desprezo aos deveres de cuidado mínimos.

b) **Culpa leve:**

Fica caracterizada quando o dano poderia ser evitado com um mínimo de diligência do agente como, por exemplo, o médico que dá alta ao paciente sem informar a ele os cuidados do pós-operatório. É aquele erro que poderia ter sido evitado por qualquer pessoa minimamente prudente ou diligente.

3. Curso de direito civil, v. 5, p. 387.

c) **Culpa levíssima:**

É aquela que decorre de uma falta que somente seria evitada com cuidados acima do normal como, por exemplo, o médico que erra o diagnóstico, desde que não seja por falha grosseira. É o erro de conduta que seria evitado por uma pessoa extremamente cuidadosa, ou seja, por um diligentíssimo "bom pai de família".

5.3 Quanto a escolha e fiscalização

Nessa classificação consideramos duas modalidades, quais sejam, a **culpa *in eligendo*** e a **culpa *in vigilando***. Vejamos.

a) **Culpa *in eligendo*:**

É aquela que se caracteriza pelo fato de o agente ter procedido a uma má escolha de um preposto ou alguém que realiza algum ato em seu nome (exemplo: a responsabilidade do patrão pelo ato faltoso de seu empregado ou preposto – CC, art. 932, III).

b) **Culpa *in vigilando*:**

É aquela decorrente da ausência de fiscalização ou vigilância que o agente deveria ter em relação à pessoa que esteja sob sua guarda ou responsabilidade (exemplo: os pais que respondem pelos atos faltosos praticados por seus filhos – CC, art. 932, I).[4]

5.4 Quanto ao dever de guarda das coisas

Dizemos que a **culpa é *in custodiendo***, ou seja, aquela que decorre da falta de cuidados que se esperaria do agente em relação as coisas (animadas ou inanimadas) que estejam sob sua responsabilidade e guarda, estando mais ligada à negligência, como é o caso da falta de cuidados necessários para com a guarda de animais. O novo Código Civil, nesses casos, presume o agente culpado até prova em contrário, tanto daqueles que detenham a guarda de animais quanto

4. CC, Art. 932. São também responsáveis pela reparação civil:
I – os pais, pelos filhos menores que estiverem sob sua autoridade e em sua companhia;
II – o tutor e o curador, pelos pupilos e curatelados, que se acharem nas mesmas condições;
III – o empregador ou comitente, por seus empregados, serviçais e prepostos, no exercício do trabalho que lhes competir, ou em razão dele;
IV – os donos de hotéis, hospedarias, casas ou estabelecimentos onde se albergue por dinheiro, mesmo para fins de educação, pelos seus hóspedes, moradores e educandos;
V – os que gratuitamente houverem participado nos produtos do crime, até a concorrente quantia.

dos proprietários de prédios ou construções, se vierem a causar danos a terceiros (CC, art. 936, 937 e 938).[5]

5.5 Quanto ao agir do agente

No que diz respeito à conduta culposa pessoal do próprio agente causador do dano, podemos dividir em:

a) **Culpa *in committendo*:**

É aquela que se verifica em razão de uma ação do agente, estando mais ligada à imprudência.

b) **Culpa *in omittendo*:**

Que se caracteriza por uma omissão, estando mais ligada à negligência.

5.6 Quanto à participação do agente

Nessa classificação dividimos em:

a) **Culpa por fato próprio:**

Essa é a regra geral da responsabilidade no direito civil. Quer dizer, aquele que causou o dano deve ser responsabilizado pela reparação.

b) **Culpa por fato de outrem ou de terceiro:**

Por exceção, existe a responsabilidade por fato de outrem (fato de terceiro) nos casos expressamente previstos em lei. É o caso, por exemplo, da responsabilidade dos pais pelos danos causados por seus filhos menores que estiverem sob sua guarda ou companhia (ver CC, art. 932, I).

5.7 Quanto à forma de sua aferição

Quando se analisa a conduta do agente e o resultado lesivo advindo, temos duas hipóteses:

a) **Culpa *in concreto*:**

Quando se analisa somente a conduta do próprio agente, que tenha resultado em ato lesivo e prejudicial ao direito de outrem, e essa conduta advém da falta de perícia ou atenção (imprudência e negligência).

---

5. CC, Art. 936. O dono, ou detentor, do animal ressarcirá o dano por este causado, se não provar culpa da vítima ou força maior.

CC, Art. 937. O dono de edifício ou construção responde pelos danos que resultarem de sua ruína, se esta provier de falta de reparos, cuja necessidade fosse manifesta.

CC, Art. 938. Aquele que habitar prédio, ou parte dele, responde pelo dano proveniente das coisas que dele caírem ou forem lançadas em lugar indevido.

b) **Culpa *in abstracto*:**

A culpa será considerada *in abstracto* quando a conduta do agente for analisada em sentido comparativo com o proceder esperado do chamado homem médio.

Cumpre observar que, apesar de divergências doutrinárias, entendo que o nosso sistema jurídico adota a teoria da culpa *in concreto*.

6. CULPA EXCLUSIVA E CULPA CONCORRENTE DA VÍTIMA

Quando se analisa o caso concreto, para se averiguar a responsabilidade do agente por fato danoso, em muitas situações é possível concluir que o agente, ainda que tenha provocado o dano, não teve culpa nenhuma pelo evento, pois a culpa foi toda da vítima. Noutras situações pode acontecer de haver culpa de ambas as partes, ou seja, ambos foram culpados pelo acontecimento. Vejamos as duas situações.

6.1 Culpa exclusiva da vítima

Advirta-se, por primeiro, que o nosso atual Código Civil, assim como o antigo de 1916, não prevê de forma direta a culpa exclusiva da vítima como causa exonerativa de responsabilidade. No atual Código Civil, a única menção à culpa exclusiva da vítima é encontrada no art. 936, que cuida da guarda de animal e isenta de responsabilidade o dono ou detentor por danos, se provar culpa da vítima.[6]

Apesar disso, a doutrina e a jurisprudência se encarregaram de suprir essa lacuna, pois quando se alude a ato ou fato exclusivo da vítima estamos em verdade falando da quebra do nexo de causalidade entre o evento danoso e a conduta do agente.

Mesmo ausente na legislação codificada, a culpa exclusiva da vítima encontra previsão em diversas leis esparsas, sendo inclusive uma das causas de exclusão da responsabilidade objetiva. A título de exemplo, veja-se a Lei das Estradas de Ferro (Decreto nº 2.681/12, art. 17, II) e o Código de Defesa do Consumidor (Lei nº 8.078/90, art. 12, § 3º, III e 14, § 3º, II).

E há toda uma lógica para assim se considerar. Se a vítima é quem provocou o evento danoso, tendo sido o agente tão somente o instrumento pelo qual o mal se materializou, evidentemente que não há falar-se em indenização. Nesse caso

---

6. CC, Art. 936. O dono, ou detentor, do animal ressarcirá o dano por este causado, se não provar culpa da vítima ou força maior.

não há liame de causalidade entre a ação perpetrada e o resultado lesivo, sendo caso de irresponsabilidade do agente.

Vamos imaginar um motorista dirigindo regularmente seu veículo numa rodovia, quando repentinamente alguém cruza sua frente sem que haja tempo para ele desviar ou frear. Se a vítima do atropelamento sofrer danos ou mesmo morrer, não se poderá imputar responsabilidade ao motorista. Quer dizer, ele foi apenas o instrumento pelo qual o mal se materializou, mas a culpa foi somente do descuidado transeunte.

6.2 Culpa concorrente da vítima

Em outras situações, pode ocorrer que o dano seja o resultado da ação conjunta tanto da vítima quanto do ofensor. Nesse caso, falamos de concorrência de culpas e ao julgador caberá averiguar qual grau de participação de cada um dos envolvidos – vítima e agressor, para distribuir a responsabilidade de forma proporcional à participação de cada qual no evento. A ideia é de proporcionalidade, isto é, autor e vítima concorrerão na proporção de suas culpas, para recomposição do prejuízo ocasionado (CC, art. 945).[7]

Apenas a título de curiosidade, a culpa concorrente da vítima era tão somente uma construção doutrinária e jurisprudencial, na medida em que não existia a sua expressa previsão tanto no Código Civil de 1916, quanto em legislação esparsa, lacuna essa suprida pelo novo Código Civil de 2002.

7. DA CULPA PRESUMIDA

A partir da revolução industrial, em razão de algumas atividades desenvolvidas (minas, transportes, tecelagem etc.), constatou-se que responsabilidade civil fundada exclusivamente na culpa não atendia de forma adequada a necessidade de solução para os diversos novos casos, fazendo surgir a preocupação mais voltada para a questão da justa indenização para a vítima.

A teoria da culpa presumida não exclui a teoria clássica da responsabilidade civil, pois ainda haverá necessidade de provar a culpa. A novidade fica por conta da posição privilegiada em que se coloca a vítima, no que diz respeito ao ônus probatório, que, nessa circunstância, passará a ser dever do agente causador do dano (inversão do ônus da prova).

---

7. CC, Art. 945. Se a vítima tiver concorrido culposamente para o evento danoso, a sua indenização será fixada tendo-se em conta a gravidade de sua culpa em confronto com a do autor do dano.

Quer dizer, ao ofendido caberá provar o dano e a ação ou omissão perpetrada pelo agente causador do dano e o respectivo nexo causal, mas não necessitará provar a culpa do infrator. A culpa, que continua sendo requisito obrigatório, se inexistente, deverá ser provada pelo agente que praticou o ato e causou o dano. Se o agente não provar a inexistência de culpa pelo seu ato, arcará com as responsabilidades pelos danos que seu ato tenha causado a terceiros.

7.1 Das presunções de culpa presumida

Importante salientar que a presunção de culpa somente ocorre, via de regra, nos casos expressamente previstos em lei.

Porém, por exceção, podem ser criadas pela atuação dos magistrados, tendo em vista que o Código de Processo Civil autoriza que o juiz possa julgar com base na experiência do que ordinariamente acontece no cotidiano (CPC, art. 375).[8]

A hipótese mais conhecida de presunção de culpa criada pelos tribunais é a do motorista que bate na traseira de outro veículo. Essa presunção se explica facilmente pelas regras normais de experiência, tal fato somente pode ocorrer em face de: falta de atenção do motorista que, por exemplo, falava ao celular; ou o mesmo não guardava a distância regulamentar em razão do veículo que lhe seguia à frente; ou ainda, transitava em excessiva velocidade e não teve tempo hábil para frear seu veículo; ou, finalmente, as más condições de tráfego do veículo com freios ou pneus sem a devida conservação.

Advirta-se, contudo que essa presunção é relativa e, por conseguinte, pode ser ilidida pela contraprova a ser realizada pelo eventual causador do dano.

7.2 Diferença entre culpa presumida e responsabilidade objetiva

Não se pode confundir culpa presumida (presunção juris tantum), com responsabilidade objetiva (presunção juris et de jure). Ambos são institutos diferentes.

No sistema de culpa presumida, ainda que haja o deslocamento do ônus probatório, o agente se eximirá do dever indenizatório se provar que agiu com diligência, com prudência ou com a perícia esperada para o ato praticado, ou seja, se provar que não agiu com culpa. Já na responsabilidade objetiva, não se

8. CPC, Art. 375. O juiz aplicará as regras de experiência comum subministradas pela observação do que ordinariamente acontece e, ainda, as regras de experiência técnica, ressalvado, quanto a estas, o exame pericial.

discutirá o elemento culpa porquanto a responsabilidade derivará do risco da atividade ou das outras várias modalidades de risco ou, ainda, de fato estabelecido em lei, sendo caso de responsabilidade sem culpa.

Verifica-se, assim, que a culpa presumida é uma teoria intermediária na evolução da teoria da responsabilidade civil, situando-se entre a responsabilidade subjetiva pura (a vítima tem que provar a culpa do agente) e a responsabilidade objetiva (nessa não há necessidade de provar a culpa). Pela teoria da culpa presumida, a situação do lesado melhora substancialmente porquanto se estabelece uma presunção de culpa, quer dizer, o agente é culpado até prova em contrário. Mais importante, quem tem que fazer essa prova de que não houve culpa é o ofensor, não a vítima.

8. DO GRAU DE CULPA E SEUS REFLEXOS NO *QUANTUM* INDENIZATÓRIO

Já comentamos que o grau de culpa (grave, leve e levíssima) tem pouco ou nenhuma relevância quanto à responsabilização do agente causador de dano. Porém, quanto ao valor da indenização, pode cumprir um papel importantíssimo.

No Código Civil, há um dispositivo que confere ao juiz o poder de arbitrar o valor da indenização, podendo até reduzir seu montante, se a condenação se mostrar excessiva e desproporcional frente à lesão e o grau de culpa do agente (CC, art. 944, parágrafo único).[9]

Tal dispositivo choca-se, frontalmente, com a noção geral de que a indenização por responsabilidade civil deve, tanto quanto possível, repor o patrimônio da vítima ao *status* anterior. Quer dizer, o princípio da reparação integral do dano (*restitutio in integrum*) foi ferido de morte.

Por óbvio que pode ser injusto impor a uma pessoa que tenha poupado toda uma vida, indenizar na integralidade um dano que tenha causado, com o risco de vir a perder todo o seu patrimônio para cobrir os valores da indenização em face de uma falta levíssima que tenha cometido. De outro lado, nos parece mais injusto ainda impor à vítima suportar os danos decorrentes da negligência ou imprudência dos outros, sendo que para o evento em nada concorreu.

Injustiça por injustiça, preferimos ficar ao lado da vítima!

---

9. CC, Art. 944. A indenização mede-se pela extensão do dano.
Parágrafo único. Se houver excessiva desproporção entre a gravidade da culpa e o dano, poderá o juiz reduzir, equitativamente, a indenização.

9. DAS EXCLUDENTES DA RESPONSABILIDADE SUBJETIVA

Vamos ter um capítulo próprio nesta obra, no qual iremos tratar do nexo causal e onde serão abordadas as eximentes que, tanto na responsabilidade subjetiva quanto na responsabilidade objetiva, rompem o nexo de causalidade e, portanto, isentam o agente do dever indenizatório. São elas a culpa exclusiva da vítima, o fato de terceiro, o caso fortuito ou de força maior.

Ocorre que existem algumas excludentes que só se aplicam à responsabilidade subjetiva, por isso trataremos delas neste tópico, que são: legítima defesa, exercício regular de um direito, estado de necessidade e estrito cumprimento do dever legal. Vejamos.

9.1 Legítima defesa

Age em legítima defesa quem, de forma moderada, repele um mal grave e injusto, que tanto pode ser atual quanto iminente, que ofereça riscos à própria pessoa ou seus bens (CP, art. 25).[10] Assim, o agente que age em legítima defesa, ainda que venha a causar dano a terceiro, estará eximido do dever de reparar porquanto a lei civil lhe assegura esse direito (CC, art. 188, I).[11]

9.2 Exercício regular de um direito

Também estará isento do dever indenizatório aquele que, agindo dentro dos limites do seu regular direito, cause danos a outrem, porquanto ainda que possa ter provocado o dano, agiu dentro do que o ordenamento jurídico prescreve.

O titular de um direito legalmente assegurado pode utilizá-lo livremente e de acordo com a sua vontade, desde que respeite os limites que a própria lei estabelece. Se agir com excesso, estará configurado o abuso de direito e poderá ser apenado em razão dos excessos que tenha cometido.

Dessa forma o agente que, no exercício regular de seu direito, ainda que venha a causar prejuízos a terceiros, estará isento do dever de arcar com qualquer ônus porquanto a lei considera como justificável o ato praticado (CC, art. 188, I).

9.3 Estado de necessidade

O estado de necessidade está definido no Código Penal que preceitua: "Considera-se em estado de necessidade quem pratica o fato para salvar de pe-

10. CP, Art. 25. Entende-se em legítima defesa quem, usando moderadamente dos meios necessários, repele injusta agressão, atual ou iminente, a direito seu ou de outrem.
11. CC, Art. 188. Não constituem atos ilícitos:
I – os praticados em legítima defesa ou no exercício regular de um direito reconhecido.

rigo atual, que não provocou por sua vontade, nem podia de outro modo evitar, direito próprio ou alheio, cujo sacrifício, nas circunstâncias, não era razoável exigir-se" (CP, art. 24).[12]

Exemplo típico é o do médico que, tendo recebido em seu consultório mulher grávida, estando a mesma em estado de perigo de vida em razão de problemas com a gestação, vem a praticar o abortamento (aborto necessário).[13] Tal acontecimento encontrará justificativas no fato de que praticou tal ato para salvar alguém de perigo atual e, também, no fato de que não podia de outro modo evitar. Assim, para preservar direito alheio (no caso, a vida da gestante), nas circunstâncias, não era razoável exigir-se outra conduta, logo, agiu o médico em estado de necessidade.

Dessa forma, o estado de necessidade estará caracterizado quando a ofensa ao direito alheio tenha sido perpetrada com a finalidade de remover perigo iminente, quando as circunstâncias o tornarem absolutamente necessário, desde que exercidos dentro dos limites do indispensável para a remoção do perigo.

9.4 Estrito cumprimento do dever legal

Estrito cumprimento do dever legal é o agir dentro dos limites delineados no próprio regramento jurídico. A sua natureza jurídica é a de "causa excludente de ilicitude", ou seja, ainda que praticando um fato típico e dele tenha decorrido lesão, a conduta do agente será considerada lícita, se tiver agido em "estrito cumprimento do dever legal" (CP, art. 23, III).[14]

Age dentro dos limites de estrito cumprimento do dever legal o policial que, por exemplo, tendo o dever legal de agir na defesa e manutenção da segurança pública, faz uso de força intimidatória (não abusiva) para deter um suspeito em face de clamor popular. Poderá estar sendo sacrificado um bem juridicamente protegido (direito à liberdade), para garantir a manutenção da ordem pública e a integridade física do suposto infrator.

Nessas circunstâncias, se ocorrerem excessos, estar-se-á frente ao excesso ou abuso de poder, fato este que poderá gerar responsabilização para a autoridade que o tenha praticado.

---

12. CP, Art. 24. Considera-se em estado de necessidade quem pratica o fato para salvar de perigo atual, que não provocou por sua vontade, nem podia de outro modo evitar, direito próprio ou alheio, cujo sacrifício, nas circunstâncias, não era razoável exigir-se.
13. O aborto necessário é aquele em que não há outro meio de salvar a vida da gestante. É também conhecido como aborto terapêutico e está previsto no art. 128, I do Código Penal.
14. CP, Art. 23. Não há crime quando o agente pratica o fato:
    I – em estado de necessidade;
    II – em legítima defesa;
    III – em estrito cumprimento de dever legal ou no exercício regular de direito.

Lição 16
DO RISCO (RESPONSABILIDADE OBJETIVA)

1. DA CULPA AO RISCO, EVOLUÇÃO DA TEORIA

Tivemos oportunidade de estudar, na lição anterior, que, passada a fase em que a responsabilização do ofensor se dava através de retaliação promovida pelo ofendido, como instrumento tão somente de vingança (Código de Hamurabi), chegou-se ao instituto pelo qual o ofensor respondia mediante a verificação da culpa ou dolo, em face do ato praticado (*Lex Aquilia*).

Vimos depois que, em razão da dificuldade de fazer-se a prova da culpa de quem praticou o ato lesivo, a doutrina e a jurisprudência desenvolveram a teoria da culpa presumida, pela qual caberia ao ofensor demonstrar que não procedeu com culpa ou dolo, melhorando substancialmente a situação da vítima.

Agora veremos a questão da responsabilidade civil objetiva (sem culpa), isto é, segundo a ótica da teoria do risco, abordando suas peculiaridades e a evolução histórica de tal preceito.

2. SURGIMENTO DA TEORIA DO RISCO

A formulação da teoria do risco remonta à França do século XIX e significou uma verdadeira revolução nos conceitos de responsabilização civil, tendo sido

Raymond Saleilles[1] o responsável por propor, nos idos de 1897, uma nova teoria para tratar dos problemas decorrentes dos acidentes do trabalho. Essa teoria ganhou contornos mais amplos e definidos a partir de Louis Josserand,[2] seu maior entusiasta e defensor.

Por essa teoria aquele que criou uma atividade de risco deve responder pelos eventuais danos que essa atividade venha a causar, independentemente de ter agido com culpa ou não. *In casu*, a responsabilidade passa a existir tão somente pelo fato do dano, pouco importando a conduta do agente detentor da atividade.

3. JUSTIFICATIVA PARA A TEORIA DO RISCO

As justificativas para a elaboração dessa nova teoria prosperaram a partir da constatação de que a responsabilidade civil baseada somente na culpa (teoria subjetiva) não mais atendia as necessidades de indenizar as vítimas que sofressem acidentes em razão de certas atividades perigosas surgidas a partir da revolução industrial. Constatou-se ademais que seria impossível à vítima fazer a prova contra o causador do dano, em face de determinadas situações, até pela impessoalidade da relação que se estabelecia na chamada vida moderna.

Nesse sentido, cabe indagar: como poderia o empregado provar que o empregador foi culpado pelo acidente que lhe tenha subtraído a capacidade laborativa? Para responder a essa e a outras questões é que foi formulada a teoria do risco profissional, pela qual o ofendido, para ver nascer seu direito à indenização, apenas precisava provar a ocorrência do dano e a relação desse dano com a atividade profissional desenvolvida.

Essa teoria se justifica plenamente, porquanto a ordem jurídica não pode conformar-se com a injusta situação daquele que, tendo sofrido um dano, em razão de atividade previsivelmente perigosa, fique na miséria em face de sua impossibilidade de fazer a prova contra o agente responsável pela atividade que, em última análise, foi a causadora da lesão.

4. A AMPLIAÇÃO DA TEORIA – RISCO DA ATIVIDADE

A teoria do risco foi desenvolvida a partir da constatação de que a responsabilidade fundada na culpa se mostrava insuficiente para que o lesado obtivesse a plena satisfação de seus prejuízos. Essa constatação, que ocorreu inicialmente no

1. Com a obra *Les accidents du travail et la responsabilité civile*, lançado em 1897.
2. Ver a obra *Evolutions et actualités*, lançada em Paris em 1936.

campo dos acidentes do trabalho (o aumento dos riscos causados pelas máquinas, associado à sucessão de acidentes ocorridos, exigia uma solução que protegesse o trabalhador), foi se alargando para contemplar as atividades ditas perigosas, tais como as de transportes, de exploração de minas, de produção de gás e a de exploração de energia nuclear. Nessas situações, a obrigação de reparar o dano surge tão somente do simples exercício da atividade que, em vindo a causar danos a terceiros, fará surgir, para o agente que detenha o controle da atividade, o dever de indenizar.

Dessa forma, constatado que determinadas atividades geridas pelo homem oferecem uma probabilidade de riscos a terceiros, vindo a representar um perigo de dano, justifica-se que no campo da responsabilidade civil seja dado um tratamento jurídico diferenciado para essas atividades.

Assim, atividades potencialmente perigosas, tais como manuseio de armas e explosivos, energia nuclear, exploração de minas, enfim, atividades que oferecem grandes probabilidades de risco para a saúde e para a integridade físico-psíquica das pessoas, em especial dos operários que nelas trabalham, devem ter tratamento diferenciado no que diz respeito ao campo da responsabilidade civil. Nessas circunstâncias, aqueles que desenvolvem atividades potencialmente perigosas devem acautelar-se para que a atividade não venha a causar danos a outrem, porquanto se ocorrente, não poderão se escusar do dever indenizatório, argumentando simplesmente a inexistência de culpa, pois, conforme tese esposada acima, sua responsabilidade será objetiva.

5. EVOLUÇÃO DA TEORIA DO RISCO NO BRASIL

No Brasil, a revolução dos conceitos sobre responsabilidade civil e a aceitação da teoria do risco ocorreu durante o desenrolar do século XX, iniciando-se com a histórica **Lei das Estradas de Ferro** (Decreto nº 2.681, de 7 de dezembro de 1912), que regulou a responsabilidade das estradas de ferro com relação ao transporte de pessoas e de coisas, bem como pelos danos decorrentes da atividade. Continuou com a legislação voltada para proteção dos trabalhadores, notadamente a lei de acidentes do trabalho (Decreto nº 3.724, de 15 de janeiro de 1919), e a própria Consolidação das Leis do Trabalho – CLT (Decreto-Lei nº 5.452 de 1 de maio de 1943), a qual em seu art. 2º definiu o empregador como sendo a empresa, individual ou coletiva, que, assumindo os "riscos" da atividade econômica, admite, assalaria e dirige a prestação pessoal de serviços.

A evolução continuou e chegou mais recentemente à Constituição Federal de 1988, que, dentre outras atividades, estabeleceu que a responsabilidade do

Estado e dos prestadores de serviços públicos tem como fundamento a teoria do risco administrativo (CF, art. 37, § 6º).[3]

Ainda como decorrência da própria Constituição, o legislador ordinário editou o Código de Defesa do Consumidor, que ao determinar que os fornecedores, de produtos ou de serviços, respondem, "independentemente da existência de culpa", pela reparação dos danos causados aos consumidores, adotou a teoria objetiva, fundada no risco da atividade para responsabilizar o fornecedor (Lei nº 8.078/90, art. 12, *caput* e 14, *caput*).[4]

Finalmente, o novo Código Civil de 2002 que, apesar de ainda prestigiar a responsabilidade baseada na culpa, adotou, ainda que subsidiariamente, a teoria do risco como um dos fundamentos da responsabilidade civil (Lei nº 10.406/02, art. 927, parágrafo único e art. 931).[5]

6. A TEORIA DO RISCO NO CÓDIGO CIVIL

Destaque-se que o legislador pátrio foi feliz ao inserir no novo Código Civil a obrigação de reparação do dano, independentemente de culpa, nos casos expressamente previstos em lei, como também em razão de danos decorrentes das atividades que possam ser consideradas de risco e que venham a causar prejuízos a outrem (CC, art. 927, parágrafo único), assim como dos empresários pelos danos causados por produtos colocados em circulação (CC, art. 931).[6]

---

3. CF, art. 37 (omissis).

   § 6º As pessoas jurídicas de direito público e as de direito privado prestadoras de serviços públicos responderão pelos danos que seus agentes, nessa qualidade, causarem a terceiros, assegurado o direito de regresso contra o responsável nos casos de dolo ou culpa.

4. CDC, Art. 12. O fabricante, o produtor, o construtor, nacional ou estrangeiro, e o importador respondem, independentemente da existência de culpa, pela reparação dos danos causados aos consumidores por defeitos decorrentes de projeto, fabricação, construção, montagem, fórmulas, manipulação, apresentação ou acondicionamento de seus produtos, bem como por informações insuficientes ou inadequadas sobre sua utilização e riscos.

   CDC, Art. 14. O fornecedor de serviços responde, independentemente da existência de culpa, pela reparação dos danos causados aos consumidores por defeitos relativos à prestação dos serviços, bem como por informações insuficientes ou inadequadas sobre sua fruição e riscos.

5. CC, Art. 927. (Omissis).

   Parágrafo único. Haverá obrigação de reparar o dano, independentemente de culpa, nos casos especificados em lei, ou quando a atividade normalmente desenvolvida pelo autor do dano implicar, por sua natureza, risco para os direitos de outrem.

   CC, Art. 931. Ressalvados outros casos previstos em lei especial, os empresários individuais e as empresas respondem independentemente de culpa pelos danos causados pelos produtos postos em circulação.

6. Ver também o art. 933, 936 e 938, todos do Código Civil.

Assim, podemos afirmar que é possível nascer a obrigação de indenizar independentemente de qualquer culpa. Havendo previsão legal de responsabilização ou, sendo a atividade considerada de risco, o responsável pela reparação pode até não ter praticado nenhum ilícito, porém, ainda assim, será o responsável pela reparação em razão da determinação legal. Atente-se para o fato de que o dever de indenizar independe da apuração da culpa, bastando a demonstração do nexo de causalidade e a identificação do agente responsável pela atividade.

7. CLASSIFICAÇÃO DOS RISCOS

A doutrina vem se esforçando para classificar as diversas teorias sobre o risco e, dentre essas, podemos identificar: a teoria do risco da atividade ou risco proveito, ou ainda risco criado, teoria do risco profissional, a teoria do risco administrativo, a teoria do risco exacerbado ou excepcional e, finalmente, a teoria do risco integral, que merecerão tópicos apartados a seguir.

7.1 Do risco da atividade, risco criado ou risco proveito

Por essa teoria, quem desenvolve uma atividade com fins de lucros tem que assumir as responsabilidades decorrentes da própria atividade.

A lógica se encontra no fato de que se a atividade resulta em benefícios para seu empreendedor, nada mais justo que o mesmo assuma os riscos pelos prejuízos que, eventualmente, essa atividade possa vir a causar a outrem. Assim, podemos afirmar, utilizando provérbio latino, *ubi comodo, ibi incomodo* (quem usufrui os bônus, deve arcar com os ônus).

Adoção da teoria do risco proveito funda-se, portanto, na premissa de que as perdas decorrentes do dever de indenizar serão compensadas com os lucros obtidos na atividade negocial do agente detentor da atividade causadora do dano.

O novo Código Civil adotou, ainda que parcialmente, a teoria da responsabilidade objetiva, fundada no risco da atividade, pela qual não importa perquirir sobre a conduta do agente causador do dano. Nessas circunstâncias, não se discutirá a culpa do agente, conformando-se a ordem jurídica tão somente com a demonstração de que a atividade é de risco, ainda que regularmente exercida, e o nexo causal entre essa atividade e a agressão aos direitos de terceiros alheios à atividade normalmente desenvolvida (CC, art. 927, parágrafo único, parte final).

Da mesma forma, o Código de Defesa do Consumidor, que também adotou a teoria do risco da atividade, onde a responsabilidade do fornecedor pelo fato do produto ou do serviço é objetiva, ainda que mitigada em razão da possibilidade do fornecedor isentar-se do dever de indenizar se provar a ocorrência de uma das excludentes expressamente previstas, quais sejam: a não colocação do produto ou serviço no mercado; ou, mesmo tendo colocado o produto no mercado, o defeito inexiste; e, por fim, a culpa exclusiva da vítima ou de terceiro (Lei nº 8.078/90, art. 12,§ 3º e art. 14, § 3º).[7]

Embora utilizemos a expressão *risco proveito* como sinônimo de *risco atividade*, é preciso considerar que o dever de indenizar se assenta no fato de que aquele que desenvolve qualquer atividade há de se responsabilizar pelos danos que, eventualmente, sua atividade venha a causar a terceiros. A obtenção de proveito econômico na atividade desenvolvida não é requisito essencial para que se atribua ao empreendedor o dever de indenizar. Como corolário, inexiste qualquer óbice à responsabilização civil daqueles que venham a provocar danos no exercício de atividades não lucrativas.

Veja-se que a responsabilização estatuída no Código Civil está diretamente ligada à atividade normalmente desenvolvida pelo agente (ver o já citado art. 927, parágrafo único). Logo, talvez o mais apropriado fosse utilizar a denominação *risco criado*, expressão tão comumente utilizada por Caio Mario da Silva Pereira, que a defendia por entender que ela seria mais ampla e que permitiria à vítima uma melhor situação processual, na exata medida em que não seria obrigada a provar que a atividade rendia proveitos ou lucros para seu idealizador.

É importante salientar que o risco de que nos fala o Código Civil (art. 927, parágrafo único) e o Código de Defesa do Consumidor (art. 12 e 14, *caput, in fine*) está intimamente ligado ao dever jurídico de respeitar a integridade física, psíquica e patrimonial da vítima. Violado esse dever jurídico, nascerá para o lesado o direito à indenização e, para o detentor da atividade, o dever de indenizar em razão de sua atividade. Nessas circunstâncias, não se discute a existência de culpa do agente, bastando à vítima demonstrar a ocorrência do dano e o nexo de causalidade, para fazer nascer o dever indenizatório, porquanto, trata-se de responsabilidade objetiva.

Esclareça-se, por fim, que o dever de indenizar não decorre de nenhuma proibição do exercício de atividades perigosas, porquanto nenhum dos dois diplomas legais acima mencionados veda atividades perigosas, decorre tão somente em razão dos

7. CDC, Art. 12. (omissis)
§ 3° O fabricante, o construtor, o produtor ou importador só não será responsabilizado quando provar:
I – que não colocou o produto no mercado;
II – que, embora haja colocado o produto no mercado, o defeito inexiste;
III – a culpa exclusiva do consumidor ou de terceiro.
CDC, Art. 14. (omissis)
§ 3° O fornecedor de serviços só não será responsabilizado quando provar:
I – que, tendo prestado o serviço, o defeito inexiste;
II – a culpa exclusiva do consumidor ou de terceiro..

danos que essa atividade possa vir a desencadear. O que a lei procura assegurar é que haja uma integral indenização, de tal sorte que aquele que, tendo sofrido um dano por defeito na realização daquela atividade, possa ter assegurado o direito à indenização, independentemente da discussão acerca da culpa do agente detentor da mesma.

7.2 Do risco profissional

Como já dissemos, essa teoria foi desenvolvida a partir da dificuldade do empregado em produzir os elementos de prova, em face de acidentes do trabalho, que levassem à responsabilização dos empregadores, fosse no tocante às condições desfavoráveis de trabalho, fosse em razão de equipamentos que não oferecessem mínimas condições de segurança, fosse ainda em razão da exaustão a que poderia ter sido submetido o trabalhador em face da longa jornada de trabalho. Esses fatores de difícil comprovação levavam, no mais das vezes, à irresponsabilidade do patrão frente ao empregado, que era agravada pela desigualdade econômica existente entre as partes, onde o empregado era quem mais sofria pressão.

A teoria do risco profissional se assenta no dever de indenizar o trabalhador, sempre que o acidente decorra de sua atividade profissional, ou em função dela, independentemente de culpa do empregador. Nessa categoria se enquadram todos os danos que o trabalhador, de alguma forma, venha a sofrer, tais como a lesão corporal, morte, perda ou redução da capacidade laborativa, dentre outras.

É importante ressaltar que tais acidentes estão cobertos pelo risco profissional desde que decorram da execução do trabalho pelo empregado, seja na própria empresa ou fora dela, incluindo-se também o período de percurso do trabalhador desde sua residência até o local de trabalho e, naturalmente, seu retorno ao lar (horas *in itinere*). Além das questões ligadas diretamente a acidentes, a legislação também oferece guarida ao trabalhador em face das hipóteses de doença profissional adquirida em razão do exercício da atividade.

Aqui não se perquire sobre a culpa do empregador, porquanto a legislação que rege a matéria criou um seguro social com o fim de assegurar o bem-estar social dos trabalhadores. Nesse sentido, a responsabilidade passou a ser assumida pelo Estado, a partir da criação de um fundo de seguridade social, assumindo verdadeiro caráter de seguro social de responsabilidade por acidentes do trabalho, conforme expressamente previsto na Constituição Federal.[8]

8. CF, Art. 201. A previdência social será organizada sob a forma de regime geral, de caráter contributivo e de filiação obrigatória, observados critérios que preservem o equilíbrio financeiro e atuarial, e atenderá, nos termos da lei, a:
I – cobertura dos eventos de doença, invalidez, morte e idade avançada.

Esclareça-se, ademais, que independentemente do recebimento da indenização securitária, o empregado poderá pleitear indenização por responsabilidade civil, acionando o causador do dano, nas circunstâncias em que o empregador tenha agido com dolo ou culpa ou mesmo tenha agravado o risco da atividade, porquanto uma indenização não exclui a outra, conforme expressamente previsto na Constituição Federal que, em seu art. 7º, inciso XXVIII,[9] assegura aos trabalhadores o direito ao seguro em razão de acidentes de trabalho, sem excluir a indenização a que está obrigado o empregador, quando incorrer em dolo ou culpa.[10]

7.3 Do risco administrativo

A evolução da responsabilidade do Estado foi lenta e gradual e levou séculos para atingir o estágio atual, onde a responsabilidade da administração pública passou a ser objetiva.

Vale registrar que houve período em que a irresponsabilidade do Estado era absoluta e total, depois evoluindo para um estágio onde se podia responsabilizar o agente público causador do dano. Noutra fase, passou-se a admitir a responsabilidade do Estado, pelos atos que seus agentes provocassem, porém baseada na culpa, o que, a toda evidência, gerava uma impossibilidade de ressarcimento na medida em que o ônus da prova para os administrados sempre se mostrava extremamente difícil.

Contudo, houve evolução e, por fim, proclamou-se a responsabilidade objetiva do Estado firmando-se essa posição com base nos princípios da equidade e da igualdade de ônus e encargos sociais, porquanto se a atividade administrativa é exercida em benefícios da coletividade é justo que todos respondam pelos riscos de danos que essa atividade possa gerar para os administrados.

A atual Constituição Federal, ao prescrever que "as pessoas jurídicas de direito público e as de direito privado prestadoras de serviços públicos responderão pelos danos que seus agentes, nessa qualidade, causarem a terceiros" (art. 37, § 6º, já citado), adotou claramente a responsabilidade objetiva, fundada na teoria do risco administrativo.

Dessa forma, a lei procurou compensar a enorme desigualdade existente entre o particular e o Estado, estabelecendo que não caberia discutir a culpa do

9. CF, Art. 7º (Omissis).
XXVIII – seguro contra acidentes de trabalho, a cargo do empregador, sem excluir a indenização a que este está obrigado, quando incorrer em dolo ou culpa.

10. Da mesma forma, ver a Lei nº 8.213/91, Art. 121. O pagamento, pela Previdência Social, das prestações por acidente do trabalho não exclui a responsabilidade civil da empresa ou de outrem.

agente causador do dano, mas tão somente o nexo de causalidade entre o evento, o dano e o ato omissivo ou comissivo da administração, para fazer surgir o dever indenizatório. Com a adoção da teoria do risco administrativo, a vítima não precisa demonstrar a culpa da administração ou de seus agentes, pois tal teoria tem como fundamento o risco da atividade pública em relação aos particulares. Ao Estado cabe o ônus de provar a culpa concorrente ou exclusiva da vítima, para excluir ou atenuar os prejuízos, assim como também se isentará se provar a existência de caso fortuito ou força maior.

7.4 Do risco exacerbado ou excepcional

Pela teoria do risco exacerbado, o agente responsável pela atividade será obrigado a indenizar, independentemente de culpa, na eventualidade da ocorrência de dano a outrem porque o fundamento da reparação repousa na potencialidade de risco que a atividade encerra em si mesma.

Exemplo de situação de risco extremado é aquele que diz respeito às atividades nucleares. A própria Constituição Federal, reconhecendo a potencialidade de risco dessa atividade, estabelece normas quanto à instalação de serviços nucleares, ao fixar que as usinas que operam com reator nuclear somente poderão ser instaladas em local definido em lei federal (art. 225, § 6º).[11] Além disso, estabelece também que a responsabilidade estatal pelos danos nucleares independe da existência de culpa, exatamente em razão da potencialidade de risco inerente à atividade (art. 21, XXIII, *d*).[12]

Constata-se assim que, considerando-se a atividade potencialmente de risco que representa a operação de usinas nucleares, é nosso entendimento que, na eventual ocorrência de dano, a indenização deverá se materializar sem que se possa falar nas tradicionais excludentes de responsabilidade, porquanto essa atividade estatal é fundada no risco-perigo, não cabendo invocar fato de terceiro ou mesmo o caso fortuito e de força maior, porquanto a lei que regula a matéria somente fala em exoneração por culpa exclusiva da vítima (em relação tão somente a ela própria), e nas situações em que a causa direta seja decorrente de conflito armado, guerra ou insurreição.[13]

---

11. CF, Art. 225 (Omissis).
    § 6º As usinas que operem com reator nuclear deverão ter sua localização definida em lei federal, sem o que não poderão ser instaladas.
12. CF, Art. 21 (Omissis)
    d) a responsabilidade civil por danos nucleares independe da existência de culpa.
13. Ver Lei nº 6.453/77, especialmente arts. 6º e 8º.

Verifica-se, assim, que a teoria do risco exacerbado praticamente se equipara à teoria do risco integral, na exata medida em que não admite as excludentes tradicionais. Tal se justifica, como já dissemos, em razão de a atividade ser de grande periculosidade, oferecendo risco para o conjunto da sociedade, de tal sorte que não se pode perquirir sobre caso fortuito, força maior e culpa de terceiro.

Dentre outras atividades que se podem enquadrar dentre aquelas que oferecem perigo extremo, não só para os trabalhadores que atuem na atividade, mas, sobretudo, para o conjunto da sociedade, podemos mencionar o uso e manuseio de fogos de artifícios e explosivos; uso e manuseio de pólvora e fabrico de armas de fogo; uso, manuseio e transportes de substâncias inflamáveis, líquidas ou gasosas; uso, manuseio e distribuição de produtos tóxicos, dentre outros.

7.5 Do risco integral

A teoria do risco integral é a mais extremada, pois não comporta discutir a existência de excludentes, sendo que o agente será responsabilizado sempre que ocorrer prejuízo, independentemente de sua participação na atividade geradora do dano. Por essa teoria, o caso fortuito ou de força maior, assim como a culpa exclusiva da vítima ou o fato de terceiro, não têm força para excluir o dever de indenizar.

Essa teoria, em razão do rigorismo, encontra razão de ser em situações em que a indenização tem mais um caráter de seguro social do que de responsabilidade civil propriamente dita, como por exemplo, nos acidentes de trabalho em que, independentemente de culpa do patrão ou do próprio empregado, o acidentado faz jus a uma indenização, provando tão somente a ocorrência do dano (INSS).

Outra situação a exemplificar o risco integral é o seguro obrigatório de veículo – o DPVAT (Lei nº 6.194/74), pelo qual a vítima será indenizada mesmo nos casos em que o veículo não possa ser identificado ou nas situações em que a culpa tenha sido exclusiva da vítima. Se dúvida restar, veja-se o que diz o art. 5º, da lei em referência, que preceitua: "O pagamento da indenização será efetuado mediante simples prova do acidente e do dano decorrente, independentemente da existência de culpa, haja ou não resseguro, abolida qualquer franquia de responsabilidade do segurado."

Nessas situações, a vítima do dano ou seus sucessores farão jus à indenização, provando tão somente a existência do dano em razão do acidente de trabalho ou do acidente de trânsito, não tendo que provar se o agente agiu com culpa ou dolo, se houve concorrência de terceiro ou da própria vítima, nem mesmo o caso fortuito ou a força maior.

A rigorosa teoria do risco integral também está presente na legislação protetiva do meio ambiente (**atenção: há quem discorde**). Pelo nosso entendimento, sempre que ocorrer um dano ambiental, não se há de perquirir sobre o grau de culpa ou dolo do agente, ou mesmo das excludentes clássicas da responsabilidade civil, como caso fortuito ou força maior e fato de terceiro. Nessas circunstâncias, a responsabilidade é objetiva integral e a responsabilização do agente detentor da atividade se dará independentemente da prova de causalidade entre a sua conduta e o evento danoso ocorrido.

Se dúvida restar, veja-se que a lei que dispõe sobre a política nacional do meio ambiente (Lei nº 6.938/81), em seu art. 14, § 1º, prevê, expressamente, que o poluidor é obrigado, independentemente de existência de culpa, a indenizar ou reparar os danos causados ao meio ambiente e a terceiros, afetados por sua atividade.[14] Se a lei diz independente de culpa, significa que adotou a responsabilidade objetiva, e nesse caso fundada no risco integral, porquanto referido diploma legal não fala em excludentes de responsabilidade, o que justifica a posição majoritária da doutrina nacional.

Verifica-se, assim, que a teoria do risco integral é exceção que somente se justifica ou, em razão da necessidade de socialização dos riscos, como nos casos dos seguros sociais ou, em atividades cujo interesse da coletividade seja de tamanha relevância, que se sobreponha aos interesses individuais, como no exemplo da defesa do meio ambiente.

8. EXCLUDENTES DE RESPONSABILIDADE

As excludentes de responsabilidade, em se tratando de responsabilidade objetiva, são: culpa exclusiva da vítima, fato de terceiro, força maior e caso fortuito. Como já salientamos, cabe observar que, em se tratando de responsabilidade objetiva pelo risco exacerbado, essas excludentes se resumem a duas que são: culpa exclusiva da vítima (apenas com relação a ela mesma) e força maior (nos casos especificados em lei: motins, guerra ou insurreição).

Contudo, abordaremos esta matéria em detalhes quando tratarmos do nexo causal (Lição 20), porquanto as eximentes acima nominadas, por romperem o nexo de causalidade, estarão mais bem colocadas neste tópico específico.

---

14. Lei nº 6.938/81, Art. 14 (Omissis).

§ 1º Sem obstar a aplicação das penalidades previstas neste artigo, é o poluidor obrigado, independentemente da existência de culpa, a indenizar ou reparar os danos causados ao meio ambiente e a terceiros, afetados por sua atividade. O Ministério Público da União e dos Estados terá legitimidade para propor ação de responsabilidade civil e criminal, por danos causados ao meio ambiente.

Lição 17
RESPONSABILIDADE CIVIL POR ABUSO DE DIREITO

1. CONCEITO DE ABUSO DE DIREITO

Comete abuso de direito aquele que, ao exercer um direito legítimo, o faz com intuito meramente emulatório, em dissonância com os princípios da boa-fé, dos costumes e da moral, ou ainda quando o exerce com desvio de finalidade excedendo os limites impostos por sua finalidade econômica ou social, causando danos ou incômodos a terceiros.

2. DIFICULDADE DE IDENTIFICAÇÃO DO ATO ABUSIVO

A teoria do abuso do direito, como instrumento hábil a ensejar indenização como decorrência de responsabilização civil, é matéria das mais controversas, exatamente por situar-se numa linha muito tênue entre o exercício regular de um direito e o exercício abusivo desse mesmo direito. Por ser questão eminentemente ética, a sua medida e quantificação é de difícil enquadramento, o que não significa dizer que seja impossível.

3. POSITIVAÇÃO DO ABUSO DE DIREITO

O Código Civil de 2002 corrigiu a falha do Código anterior e inseriu expressamente em seu corpo normativo a previsão do abuso de direito ao preceituar que "também comete ato ilícito o titular de um direito que, ao exercê-lo, excede manifestamente os limites impostos pelo seu fim econômico ou social, pela boa-fé ou pelos bons costumes" (CC, art. 187),[1] de tal sorte que, na sistemática atual, a norma civil condena expressamente o exercício abusivo de qualquer direito subjetivo.

O novo *Civile Codex* nada mais fez do que positivar aquilo que a doutrina de há muito preconizava, pois não se pode admitir que alguém no uso de seus direitos possa, de forma premeditada e sem nenhuma utilidade, direcionar o uso desse direito somente para prejudicar outrem.

4. CRITÉRIOS DE IDENTIFICAÇÃO DO ABUSO DE DIREITO

Os elementos que permitem identificar a ocorrência do abuso de direito são quatro, quais sejam: a) conduta humana com intenção de causar dano a outrem (dolo); b) conduta humana decorrente do exercício abusivo do direito regularmente garantido (culpa); c) desvio de finalidade, seja econômica ou social (falta de interesse legítimo); e d) desvio ético de conduta (boa-fé e moral).

4.1 A conduta humana com intenção premeditada de causar dano a outrem (dolo)

É a primeira categoria que cabe analisar. Essa é a forma mais tradicional, típica mesmo, do uso abusivo de direito. Aliás, na origem do desenvolvimento dessa teoria no direito francês, foi na intenção premeditada de causar dano a outrem que Josserand, se abeberando na fonte cultivada por Saleilles, buscou inspiração para a formulação da teoria e do conceito do abuso de direito.

> **Por exemplo:** demarcar um imóvel, urbano ou rural, seja com muro ou cerca ou com outro tipo de marco divisório, é um direito de qualquer proprietário (CC, art. 1.297, *caput*).[2] Ocorre que uma cerca ou um muro tem limites que a praxe conhece, em razão de sua finalidade ou utilidade.

---

1. CC, Art. 187. Também comete ato ilícito o titular de um direito que, ao exercê-lo, excede manifestamente os limites impostos pelo seu fim econômico ou social, pela boa-fé ou pelos bons costumes.
2. CC, Art. 1.297. O proprietário tem direito a cercar, murar, valar ou tapar de qualquer modo o seu prédio, urbano ou rural, e pode constranger o seu confinante a proceder com ele à demarcação entre os dois prédios, a aviventar rumos apagados e a renovar marcos destruídos ou arruinados, repartindo-se proporcionalmente entre os interessados as respectivas despesas.

Não se concebe seja regular, por exemplo, uma cerca ou muro que tenha cinco ou seis metros de altura. Se isso ocorrer, há que se indagar o que efetivamente pretende o proprietário do imóvel com essa cerca ou muro completamente fora dos padrões usuais.

4.2 Conduta humana decorrente do exercício abusivo do direito regularmente garantido (culpa)

Às vezes, o exercício de um direito pode restar abusivo, independentemente da vontade do seu proprietário. E isso pode ocorrer porque muitas vezes, em razão da vida turbulenta do cidadão nos tempos atuais, o exercício de um direito regularmente assegurado pode causar dano a outrem, mesmo que seu titular o tenha exercido dentro dos seus limites. Quer dizer, não basta exercer o direito dentro de certa regularidade, é necessário que esse exercício se realize corretamente, sem prejudicar ninguém.

O Código Civil, por exemplo, estabelece a proibição de execução de qualquer obra ou serviço que ofereça risco de provocar desmoronamento ou deslocamento de terra, ou que comprometa a segurança do prédio vizinho, a não ser que sejam realizadas, antecipadamente, as obras acautelatórias necessárias. Contudo, mesmo que tenham sido realizadas as obras de contenção, se sobrevierem prejuízos para o prédio vizinho, o prejudicado poderá exigir o ressarcimento dos prejuízos que lhe possam ter sido causados em razão das obras realizadas (CC, art. 1.311).[3]

Quer dizer, ainda que o dano se origine de um ato culposo, a obrigação de indenizar permanecerá incólume, porque a responsabilidade com relação ao instituto *sub oculum* se contenta com a demonstração do dano e do nexo de causalidade.

4.3 Desvio de finalidade, seja econômica ou social (falta de interesse legítimo)

Pode também ocorrer que o exercício de um determinado direito ocorra desviado de sua finalidade econômica ou social. Se isso ocorrer, diremos que estará faltando ao seu titular um interesse legítimo de agir.

3. CC, Art. 1.311. Não é permitida a execução de qualquer obra ou serviço suscetível de provocar desmoronamento ou deslocação de terra, ou que comprometa a segurança do prédio vizinho, senão após haverem sido feitas as obras acautelatórias.

Parágrafo único. O proprietário do prédio vizinho tem direito a ressarcimento pelos prejuízos que sofrer, não obstante haverem sido realizadas as obras acautelatórias.

Ademais, não se pode descurar de que o direito de propriedade não é mais absoluto e exclusivo, tendo em vista que a propriedade, por determinação constitucional, deve cumprir sua função social (CF, art. 5º, XXIII e art. 170, III),[4] cujo objetivo maior está vinculado à perspectiva de uma sociedade mais justa e igualitária, em que as riquezas possam ser de caráter privado, mas também sirvam aos interesses da coletividade.

4.4 Desvio ético de conduta (boa-fé, moral e costumes)

Por fim, cabe analisar o desvio de conduta ético-moral na realização de qualquer direito por seu titular. É a questão da boa-fé, da moral e dos bons costumes.

Com a positivação do abuso de direito, alicerçado especialmente na boa-fé, cremos que o antigo ditado que aduzia "tudo o que não é proibido é permitido" deixa de ter validade, tendo em vista que o exercício regular de um direito garantido poderá ser considerado como ilícito se exceder os limites impostos pela boa-fé, pela sua função social, pela moral e pelos costumes. Aliás, o princípio da boa-fé existe exatamente para limitar o exercício dos direitos subjetivos dos participantes de qualquer negócio jurídico e está positivado em diversas passagens de nosso Código Civil.[5]

Quer dizer, deverá haver uma proporcionalidade no uso do direito, pautada pela lealdade e de conformidade com a função social da propriedade e do contrato.

O princípio da boa-fé objetiva serve como um freio para reprimir condutas abusivas, desleais e contrárias à ética, decorrendo dela algumas proibições de comportamento:

a) ***Venire contra factum proprium***:

É representado pelo comportamento contraditório assumido por um dos contratantes em relação ao seu proceder anterior. Por exemplo: vamos supor que uma administradora de cartão de crédito aceita com regularidade

---

4. CF, Art. 5º Todos são iguais perante a lei, sem distinção de qualquer natureza, garantindo-se aos brasileiros e aos estrangeiros residentes no País a inviolabilidade do direito à vida, à liberdade, à igualdade, à segurança e à propriedade, nos termos seguintes:

   (Omissis).

   XXIII – a propriedade atenderá a sua função social;

   CF, Art. 170. A ordem econômica, fundada na valorização do trabalho humano e na livre-iniciativa, tem por fim assegurar a todos existência digna, conforme os ditames da justiça social, observados os seguintes princípios:

   (Omissis).

   III – função social da propriedade.

5. Diversos artigos do novo Código Civil tratam da boa-fé, direta ou indiretamente, como, por exemplo, os arts. 113, 309, 422, 765 e 1201, dentre outros.

que seus clientes paguem com atraso as faturas (depois cobrando juros e outros encargos). Passado certo tempo, não pode invocar o pagamento com atraso como motivo para rescisão do contrato.

b) ***Tu quoque***:

Se fundamenta na ideia de que a ninguém é dado o direito de invocar normas jurídicas a seu favor, após tê-las descumprido, tendo em vista que não se pode adquirir direitos de má-fé. Um típico exemplo desse comportamento é *exceptio non adimpleti contractus* (CC, art. 476).[6] Este instituto visa impedir o oportunismo de uma das partes que não pode se beneficiar de um comportamento abusivo.

c) ***Supressio***:

Que se configura na hipótese de uma das partes deixar de exercer, durante longo período, uma determinada faculdade jurídica e, depois, sem uma justificativa plausível, resolver exigir o cumprimento da medida que, por sua inércia, poderia ser considerada como não mais exigível. Vamos supor que um contrato de locação de equipamentos está se findando e o locador notifica o locatário de que não pretende manter a locação; vencido o prazo, o locatário continua com os equipamentos e o locador continua a emitir faturas cobrando os locativos; depois de algum tempo não pode o locador querer acionar o locatário para, por exemplo, querer receber diferenças do preço da locação, entre o que consta no contrato e o preço praticado no dia.

d) ***Surrectio***:

Significando que, pela prática continuada de um dado procedimento, um novo direito pode ser criado contratualmente. Vamos imaginar que um contrato de locação previa que os pagamentos deveriam ser realizados no domicílio do credor; durante a locação os pagamentos foram sempre efetuados no domicílio do devedor; nesse caso, não pode o credor alegar descumprimento do contrato, pois aceitou, sem fazer nenhuma ressalva, que o local de pagamento fosse alterado na prática.

5. EXEMPLOS DE ABUSO DE DIREITO NA LEGISLAÇÃO BRASILEIRA

Diversos exemplos de abuso de direito podem ser encontrados na legislação pátria, autorizando o ofendido a buscar indenização a título de responsabilidade civil, ou a obtenção de medida que obrigue o desfazimento de ato e de coisas.

---

6. CC, Art. 476. Nos contratos bilaterais, nenhum dos contratantes, antes de cumprida a sua obrigação, pode exigir o implemento da do outro.

5.1 No Código Civil

Além da expressão genérica contida no art. 187, o legislador fez inserir diversos outros comandos condenando o abuso de direito. Dentre outros, veja-se o art. 1.277[7] do Código Civil que, regulando as relações de vizinhança, autoriza o proprietário ou possuidor a fazer cessar qualquer interferência que prejudiquem sua segurança, sossego ou saúde. Da mesma forma, os arts. 939 e 940, que tratam das demandas por dívida já paga ou ainda não vencida, ou ainda os arts. 1.637 e 1.638, que regulam o abuso de direito no que diz respeito ao poder familiar.

Também o art. 1.290[8] e seguintes, ainda do novo Código Civil, que, disciplinando o uso das águas, estabelecem que o proprietário pode fazer uso, desde que não prejudique a terceiros, pois, se assim o fizer, nascerá para o prejudicado o direito de reagir ao exercício abusivo dos poderes do titular do domínio. Da mesma forma as seções seguintes, que tratam dos limites entre prédios e do direito de tapagem (ver CC, arts. 1.297 e ss.), assim como os artigos que regulam o direito de construir (ver CC, arts. 1299 e ss.).

5.2 No Código de Processo Civil

No direito processual civil, tais práticas são mais visíveis e o Código de Processo Civil fornece instrumentos eficazes aos juízes para que reprimam tais atitudes das partes que poderão ser condenadas a ressarcir não somente por perdas e danos (CPC, art. 79),[9] como poderão ser multadas em percentual de 1% (um por cento) a 10% (dez por cento) sobre o valor da causa, além de arcar com as custas do processo e os honorários advocatícios (CPC, art. 81, *caput*),[10] em face do descumprimento dos deveres de lealdade e boa-fé (CPC, art. 77).[11]

---

7. CC, Art. 1.277. O proprietário ou o possuidor de um prédio tem o direito de fazer cessar as interferências prejudiciais à segurança, ao sossego e à saúde dos que o habitam, provocadas pela utilização de propriedade vizinha.

   Parágrafo único. Proíbem-se as interferências considerando-se a natureza da utilização, a localização do prédio, atendidas as normas que distribuem as edificações em zonas, e os limites ordinários de tolerância dos moradores da vizinhança.
8. CC, Art. 1.290. O proprietário de nascente, ou do solo onde caem águas pluviais, satisfeitas as necessidades de seu consumo, não pode impedir, ou desviar o curso natural das águas remanescentes pelos prédios inferiores.
9. CPC, Art. 79. Responde por perdas e danos aquele que litigar de má-fé como autor, réu ou interveniente.
10. CPC, Art. 81. De ofício ou a requerimento, o juiz condenará o litigante de má-fé a pagar multa, que deverá ser superior a um por cento e inferior a dez por cento do valor corrigido da causa, a indenizar a parte contrária pelos prejuízos que esta sofreu e a arcar com os honorários advocatícios e com todas as despesas que efetuou.
11. CPC, Art. 77. Além de outros previstos neste Código, são deveres das partes, de seus procuradores e de todos aqueles que de qualquer forma participem do processo:

    I – expor os fatos em juízo conforme a verdade;

Também no processo de execução, as sanções são expressas e claras, no sentido de apenar aquele que no uso abusivo de seu direito vier a propor execução sem fundamento, pois, se ao final for a obrigação declarada inexistente, lhe gerará, por via de consequência, a obrigação de indenizar, pelos danos que tenha causado, ao demandado (CPC, art. 776[12] e art. 774).[13]

II – não formular pretensão ou de apresentar defesa quando cientes de que são destituídas de fundamento;

III – não produzir provas e não praticar atos inúteis ou desnecessários à declaração ou à defesa do direito;

IV – cumprir com exatidão as decisões jurisdicionais, de natureza provisória ou final, e não criar embaraços à sua efetivação;

V – declinar, no primeiro momento que lhes couber falar nos autos, o endereço residencial ou profissional onde receberão intimações, atualizando essa informação sempre que ocorrer qualquer modificação temporária ou definitiva;

VI – não praticar inovação ilegal no estado de fato de bem ou direito litigioso.

§ 1º Nas hipóteses dos incisos IV e VI, o juiz advertirá qualquer das pessoas mencionadas no caput de que sua conduta poderá ser punida como ato atentatório à dignidade da justiça.

§ 2º A violação ao disposto nos incisos IV e VI constitui ato atentatório à dignidade da justiça, devendo o juiz, sem prejuízo das sanções criminais, civis e processuais cabíveis, aplicar ao responsável multa de até vinte por cento do valor da causa, de acordo com a gravidade da conduta.

§ 3º Não sendo paga no prazo a ser fixado pelo juiz, a multa prevista no § 2º será inscrita como dívida ativa da União ou do Estado após o trânsito em julgado da decisão que a fixou, e sua execução observará o procedimento da execução fiscal, revertendo-se aos fundos previstos no art. 97.

§ 4º A multa estabelecida no § 2º poderá ser fixada independentemente da incidência das previstas nos arts. 523, § 1º, e 536, § 1º.

§ 5º Quando o valor da causa for irrisório ou inestimável, a multa prevista no § 2º poderá ser fixada em até 10 (dez) vezes o valor do salário-mínimo.

§ 6º Aos advogados públicos ou privados e aos membros da Defensoria Pública e do Ministério Público não se aplica o disposto nos §§ 2º a 5º, devendo eventual responsabilidade disciplinar ser apurada pelo respectivo órgão de classe ou corregedoria, ao qual o juiz oficiará.

§ 7º Reconhecida violação ao disposto no inciso VI, o juiz determinará o restabelecimento do estado anterior, podendo, ainda, proibir a parte de falar nos autos até a purgação do atentado, sem prejuízo da aplicação do § 2º.

§ 8º O representante judicial da parte não pode ser compelido a cumprir decisão em seu lugar.

12. CPC, Art. 776. O exequente ressarcirá ao executado os danos que este sofreu, quando a sentença, transitada em julgado, declarar inexistente, no todo ou em parte, a obrigação que ensejou a execução.

13. CPC, Art. 774. Considera-se atentatória à dignidade da justiça a conduta comissiva ou omissiva do executado que:

I – frauda a execução;

II – se opõe maliciosamente à execução, empregando ardis e meios artificiosos;

III – dificulta ou embaraça a realização da penhora;

IV – resiste injustificadamente às ordens judiciais;

V – intimado, não indica ao juiz quais são e onde estão os bens sujeitos à penhora e os respectivos valores, nem exibe prova de sua propriedade e, se for o caso, certidão negativa de ônus.

Parágrafo único. Nos casos previstos neste artigo, o juiz fixará multa em montante não superior a vinte por cento do valor atualizado do débito em execução, a qual será revertida em proveito do exequente, exigível nos próprios autos do processo, sem prejuízo de outras sanções de natureza processual ou material.

Também aquele que fraudar a execução ou resistir de forma injustificada estará praticando ato atentatório à dignidade da justiça e poderá ser apenado com multa de até 20% do valor atualizado do débito.

5.3 No Código de Defesa do Consumidor

A legislação consumerista (Lei nº 8.078/910) também contemplou a questão em diversas passagens. À guisa de exemplo, ao tratar da desconsideração da personalidade jurídica, o legislador fez consignar que o juiz poderá desconsiderar a personalidade jurídica da sociedade quando, em detrimento do consumidor, houver abuso de direito, excesso de poder, infração da lei, fato ou ato ilícito ou violação dos estatutos ou contrato social (art. 28).[14] Da mesma forma ao prever as práticas e cláusulas abusivas (arts. 39 e 51, respectivamente),[15] dentre outras.

5.4 Em seara trabalhista

Nas relações trabalhistas não é diferente, pois essa é uma figura muito presente nas relações patrões-empregados. Tomemos o exemplo do empregador que, tendo pleno direito de demitir seu empregado, seja por justa ou injusta causa, promove a demissão sob a falsa alegação de prática ilícita. Nesse caso, houve abuso de direito e o patrão poderá, inclusive, ser condenado por danos morais, porquanto seu ato configura uma das situações típicas.

5.5 Na legislação esparsa

Em diversas leis extravagantes encontramos a figura do abuso de direito como, por exemplo, a Lei Antitruste (Lei nº 8.884/94), que prevê a desconsideração da personalidade jurídica por abuso de direito (art. 18); ou a Lei de Greve (Lei nº 7.783/89) que afirma ser abuso do direito de greve a inobservância das normas contidas na presente lei, bem como a manutenção da paralisação após a celebração de acordo, convenção ou decisão da Justiça do Trabalho (art. 14), dentre outros exemplos.

---

14. CDC, Art. 28. O juiz poderá desconsiderar a personalidade jurídica da sociedade quando, em detrimento do consumidor, houver abuso de direito, excesso de poder, infração da lei, fato ou ato ilícito ou violação dos estatutos ou contrato social. A desconsideração também será efetivada quando houver falência, estado de insolvência, encerramento ou inatividade da pessoa jurídica provocados por má administração.
15. Deixamos de colacionar os arts. 39 e 51 do CDC por serem extensas as cláusulas mencionadas. Sugerimos ao leitor verificar na própria lei.

6. A QUESTÃO INDENIZATÓRIA

Se de um lado é de difícil caracterização a prática de um ato tido como abusivo do direito, tarefa mais difícil ainda é buscar uma sentença condenatória que reponha às partes a sua situação anterior. Contudo, essa dificuldade não poderá ser obstáculo à busca da verdade e da justiça, de tal sorte que, ancorando-se na doutrina e, agora, no novo Código Civil, tais abusos poderão ser melhor coibidos.

Não se esqueça de que o ato abusivo ensejará responsabilidade civil nas mesmas condições que o ilícito, submetendo-se aos requisitos ou pressupostos do dever de indenizar, quais sejam: dolo ou culpa, dano e nexo causal.

7. A DIFÍCIL TAREFA DE SEPARAR O JOIO DO TRIGO

Em que pese as dificuldades em se fazer a prova do uso abusivo de um direito, bem como as dificuldades para se definir o *quantum* indenizatório, quando ele não envolva tão somente obrigações de fazer ou não fazer, não se pode deixar de reconhecer que a nossa legislação, apesar de ainda titubeante, começa a dar passos largos na direção daquilo que a doutrina já vinha preconizando.

É louvável a inovação no novo Código Civil que, certamente, servirá como instrumental para frear o ímpeto daqueles que venham a fazer uso anormal de seus direitos. Logo de se concluir que só haverá ato ilícito se houver abuso de direito ou se o uso desse direito for irregular ou anormal ou esteja em desconformidade com os fins sociais e a boa-fé.

De tudo quanto foi exposto, chega-se a uma conclusão inevitável: não é tarefa fácil a distinção do uso legítimo dos instrumentos processuais de defesa e a efetiva comprovação do abuso de direito de defesa e do manifesto propósito protelatório, vez que se trata de expressões vagas, de conceito indeterminado. Da mesma forma que, no campo do direito material, fica também extremamente difícil diferenciar quando um direito legítimo está sendo usado em prejuízo de terceiros ou com abuso pelo seu titular, ou quando tal manejo estará dentro do exercício regular desse mesmo direito.

Capítulo 7

Do dano, da conduta do agente e do nexo causal

LIÇÃO 18
DO DANO INDENIZÁVEL

I – DANO INDENIZÁVEL – NOÇÕES GERAIS

1. CONCEITO DE DANO INDENIZÁVEL

Dano é a agressão ou a violação de qualquer direito, material ou imaterial que, provocado com dolo ou culpa pelo agente (responsabilidade subjetiva) ou em razão de uma atividade desenvolvida (responsabilidade objetiva), cause a uma pessoa, independentemente de sua vontade, uma diminuição de valor de um bem juridicamente protegido, seja de valor pecuniário, valor moral, valor estético ou até mesmo de valor afetivo.

2. A IMPORTÂNCIA DA COMPROVAÇÃO DO DANO

Eis aqui um dos pontos mais importantes da responsabilidade civil – o dano. Não se pode falar em indenizar, recompor ou compensar se não puder provar-se a existência de um dano, ou seja, não há responsabilidade civil sem dano.

Anotem para nunca esquecer: **não há responsabilidade civil sem que se possa provar a existência de um dano.**

3. DO DANO PRESUMIDO

Apesar da necessidade de provar-se o dano, há casos em que a jurisprudência, com base em máximas de experiências, passou a considerar presumido o dano em certas circunstâncias. Assim, quando se tratar de família pobre, a morte de um de seus membros, mesmo menor de idade, pressupõe um prejuízo efetivo, logo dano presumido nos termos da súmula 491 do STF.[1] Nesse caso é possível identificar dois danos: um de caráter patrimonial, representado pelo que a vítima deixará de contribuir para o sustento da família; e outro, de caráter eminentemente moral, em face da perda do ente querido, pela família do *de cujus*.

4. DANO HIPOTÉTICO OU IMAGINÁRIO

Importante frisar que **não se pode confundir o dano presumido com o dano imaginário ou hipotético**, porquanto o pressuposto da reparação civil não pode prescindir da efetiva comprovação de existência de um dano. Assim, somos levados a concluir que o dano precisa ser real e efetivo, ainda que se possa falar em dano futuro em dadas situações, sendo necessária a sua prova, bem como a repercussão no patrimônio do lesado.

> **Por exemplo:** alguém estava atravessando a rua e "quase" foi atropelado por um veículo que desrespeitou o sinal vermelho. Ainda que o motorista tenha cometido uma falta administrativa passível de multa (cruzar o farol vermelho); e ainda que o pedestre tenha tomado um tremendo susto, não se pode falar em responsabilizar o motorista civilmente porque não houve nenhum dano ao transeunte.

5. INDEPENDÊNCIA DO DANO MATERIAL, DO DANO MORAL E DO DANO ESTÉTICO

Um mesmo fato pode gerar de maneira independente tanto um dano material quanto um dano moral ou mesmo um dano estético e, às vezes, todos eles concomitantemente.

---

1. STF Súmula nº 491 – É indenizável o acidente que cause a morte de filho menor, ainda que não exerça trabalho remunerado (3-12-1969 – *DJ* de 10-12-1969, p. 5.931).

A autonomia do dano moral em relação ao dano patrimonial e ao dano estético se justifica por serem fenômenos totalmente diversos. Temos por um lado o dano em seu sentido econômico-material (dano material) e, por outro lado, as perturbações do espírito, os padecimentos afetivos (dano moral), ou ainda, as deformações e aleijões que mutilam ou deformam as pessoas (dano estético).

São questões bem diferentes que possuem uma natureza e características próprias, conforme veremos a seguir.

II – DANO MATERIAL

6. DANO MATERIAL OU PATRIMONIAL

O dano material corresponde àquele comumente chamado de dano patrimonial, onde se encontram as perdas e danos, que engloba o dano emergente, representado pelo prejuízo efetivo e os lucros cessantes, significando o que a vítima razoavelmente deixou de ganhar (CC, art. 402).[2] Evidentemente que o **dano material é aquele que atinge o patrimônio da vítima**, possível de ser quantificado e reparável por meio de uma indenização pecuniária, quando não se possa restituir o bem lesado à situação anterior.

6.1 Dano emergente *(damnum emergens)*

O dano emergente decorre, como o próprio nome diz, da injusta agressão que atinge o patrimônio da vítima, lhe causa uma diminuição de valor. Quer dizer, **é o dano que corresponde ao prejuízo imediato** e mensurável que exsurge do ato lesivo perpetrado.

O exemplo mais simples que podemos ofertar é aquele que decorre de um acidente de veículos em que a vítima, sem ter contribuído para o evento, teve seu carro abalroado e, em razão do acidente, necessitou desembolsar uma soma de dinheiro para providenciar o conserto do veículo (funilaria, pintura, peças etc.). O dano emerge do próprio ato que danificou o veículo. Nesse caso, o prejuízo da vítima será composto por todos os valores que necessitará desembolsar para restaurar as partes atingidas do veículo.

Verifica-se assim que, na reparação do dano emergente, a meta é a restauração do bem lesionado, retornando-o ao *status* anterior, isto é, substituindo as

2. CC, Art. 402. Salvo as exceções expressamente previstas em lei, as perdas e danos devidas ao credor abrangem, além do que ele efetivamente perdeu, o que razoavelmente deixou de lucrar.

partes lesionadas por outras de igual espécie e qualidade. Contudo, isso nem sempre é possível, quando então deverá ser arbitrada uma soma em dinheiro que deverá corresponder ao valor do bem deteriorado ou perdido.

6.2 Lucros cessantes

São os prejuízos sofridos pela vítima (pessoa física ou jurídica), em razão de um acidente ou ato lesivo que lhe causou a interrupção de suas atividades econômicas regulares, causando frustração dos ganhos esperados. Quer dizer, **é o que a vítima deixou de ganhar** legitimamente em razão direta do evento lesivo em que se viu envolvida.

Se tomarmos o exemplo do veículo acima, é só supor que o mesmo era um táxi e que, portanto, seu proprietário dele dependia para prover o seu sustento, bem como de sua família. Logo, além do dano emergente (conserto do veículo) o causador do dano deverá indenizar os lucros cessantes que, nesse caso, corresponderá aos dias em que o motorista ficou impossibilitado de trabalhar, aguardando os serviços de reparos que seriam realizados em seu veículo.

Atente-se para o fato de que não se trata de lucros imaginários ou hipotéticos, mas sim de um ganho futuro, perfeitamente possível de ser esperado e possível também de ser adequadamente quantificado.

6.3 Honorários advocatícios contratuais

Aos valores que venham a ser reconhecidos judicialmente como devidos pelo ofensor à vítima (danos materiais, morais ou mesmo estéticos), deverão ter seu montante atualizado e corrigido quando do efetivo pagamento (correção monetária e juros), a cuja soma deverão ser adicionados os honorários advocatícios contratuais, tendo em vista que **a vítima teve que realizar o desembolso de numerários para contratar advogado** para fazer valer os seus direitos, em face da incúria do agressor (CC, arts. 389, 395 e 404).[3]

> **Atenção:** não confundir com os honorários de sucumbência previstos no Código de Processo Civil (CPC, art. 85, *caput*).[4] Nesse caso estamos falando dos honorários contratuais. Como diria a "filósofa" Carla Perez "uma coisa é uma coisa, outra coisa é outra coisa".

3. Esse tema é melhor explorado quando tratamos de inadimplemento das obrigações (lição 8 de obrigações), para onde remetemos o leitor.
4. CPC, Art. 85. A sentença condenará o vencido a pagar honorários ao advogado do vencedor.

III – DANO MORAL

7. DANO MORAL OU EXTRAPATRIMONIAL

A expressão *dano moral* tem sido utilizada como sinônimo de **qualquer lesão aos direitos personalíssimos, sejam eles danos físicos ou psíquicos, dentre os quais os existenciais, espirituais ou mesmo psicológicos**. Talvez por isso devêssemos utilizar a denominação *dano extrapatrimonial*, que se mostra mais adequado por abarcar todas as hipóteses de agressão aos bens personalíssimos da pessoa humana.

De toda sorte, todas as vezes que utilizarmos a expressão *dano moral*, a mesma deve ser compreendida no seu duplo sentido, tanto lato quanto estrito, conforme seja o caso. Quer dizer, independentemente da eventual imperfeição da nomenclatura utilizada, quando falarmos de dano moral poderemos estar nos reportando tanto ao dano moral puro, quanto ao dano moral com reflexos de caráter patrimonial.

7.1 Conceito de dano moral

Sinteticamente podemos dizer que dano moral é toda agressão injusta àqueles bens imateriais, tanto de pessoa física quanto de pessoa jurídica, e também da coletividade, insusceptível de quantificação pecuniária, porém indenizável com tríplice finalidade: satisfativo para a vítima, dissuasório para o ofensor e de exemplaridade para a sociedade.

Quando se tratar de pessoa física ou natural, se pode dizer que o dano moral decorre da violação do princípio da dignidade da pessoa humana, que atingindo um bem juridicamente protegido, possa lhe ter ocasionado um menoscabo que pode ser representado pela dor (incluindo-se aí a incolumidade física), sofrimento, angústia, vexame, humilhação ou exposição negativa e, por se passar no íntimo das pessoas, torna-se insusceptível de valoração pecuniária adequada, razão porque o caráter da indenização é o de compensar a vítima pelas aflições sofridas e de lhe subtrair o desejo de vingança pessoal.

7.2 Da fase de negação do dano moral

Durante longo período, houve resistência em reconhecer-se a possibilidade de indenizar os danos morais sob os mais variados e equivocados argumentos. Assombrosamente ainda hoje existem aqueles que consideram imoral atribuir-se um "preço à dor" ou que seria um "torpe recurso" buscar-se uma indenização em dinheiro por algo que nem se pode valorar ou quantificar como, por exemplo, a perda de um ente querido. Aduzem ainda que a mercantilização da aflição ou angústia das pessoas seria algo que repugna a moral, a ética e ao direito. Porém, a verdadeira imoralidade seria não impor consequência ressarcitória nenhuma para aquele que lesionou bens intangíveis, inerentes à existência e plenitude do ser humano.

7.3 Aceitação plena da reparação do dano moral

A nossa Constituição Federal de 1988 pôs, por assim dizer, uma pá de cal sobre o assunto ao preceituar que "*é assegurado o direito de resposta, proporcional ao agravo, além da indenização por dano material, moral ou à imagem*" (art. 5º, V), afirmando ainda mais, que "*são invioláveis a intimidade, a vida privada, a honra e a imagem das pessoas, assegurado o direito a indenização pelo dano material ou moral decorrente de sua violação*" (art. 5º, X).

Atualmente não mais se discute sobre o cabimento da indenização por dano moral. Sua aceitação é plena, tanto pela doutrina quanto pela jurisprudência.

7.4 Dano moral à pessoa jurídica

A Constituição Federal de 1988, ao tratar do dano moral (art. 5º, V e X), não fez nenhuma distinção entre pessoa física e pessoa jurídica. Com isso, possibilitou surgir daí a tese da aceitação da reparação por danos morais inclusive para as pessoas jurídicas, tema hoje mais do que pacificado nos tribunais, inclusive com súmula do STJ.[5]

7.5 Dano moral coletivo

Foi também após a promulgação da Constituição Cidadã e a partir do alargamento da conceituação do dano moral que se pode cogitar de dano moral coletivo, enquanto lesão aos interesses transindividuais de uma determinada coletividade, possibilitando assim sua aplicação no campo dos chamados interesses difusos e coletivos, especialmente nas agressões ao meio ambiente (natural, artificial e do trabalho), aos consumidores e aos direitos fundamentais da pessoa humana.

7.6 Da caracterização do dano moral

É preciso ter cuidado ao analisar a eventual ocorrência de dano moral capaz de gerar um pedido indenizatório porque na vida moderna há o pressuposto da necessidade de coexistência do ser humano com os dissabores que fazem parte do dia a dia. Dessa forma, alguns contratempos e transtornos são inerentes ao atual

---

5. STJ Súmula nº 227 – A pessoa jurídica pode sofrer dano moral (8-9-1999 – *DJ* 20-10-1999).

estágio de desenvolvimento de nossa sociedade. Quer dizer, **não se indeniza os melindres ou excessos de suscetibilidade.**

Modernamente diversas situações caracterizam dano moral, independentemente da existência do elemento dor, pois tudo aquilo que molesta a alma humana e fere valores inerentes à dignidade da pessoa, qualifica-se, via de regra, como dano moral, podendo, quando muito, enumerá-las exemplificadamente tais como a tristeza, a angústia, a humilhação, o constrangimento, o desprestígio, a desconsideração, a violação da intimidade, a invasão de privacidade, o ataque à honra e ao bom nome, o uso indevido de imagem, dentre tantas outras.

7.7 Dos fundamentos da reparação (por que indenizar o dano moral?)

As pessoas, além do patrimônio material, possuem bens personalíssimos que compõem seu patrimônio imaterial, valores estes que não podem ser agredidos impunemente.

É preciso recordar que a dignidade da pessoa humana foi elevada a um dos fundamentos básicos do Estado brasileiro. Veja-se que na Constituição Federal de 1988 o legislador constituinte fez insculpir, já no artigo primeiro (art. 1º, III),[6] dentre os fundamentos sobre os quais se assenta o Estado Democrático de Direito, a dignidade humana, com reflexos inevitáveis na conceituação de dano moral, na exata medida em que os valores que compõem a dignidade humana são exatamente aqueles que dizem respeito aos valores íntimos da pessoa tais como o direito à vida, à liberdade, à intimidade, à privacidade, à honra, ao bom nome e outros inerentes à dignidade humana que, em sendo violados, haverão de ser reparados pela via da indenização por danos morais (CF, art. 5º, *caput* e incisos V e X, já citados).

7.8 Cumulação do dano moral com dano material

A cumulatividade do dano material com o dano moral encontra-se pacificada em nossos tribunais já de longa data, tendo o Superior Tribunal de Justiça editado a Súmula no 37 de seguinte teor: "são cumuláveis as indenizações por dano material e dano moral oriundos do mesmo fato".

Quer dizer, um mesmo fato lesivo pode ocasionar dano material e também dano moral, permitindo a vítima pedir as duas indenizações.

6. CF, Art. 1º A República Federativa do Brasil, formada pela união indissolúvel dos Estados e Municípios e do Distrito Federal, constitui-se em Estado Democrático de Direito e tem como fundamentos: (Omissis)
III – a dignidade da pessoa humana.

IV – DANO ESTÉTICO

8. CONCEITO DE DANO ESTÉTICO

O dano estético, a nosso sentir, corresponde a qualquer anomalia que a vítima passe a ostentar no seu aspecto físico, decorrente de agressão à sua integridade pessoal. Ele poderá corresponder a uma cicatriz resultante de uma ferida ou à amputação de qualquer dos membros, ou ainda à perda de um olho. Assim, o dano estético estará caracterizado quando seja possível constatar que o indivíduo tendo sofrido injusta agressão, apresente sequelas de caráter permanente, alterando-lhe as feições físicas.

8.1 Dano estético e a beleza física

O que se busca proteger não é a beleza física, até por ser extremamente difícil traçar-se um parâmetro para beleza, mas a incolumidade física do indivíduo que se constitui em seu patrimônio subjetivo, não podendo ser agredido impunemente. Tanto é assim que justifica-se indenizar mesmo quando as cicatrizes ou marcas se situem em locais do corpo que dificilmente seriam expostos em público, porque o que se tem em mente é que ditas sequelas influem negativamente na autoestima do lesado, prejudicando a avaliação que a pessoa possa fazer de si mesma.

8.2 Reparação *in natura*

O dano estético pode comportar reparação *in natura*, através de cirurgia corretiva. Porém, mesmo isso sendo possível, deverá ser arbitrada uma soma em dinheiro correspondente à indenização por dano moral pelos sofrimentos e incômodos impingidos à vítima.

8.3 Da cumulatividade do dano estético com o dano moral

Com relação à possibilidade de cumulação do dano moral e do dano material com o dano estético, têm-se suscitado acalorados debates, pois alguns autores consideram que o dano estético importaria dano material ou estaria compreendido no dano moral, razão porque não deveriam ser cumulados. Para esses autores, cumular o dano estético com o dano moral, por exemplo, seria um verdadeiro *bis in idem*.

Por fim, o Superior Tribunal de Justiça, última instância apta a conhecer da matéria em termos recursais, pacificou a questão editando a Súmula no 387, de seguinte teor: "É lícita a cumulação das indenizações de dano estético e dano moral."

V – DANO REFLEXO OU A RICOCHETE

9. DANO REFLEXO OU A RICOCHETE

É aquele dano que a vítima sofre não por ter sido atingida diretamente pelo fato lesivo, mas como decorrência dele, em face de sua proximidade afetiva ou dependência econômica com a pessoa que sofreu diretamente o dano.

De regra só está legitimada a postular indenização (material, moral ou estético) a pessoa que tenha sofrido diretamente um dano, isto é, a própria vítima. Por exceção, existe a possibilidade de que uma terceira pessoa (normalmente parentes próximos), possa se legitimar sem que tenha sofrido diretamente um dano, mas que possa ter sofrido em razão dele.

9.1 Justificativa do dano reflexo ou a ricochete

É perfeitamente justificável a existência desse tipo de dano, porque a agressão causada a uma determinada pessoa pode ter reflexos patrimoniais (dano material) e afetivos (dano moral) para a própria vítima ou para terceira pessoa que seja próxima afetivamente e que dela dependa economicamente.

É o caso, por exemplo, dos filhos menores, que deixam de receber pensão alimentar em face da morte ou incapacitação física para o trabalho de seu pai, em razão de acidente causado por terceira pessoa. Nessas circunstâncias, nascerá para os dependentes o direito de exigir do causador do dano a devida indenização por dano material (pensão alimentícia), bem como pelo dano moral (perda do ente querido), que serão reflexos em relação ao dano perpetrado.

9.2 Previsão legal no Código Civil

Apesar de encontrar resistência na doutrina ou mesmo na jurisprudência, é preciso destacar que esse tipo de dano já encontrava expressa previsão tanto no antigo quanto no novo Código Civil. Em ambos, há expressa previsão de dano reflexo, pelo menos no que diz respeito ao homicídio, quando estabelece que a indenização consistirá, sem excluir outras reparações, na prestação de alimentos às pessoas a quem o morto os devia, levando-se em conta a duração provável de vida da vítima (CC, art. 948, II).[7]

---

7. CC, Art. 948. No caso de homicídio, a indenização consiste, sem excluir outras reparações:
I – no pagamento das despesas com o tratamento da vítima, seu funeral e o luto da família;
II – na prestação de alimentos às pessoas a quem o morto os devia, levando-se em conta a duração provável da vida da vítima.

VI – TEORIA DA PERDA DE UMA CHANCE

A denominada teoria da perda de uma chance (perte d'une chance), de inspiração francesa, bastante aceita em outros países, também já encontra sua aplicação no direito brasileiro.

Muito comum nos casos de erro médico a teoria da perda de uma chance possibilita ao lesado o suporte jurídico necessário para pleitear indenizações em caso de frustração do atendimento que possa ter privado a vítima de alguma chance de obter ou buscar a cura. Para sua procedência, é preciso que estejam devidamente configuradas, de modo preciso, a seriedade da probabilidade de cura e sua relação de causalidade direta com os atos praticados pelo médico desidioso.

Quer dizer, se os cuidados prestados foram deficientes ou falhos e, em razão disso, o paciente venha a perder a oportunidade que teria de se curar ou sobreviver, torna-se imperioso responsabilizar o médico faltoso, pois, embora não se possa ter certeza quanto a cura ou sobrevivência daquela pessoa, chances de cura ou de sobrevivência poderia ela ter tido, se lhe fosse prestado atendimento de forma correta ou em tempo hábil.

> **Exemplo**: O Tribunal de Justiça do Rio de Janeiro, em ação que havia sido julgada improcedente em primeiro grau, e dela tendo recorrido os autores, aplicou a teoria da perda de uma chance como motivo apto para reformar a decisão e considerar procedente o pedido dos autores, conforme voto do Desembargador Paulo César Salomão. Eis um breve resumo do caso: uma senhora com problemas cardíacos procurou uma clínica médica e lá tendo sido atendida foi, por duas vezes, tratada como se gripada estivesse. A vítima, que tinha somente 39 (trinta e nove) anos, veio posteriormente a falecer, o que motivou a propositura da ação pelo marido e seus filhos alegando negligência médica. Em primeiro grau, o magistrado oficiante julgou a ação improcedente, tomando como base o laudo inconcluso do perito oficial. Irresignados, os autores apelaram da decisão e o Tribunal, agora com base no laudo do assistente técnico, por maioria de votos, deu provimento ao recurso para condenar a clínica médica a indenizar por danos morais no importe de 100 (cem) salários-mínimos para o marido e de 1.000 (mil) salários-mínimos para cada um dos dois filhos. Por lapidar, colhe-se do voto do relator o seguinte trecho: "Não é admissível que se procure uma clínica que se propõe a atender emergências, com um sintoma tão evidente, perceptível até a um leigo, de problemas cardíacos e, ali, burocrática e negligentemente, seja medicada como se estivesse diante de um simples estado gripal. E, mais, medicada com remédio inadequado à moléstia que sofria, agravando-a. Ademais,

mesmo após ter retornado, continuou a negligência no atendimento, já que somente foram diagnosticar o problema cardíaco quando do seu óbito. Poucas vezes se vê um processo com tantas provas clamando pela culpa dos prepostos da ré que causaram dano irreparável aos autores. Não se pode afirmar que o atendimento adequado pudesse evitar a morte da paciente, mas salta aos olhos que não foi atendida a contento, ficando a indagação se esse proceder não foi causador direto de sua morte. Na verdade, poderia ela ter sido atendida corretamente e falecer. Lógico que geraria, assim, enquadramento do caso em uma fatalidade [...]". E conclui magistralmente o relator: "o que ocorreu na espécie em questão é que não se deu a ela, a vítima, chance de sobreviver".[8]

Outro exemplo: O Superior Tribunal de Justiça, pelo voto do ministro aposentado Fernando Gonçalves, aplicou a teoria da perda de uma chance no caso de uma pessoa que teve frustrada a chance de concorrer ao prêmio máximo de R$ 1 milhão no programa "Show do Milhão", em razão de uma pergunta que foi mal formulada e condenou o Baú da Felicidade a indenizar a vítima em R$ 125 mil. Para o relator, não havia como se afirmar categoricamente que a mulher acertaria o questionamento final de R$ 1 milhão caso ele fosse formulado corretamente, pois há uma série de outros fatores em jogo, como a dificuldade progressiva do programa e a enorme carga emocional da indagação final, que poderia interferir no andamento dos fatos. Mesmo na esfera da probabilidade, não haveria como concluir que ela acertaria a pergunta, mas isso não poderia ter o condão de excluir o dever indenizar, minimamente a concorrente pela oportunidade perdida. Tratava-se de ação proposta por Ana Lúcia Serbeto de Freitas Matos que, já tendo ganhado R$ 500 mil, respondia a perguntas que poderia levá-la a disputar o prêmio máximo de R$ 1 milhão, quando uma pergunta dúbia lhe tolheu o caminho.[9]

É importante registrar que o valor da indenização a esse título, via de regra, não será integral. Será parcial, ou mitigada, tendo em vista que não se estará diante de uma certeza absoluta, mas sim de uma probabilidade. Ou seja, o autor do dano será responsabilizado por ter privado alguém de obter uma determinada vantagem ou nada fez para evitar o prejuízo que a pessoa sofreu.

8. TJRJ, 9ª. CC, Ap. Cível nº 1998.001.01927, rel. Des. Paulo Cesar Salomão, j. 17.05.1999.
9. STJ, 4ª. T, REsp. nº 788.459 – BA, Rel. Min. Fernando Gonçalves, j. 8.11.2005.

Lição 19
DA CONDUTA DO AGENTE

I – AÇÃO OU OMISSÃO DO AGENTE

1. A IMPORTÂNCIA DA CONDUTA DO AGENTE

Na responsabilidade extracontratual, um dos aspectos mais importantes a ser considerado é a conduta do agente causador do dano.

Não se pode esquecer que nos moldes estabelecidos **no atual Código Civil, a responsabilidade civil, como regra geral, ainda se funda na culpa**, de tal sorte que surgirá o dever de indenizar a partir de uma ação que tanto pode ser comissiva quanto omissiva, desde que contenha em seu bojo um ato ilícito, que se provará mediante a demonstração de culpa do agente.

Cumpre observar que, em caráter excepcional, o dever de indenizar poderá decorrer da prática de um ato que pode ser perfeitamente lícito quando se tratar do risco ou de determinação legal, razão porque não se perquire sobre a culpa, porquanto a responsabilidade, nestes casos, será objetiva.[1]

2. CONDUTA PRÓPRIA, CONDUTA DE TERCEIRO E FATO DA COISA

A responsabilidade de indenizar, como regra geral, decorre de uma conduta (ação ou omissão) do próprio agente, porém, por exceção, poderá decorrer de ato ou fato praticado por terceiro, quando este terceiro esteja atuando em nome do agente ou esteja sob sua guarda (CC, art. 932, I a IV),[2] bem como poderá decorrer de danos causados por coisas animadas ou inanimadas que se lhes pertençam ou estejam sob sua guarda (CC, art. 936, 937 e 938).[3]

3. CONDUTA DO AGENTE NA RESPONSABILIDADE OBJETIVA E NA CULPA PRESUMIDA

Quando se trata de responsabilidade pelo fato de outrem, a responsabilidade do agente é objetiva (CC, art. 933).[4] Já no tocante à guarda de animal, bem como com relação à responsabilidade que decorre do fato que se lhe pode ser imputado por ser proprietário ou simplesmente habitante de uma construção, trata-se de culpa presumida (CC, art. 936, 937 e 938, já citados).

Nesses casos, a responsabilidade do agente decorre do descumprimento de um dever legal de guarda, vigilância ou conservação, conforme veremos logo a seguir.

Mesmo em se tratando de responsabilidade objetiva, não se pode prescindir de aferição da atividade do agente causador do dano, por ação ou omissão, sob risco de quebrar-se a relação de causalidade.

---

1. Ver como exemplo os art. 927, parágrafo único, e o art. 931 e 933 do novo Código Civil.
2. CC, Art. 932. São também responsáveis pela reparação civil:
   I – os pais, pelos filhos menores que estiverem sob sua autoridade e em sua companhia;
   II – o tutor e o curador, pelos pupilos e curatelados, que se acharem nas mesmas condições;
   III – o empregador ou comitente, por seus empregados, serviçais e prepostos, no exercício do trabalho que lhes competir, ou em razão dele;
   IV – os donos de hotéis, hospedarias, casas ou estabelecimentos onde se albergue por dinheiro, mesmo para fins de educação, pelos seus hóspedes, moradores e educandos;
   V – os que gratuitamente houverem participado nos produtos do crime, até a concorrente quantia.
3. CC, Art. 936. O dono, ou detentor, do animal ressarcirá o dano por este causado, se não provar culpa da vítima ou força maior.
   CC, Art. 937. O dono de edifício ou construção responde pelos danos que resultarem de sua ruína, se esta provier de falta de reparos, cuja necessidade fosse manifesta.
   CC, Art. 938. Aquele que habitar prédio, ou parte dele, responde pelo dano proveniente das coisas que dele caírem ou forem lançadas em lugar indevido.
4. CC, Art. 933. As pessoas indicadas nos incisos I a V do artigo antecedente, ainda que não haja culpa de sua parte, responderão pelos atos praticados pelos terceiros ali referidos.

II – RESPONSABILIDADE POR ATO PRÓPRIO

4. RESPONSABILIDADE POR FATO PRÓPRIO

Já mencionamos que **a regra geral na responsabilidade civil subjetiva é a responsabilização do agente por ato decorrente de sua própria conduta**. Essa seria a responsabilidade direta que muitos chamam de fato próprio. Por esse princípio, aquele que der causa ao evento danoso, por ação ou omissão, deverá ser obrigado a ressarcir o dano, moral ou material, conforme expressamente determinado no art. 186[5] c/c art. 927, *caput*,[6] ambos do Código Civil.

4.1 Conduta como sinônimo de culpa

A conduta está intimamente ligada à concepção de culpa, por isso é frequente em nossa literatura jurídica a expressão *conduta culposa*, como elemento ensejador do dever de indenizar quando tratamos de responsabilidade subjetiva.

4.2 Exceção à regra, fato de terceiro.

Muito embora a regra geral seja a da responsabilização do agente por ato próprio, a lei estabelece algumas exceções, segundo as quais o agente será obrigado a ressarcir os danos, ainda que não tenha sido o responsável direto pelo evento danoso, em razão do descumprimento do dever legal de guarda ou de vigilância, conforme previsto no já citado art. 932 do Código Civil.

4.3 Fato de terceiro como fato próprio por omissão

As referências são sempre sobre fato de terceiro, porém se atentarmos bem estamos diante de uma **responsabilidade por fato próprio consubstanciado na omissão**. Veremos adiante que a responsabilidade por fato de outrem encontra supedâneo, mais comumente, na falta de vigilância ou de guarda, e, excepcionalmente, na falta de orientação ou de instrução, razão por que, ainda que sob riscos de severas críticas, ousamos incluir o fato de terceiro no capítulo que trata da conduta do agente, *in casu*, o responsável pelo dever indenizatório.

---

5. CC, Art. 186. Aquele que, por ação ou omissão voluntária, negligência ou imprudência, violar direito e causar dano a outrem, ainda que exclusivamente moral, comete ato ilícito.
6. CC, Art. 927. Aquele que, por ato ilícito (arts. 186 e 187), causar dano a outrem, fica obrigado a repará-lo.

III – RESPONSABILIDADE POR FATO DE TERCEIRO

5. O FATO DE TERCEIRO

O fato de terceiros aptos a responsabilizar o agente detentor da guarda ou vigilância são aqueles elencados no já citado art. 932 do Código Civil.

Referido artigo disciplina a responsabilidade dos pais pelos filhos menores que estejam sob sua guarda ou companhia (inciso I); como também a dos tutores e dos curadores, em razão dos atos praticados pelos seus pupilos ou curatelados (inciso II); bem como do patrão pelos atos de seus empregados ou prepostos, que nessa condição, ou em função dela, possam ter causado dano a terceiros (inciso III); ou ainda, os donos de hotéis, hospedarias e casas de albergados, em razão de seus hóspedes, moradores ou educandos (inciso IV). Vejamos cada um deles.

5.1 Responsabilidade dos pais pelos atos dos filhos menores

Os fundamentos que justificam o dever de indenizar estão em que, a par dos laços afetivos que possam unir pais e filhos, há que se entender que tal responsabilidade está diretamente relacionada com o exercício do poder familiar que impõe aos titulares, a obrigação e dever de vigilância que se aplica a todos os atos ilícitos que os menores venham a praticar, pois o dever de vigilância é universal e continuado.

Caso típico, e que ocorre com certa frequência é o acidente de trânsito provocado por veículo automotor dirigido por menor. Não importa se a posse do veículo automotor se deu com a anuência dos pais ou não. Se o menor provocou culposamente o acidente, o dever de indenizar nascerá tão somente de sua conduta, quando então, o lesado poderá acionar o responsável pelo menor com o objetivo de se ver ressarcido dos prejuízos.

5.2 Responsabilidade dos tutores e curadores

Nesse caso, assim como dos pais pelos seus filhos menores, a responsabilidade é objetiva, afastando-se, portanto, da ideia de culpa. Aliás, tudo que foi dito com relação à responsabilidade dos pais pelos seus filhos menores aplica-se *ipsis litteris* aos tutores e curadores.

Tal se justifica porque o tutor substitui os pais do menor, em toda sua plenitude, porquanto adquire essa condição exatamente em decorrência do falecimento, da ausência ou da perda do poder familiar que incumbia, originariamente, aos pais do menor (CC, art. 1.728).[7] No que diz respeito ao curador, rememore-se que o mesmo passa a ocupar essa posição em razão da pessoa maior ser incapaz de responder por seus atos, seja em razão de insanidade, seja por surdo-mudez, seja ainda por prodigalidade, bem como por estado de embriaguez ou vício em tóxicos (CC, art. 1.767).[8]

5.3 Responsabilidade do patrão ou comitente

A responsabilidade objetiva do empregador pelos atos praticados pelos seus empregados é originária da culpa *in vigilando* ou *in eligendo*, quer dizer, para o patrão existe um dever acessório de escolher bem seus funcionários e, além disso, instruir e fiscalizar o exercício de suas funções.

Essa responsabilidade existirá sempre que do ato praticado pelo seu empregado ou preposto decorra um dano que tenha sido causado por dolo ou culpa. Ou seja, tal qual na situação dos pais em relação aos filhos, o dever de indenizar há de surgir de um ato doloso ou culposo praticado pelo empregado, quando então fará surgir, de forma objetiva, a responsabilidade de seu patrão pela reparação do dano causado.

Importante fazer consignar que, em qualquer circunstância, a relação de subordinação é que será o elemento norteador da responsabilidade daquele que deve responder pelo fato de outrem. Assim, a vítima deverá, num primeiro momento, provar a existência de uma relação de subordinação existente entre o causador do dano e o empregador, relação essa que pode ser de caráter permanente ou eventual, remunerada ou gratuita, como também pode decorrer de uma escolha promovida pelo próprio patrão ou por seu preposto.

> **Em conclusão:** tendo ocorrido o dano, o empregador ou comitente somente se eximirá se provar que o causador do dano não era seu empregado ou preposto ou que o causador, ainda que sendo seu empregado ou preposto, não estava no exercício regular de suas funções laborais ou em função delas.

---

7. CC, Art. 1.728. Os filhos menores são postos em tutela:
I – com o falecimento dos pais, ou sendo estes julgados ausentes;
II – em caso de os pais decaírem do poder familiar.
8. CC, Art. 1.767. Estão sujeitos a curatela:
I – aqueles que, por causa transitória ou permanente, não puderem exprimir sua vontade;
II – (Revogado)
III – os ébrios habituais e os viciados em tóxico;
IV – (Revogado)
V – os pródigos.

5.4 Responsabilidade dos donos de hotéis e similares e dos educadores

Os hoteleiros, assim como os educadores, são prestadores de serviços e, como tais, estavam e estão sujeitos à aplicação das normas insculpidas no Código de Defesa do Consumidor, de tal sorte que respondiam objetivamente em razão de falhas ou defeitos na prestação dos serviços, mesmo antes da entrada em vigor do novo Código Civil.

Esclareça-se, por oportuno, que o novo Código Civil em nada derrogou o Código de Defesa do Consumidor e, na matéria aqui versada, nenhuma incompatibilidade há entre os dois institutos, de tal sorte que é perfeitamente harmoniosa a convivência de ambos regulando a matéria.

O fundamento da responsabilidade, tanto dos hoteleiros quanto dos educadores, se assenta no dever de guarda e vigilância que se espera dos exploradores dessa atividade em relação aos seus hóspedes ou educandos.

IV – RESPONSABILIDADE PELA GUARDA DA COISA

6. A RESPONSABILIDADE PELA GUARDA OU CONSERVAÇÃO DA COISA

Essa responsabilidade se desdobra em coisa animada (animais) e coisa inanimada (prédios, construções e outras coisas). O nosso Código Civil adotou, para esses casos, a teoria da culpa presumida, pela qual caberá ao agente detentor da guarda ou conservação da coisa provar culpa da vítima ou força maior, conforme dispõe os arts. 936 e 937.[9] Em ambos os casos, há uma presunção de culpa, somente ilidida pela contraprova que fica a cargo do responsável pela guarda da coisa. Há também a responsabilidade pela queda de objetos que, nesse caso, é objetiva (CC, art. 938).[10]

Nos casos de ruína de edifício ou construção, o proprietário também poderá vir a se isentar do dever de indenizar, se produzir prova segura de que a ruína derivou não de falta de reparo.

---

9. CC, Art. 936. O dono, ou detentor, do animal ressarcirá o dano por este causado, se não provar culpa da vítima ou força maior.

   CC, Art. 937. O dono de edifício ou construção responde pelos danos que resultarem de sua ruína, se esta provier de falta de reparos, cuja necessidade fosse manifesta.

10. CC, Art. 938. Aquele que habitar prédio, ou parte dele, responde pelo dano proveniente das coisas que dele caírem ou forem lançadas em lugar indevido.

Quando se trata de objetos lançados ou caídos de edifícios (líquidos ou sólidos), a responsabilidade é objetiva (CC, art. 938).

Para melhor compreensão do tema, abordaremos cada uma das situações elencadas pelo Código Civil, em tópicos apartados. Vejamos.

6.1 Responsabilidade pelo fato de animal

Veja-se que, na dicção do art. 936 do Código Civil,[11] somente se admite a exoneração da responsabilidade do proprietário ou detentor do animal quando o mesmo provar força maior, caso fortuito ou culpa exclusiva da vítima. Dessa forma, o Código adotou a responsabilidade presumida, *ope legis*, presunção somente vencível mediante a inversão do ônus probante.

Assim, o dono do animal, ou aquele que detém a sua guarda, é culpado pelo dano até prova em contrário. Nesse caso incumbe à vítima apenas provar o dano por ela sofrido e a relação de causalidade entre o evento danoso e o ato praticado pelo animal. Quer dizer, a vítima provará o fato e o dano, enquanto o dono do animal só não indenizará se provar que o fato ocorreu por culpa exclusiva da vítima (por exemplo, a vítima adentrou o imóvel sem ser anunciada), caso fortuito ou de força maior (por exemplo, em face das chuvas o muro caiu e o animal se soltou).

A guarda implica no exercício do poder de dirigir e controlar o animal. Constitui-se no poder de comando intelectual e de vigilância do animal, cuja falha caracteriza falta de cuidado (negligência) com presunção legal de culpa.

6.2 Responsabilidade pela ruína de edifício ou construção

A responsabilidade do proprietário de edifício ou construção que, vindo a desabar, cause danos a terceiros (proprietários lindeiros ou transeuntes), é mais um caso típico de culpa presumida previsto no Código Civil (art. 937, já citado).

Não andou bem o legislador, pois ao fixar que a responsabilidade do dono de edifício decorre da "necessidade manifesta de reparos", afastou a responsabilidade objetiva do proprietário que, assim, poderá se eximir do dever de indenizar, provando que a ruína não ocorreu em razão da falta de reparos cuja necessidade fosse manifesta. Melhor seria ter adotado a responsabilidade objetiva para os casos de ruína de edifícios ou construções, pois o desabamento de um prédio somente ocorre pela manifesta necessidade de se fazer reparos.

11. CC, Art. 936. O dono, ou detentor, do animal ressarcirá o dano por este causado, se não provar culpa da vítima ou força maior.

A despeito de a responsabilidade ser subjetiva, em face da presunção de culpa, cabe ao proprietário provar que a ocorrência danosa não se deveu à falta de reparos que se fizessem necessários. A vítima somente precisa provar a ocorrência do dano e o nexo causal para fazer jus a pedido indenizatório. Ao proprietário caberá provar alguma excludente do dever de indenizar (inversão do ônus da prova).

Importante registrar que a jurisprudência tem cumprido papel preponderante, porquanto tem alargado o entendimento do que seja ruína para contemplar, inclusive, os casos de danos causados por queda de acessórios incorporados às edificações, tais como dos revestimentos, dos vidros das janelas, telhas, andaimes, beirais, elevadores, aparelhos de ar condicionado e outras coisas agregadas, em caráter permanente ou transitório, aos edifícios ou às construções.

6.3 Responsabilidade pela queda de objetos

Por sua vez, o já citado art. 938 do Código Civil trata da responsabilidade do morador pelas coisas lançadas ou caídas em lugar indevido e que causem danos a outrem.

Estamos diante de um caso típico de responsabilidade objetiva, não se cogitando da culpa do proprietário ou habitante da unidade residencial, bastando tão somente para a vítima a necessidade de demonstrar o dano e o liame que o ligue ao evento danoso para se ver indenizado. Nesse caso, a responsabilidade do morador, seja ele dono, locatário, comodatário, usufrutuário ou invasor, somente será ilidida pela prova robusta de culpa exclusiva da vítima, caso fortuito ou força maior.

A preocupação do legislador foi orientada pela necessidade de garantir, preventivamente, a incolumidade física dos transeuntes que, vindo a sofrer dano por queda de coisas, líquidas ou sólidas, cuja origem seja proveniente de uma casa ou prédio, poderão manejar a ação indenizatória correspondente com o fito de se verem ressarcidos dos danos que por ventura tenham sofrido.

7. A CONDUTA DO AGENTE NO ÂMBITO CRIMINAL E SUA REPERCUSSÃO NO CÍVEL

A responsabilidade civil é independente da criminal (CC, art. 935),[12] significando dizer que as responsabilidades serão apuradas de maneiras distintas pelos juízos competentes, ainda quando o fato gerador seja um só.

---

12. CC, Art. 935. A responsabilidade civil é independente da criminal, não se podendo questionar mais sobre a existência do fato, ou sobre quem seja o seu autor, quando estas questões se acharem decididas no juízo criminal.

Por exemplo: a morte de alguém em acidente de trânsito irá gerar a responsabilidade criminal para aquele que foi o causador do acidente, a ser apurado pela justiça criminal, e autoriza os parentes a promoverem a devida ação de indenização pela perda de um ente querido, a ser processada na justiça cível. O resultado de cada uma das ações pode coincidir ou ser distinto.

7.1 Efeito da sentença penal condenatória

A sentença criminal só tem importância no cível quando for condenatória, porque a coisa julgada no crime faz também coisa julgada no cível, tendo em vista que não teria sentido o réu ser reconhecido como culpado no processo criminal e ainda querer discutir no cível sua responsabilidade pelo evento danoso.

7.2 Efeito da sentença penal absolutória

Se a sentença criminal for absolutória, será necessário verificar se tal fato se deu por falta de provas ou se a sentença foi proferida em face de um juízo comprobatório de inexistência de crime ou negatória de autoria.

a) **Inexistência de prova:**

Se a sentença foi proferida em face da inexistência de prova suficiente de autoria ou materialidade, nada obsta se possa dar seguimento na ação no cível e obter nela, mediante as provas a serem produzidas, a responsabilização civil daquele que foi inocentado no crime (CPP, arts. 66 e 67).[13]

b) **Inexistência de crime:**

Se a sentença criminal reconhece que não houve o crime noticiado, não se pode querer rediscutir essa questão no cível porque já ficou provado que não existiu o ilícito.

c) **Negatória de autoria:**

Se restou provado no juízo criminal que não foi o réu quem praticou o crime que lhe era imputado, por óbvio que não se poderá discutir no cível a sua responsabilização, até porque a justiça é una, não se admitindo haver decisões contraditórias sobre mesmo fato.

13. CPP, Art. 66. Não obstante a sentença absolutória no juízo criminal, a ação civil poderá ser proposta quando não tiver sido, categoricamente, reconhecida a inexistência material do fato.
Art. 67. Não impedirão igualmente a propositura da ação civil:
I – o despacho de arquivamento do inquérito ou das peças de informação;
II – a decisão que julgar extinta a punibilidade;
III – a sentença absolutória que decidir que o fato imputado não constitui crime.

7.3 Exclusão de ilicitude

Se a sentença criminal reconhecer que o ato praticado, ainda que tipificado como crime, ocorreu em determinadas circunstâncias que a lei expressamente excepciona a ilicitude, a conduta do agente não será considerada como ilícito. São quatro as causas excludentes da ilicitude, conforme já mencionamos, quais sejam: estado de necessidade, legítima defesa, estrito cumprimento de dever legal ou exercício regular de direito (CP, art. 23).[14] Se a sentença criminal reconhecer qualquer uma dessas causas, tal decisão fará coisa julgado também no cível (CPP, art. 65).[15]

7.4 Sobrestamento da ação civil

É facultado ao juiz da causa sobrestar o feito no cível até que haja uma decisão no juízo criminal, quando o conhecimento da lide depender necessariamente da verificação de existência do fato delituoso imputado ao réu (CPC, art. 315, *caput*, e CPP, art. 64, parágrafo único).[16]

Cumpre salientar que a suspensão do processo é uma faculdade outorgada ao juiz cujo intuito é o de evitar decisões conflitantes. Dessa forma, somente quando há dúvidas razoáveis sobre a autoria do fato, ou sobre a existência do mesmo, é que o magistrado deve determinar o sobrestamento do feito. Assim, a suspensão não é obrigatória.

Vale rememorar que a responsabilidade civil independe da responsabilidade criminal (ver CC, art. 935), e a lógica se justifica especialmente porque pode ficar provado no processo penal que o fato não houve, ou que lá possa ser reconhecido não ser o réu o autor do fato, ou quando lá se reconhecer que o réu agiu em legítima defesa.

---

14. CP, Art. 23. Não há crime quando o agente pratica o fato:
    I – em estado de necessidade;
    II – em legítima defesa;
    III – em estrito cumprimento de dever legal ou no exercício regular de direito.
    Parágrafo único O agente, em qualquer das hipóteses deste artigo, responderá pelo excesso doloso ou culposo.
15. CPP, Art. 65. Faz coisa julgada no cível a sentença penal que reconhecer ter sido o ato praticado em estado de necessidade, em legítima defesa, em estrito cumprimento de dever legal ou no exercício regular de direito.
16. CPC, Art. 315. Se o conhecimento do mérito depender de verificação da existência de fato delituoso, o juiz pode determinar a suspensão do processo até que se pronuncie a justiça criminal.
    CPP, Art. 64. Sem prejuízo do disposto no artigo anterior, a ação para ressarcimento do dano poderá ser proposta no juízo cível, contra o autor do crime e, se for caso, contra o responsável civil.
    Parágrafo único. Intentada a ação penal, o juiz da ação civil poderá suspender o curso desta, até o julgamento definitivo daquela.

Lição 20
NEXO DE CAUSALIDADE

Sumário: I – Generalidade sobre o nexo causal – 1. Conceito de nexo causal – 2. Nexo causal e a legitimidade do agente – 3. A teoria do risco e o nexo causal – 4. A responsabilidade contratual e o nexo causal – 5. Teorias sobre o nexo causal; 5.1 Teoria da causalidade adequada; 5.2 Teoria da equivalência das condições; 5.3 Teoria dos danos diretos e imediatos – 6. Concausa – II – Isenção de responsabilidade – 7. Exclusão do nexo causal; 7.1 Culpa exclusiva da vítima; 7.2 Fato de terceiro; 7.3 Caso fortuito ou força maior.

I – GENERALIDADE SOBRE O NEXO CAUSAL

1. CONCEITO DE NEXO CAUSAL

O nexo causal é o liame que liga o dano ao causador (responsabilidade subjetiva) ou ao responsável pela atividade (responsabilidade objetiva). Pela sua importância, na responsabilização do dever indenizatório, deve ser o primeiro pressuposto sob o qual se deve debruçar aquele que pretenda interpor qualquer ação de responsabilidade civil.

2. NEXO CAUSAL E A LEGITIMIDADE DO AGENTE

O dano só pode gerar responsabilidade quando for possível estabelecer um nexo de causalidade entre ele e o seu causador ou responsável. Quer dizer, um dano só produz responsabilidade quando ele tem por causa um ilícito praticado (responsabilidade subjetiva) ou um risco previsto em lei (responsabilidade objetiva).

3. A TEORIA DO RISCO E O NEXO CAUSAL

Em razão da adoção da teoria do risco em diversas legislações esparsas e também no Código Civil, o estudo do nexo causal toma contornos de grande importância, principalmente porque, pela teoria do risco, o pressuposto da responsabilização encontra-se centrado no dano e no nexo causal, provas que incumbe à vítima demonstrar. Não se esqueça que em sede de responsabilidade objetiva, a vítima, embora não precise provar a culpa do agente, deverá, obrigatoriamente, provar o dano e o nexo de causalidade que ligue o evento danoso ao responsável pela atividade.

4. A RESPONSABILIDADE CONTRATUAL E O NEXO CAUSAL

Mesmo em se tratando de responsabilidade contratual, ainda assim, não se prescinde do nexo de causalidade porque só se pode falar em dano indenizável, quando exista uma relação de causa e efeito entre o descumprimento da obrigação e o prejuízo sofrido pelo credor.

5. TEORIAS SOBRE O NEXO CAUSAL

Em face das dificuldades da exata compreensão sobre esse instituto é que surgiram algumas teorias para procurar explicar o melhor método de aferir-se o nexo causal e, dentre essas, três merecem registros: a da causalidade adequada, a da equivalência dos antecedentes e a dos danos diretos e imediatos.

5.1 Teoria da causalidade adequada

Na nossa opinião o Código Civil adotou a teoria da causalidade adequada na exata medida em que, embora não haja menção expressa ao nexo causal, quando trata das perdas e danos, deixa antever a teoria adotada, porquanto em seu art. 403, expressamente, diz: "Ainda que a inexecução resulte de dolo do devedor, as perdas e danos só incluem os prejuízos efetivos e os lucros cessantes por efeito dela direto e imediato, sem prejuízo do disposto na lei processual." Quer nos parecer que na expressão "efeito dela direto e imediato" se encontra a causa mais diretamente ligada ao evento, portanto, mais determinante segundo o curso natural e ordinário das coisas.

5.2 Teoria da equivalência das condições

A teoria da equivalência das condições, também chamada de teoria da *conditio sine qua non*, procura atribuir, a toda e qualquer circunstância que haja concorrido para produzir o dano, a qualidade de uma causa. Por essa teoria, qualquer das causas pode ser considerada eficiente para gerar o dano, assim, a sua equivalência está a par de que, suprimida uma das causas, o dano não se verificaria.

Embora essa seja a teoria adotada pelo nosso Direito Penal, ainda que mitigada, diversos autores tecem severas críticas à mesma, principalmente pelo fato de produzir uma exasperação da causalidade e uma regressão infinita do nexo causal. Para se ter uma ideia, adotando-se essa teoria, a vítima de um atropelamento poderia manejar ação indenizatória não só contra quem dirigia o veículo com imprudência, mas também contra quem vendeu o automóvel, quem fabricou, quem forneceu a matéria prima e assim por diante, o que, a toda evidência, é um verdadeiro absurdo.

5.3 Teoria dos danos diretos e imediatos

A teoria dos danos diretos e imediatos, também chamada de teoria da relação causal imediata, nada mais é do que a síntese das duas anteriores, com certa amenização no que tange às extremas consequências a que se pudesse chegar na aplicação prática de tais teorias, sendo, inclusive, para alguns autores, a teoria adotada pelo nosso Código Civil Brasileiro, opinião de que não partilhamos.

6. CONCAUSA

É outra causa preexistente, superveniente ou concomitante que, juntando-se à causa principal contribui para o agravamento do resultado danoso indenizável, mas que não tem força para ilidir o nexo causal do ato praticado pelo agente principal.

Para uma melhor compreensão, vamos imaginar que uma pessoa é diabética e vem a sofrer um acidente por mordida de animal, tendo que se submeter a cirurgia em razão das feridas, e como decorrência da cirurgia vem a falecer em face de seus problemas de saúde. Nesse caso, ainda que a diabetes fosse doença preexistente e causa concorrente para o evento morte, ainda assim não teria o condão de eximir de responsabilidade o detentor do animal, na exata medida em que a vítima não teria sido submetida àquela cirurgia se não tivesse ocorrido o acidente.

Conforme os ensinamentos de Nelson Hungria, o nexo causal entre a conduta do agente e o resultado não é interrompido ou excluído pela interferência cooperante de outras causas. Tanto faz que a morte tenha resultado da concorrência, por exemplo, do estado hemofílico ou diabético do ofendido, quanto da fragilidade congênita do osso frontal atingido pelo golpe, ou de um processo infeccioso consequente à lesão recebida.[1]

---

1. As concausas e a causalidade. RF, v. 89, p. 51 (apud Martinho Garcez Neto. *Responsabilidade civil*. p. 34).

II – ISENÇÃO DE RESPONSABILIDADE

7. EXCLUSÃO DO NEXO CAUSAL

Como dissemos no início deste capítulo, o nexo causal é elemento indispensável para responsabilização do agente ao qual se imputa a causa do dano (responsabilidade subjetiva) ou do agente responsável pela atividade lesionadora (responsabilidade objetiva), de tal sorte que mesmo havendo envolvimento do agente em um evento danoso, se não lhe deu causa, estará isento do dever de reparar o dano.

Essa situação pode ocorrer, tanto na responsabilidade subjetiva quanto objetiva, em três hipóteses distintas, quais sejam: culpa exclusiva da vítima, fato de terceiro e caso fortuito ou de força maior. Nessas circunstâncias, não se poderá imputar responsabilidade ao agente, mesmo tendo havido sua participação, porquanto tais eventos têm o condão de romper com o nexo de causalidade, quebrando o liame que relacione o resultado danoso ao agente causador ou responsável da atividade.[2]

7.1 Culpa exclusiva da vítima

A culpa exclusiva da vítima é um dos excludentes do dever de indenizar. Não poderia ser de outra forma. Se o agente em nada contribuiu para a ocorrência do evento, tendo sido tão somente o instrumento pelo qual o mal se materializou, não há falar-se que exista nexo entre o resultado lesivo e a ação praticada.

O Código Civil somente faz referência a essa excludente quando trata da responsabilidade do possuidor de animal, que somente se eximirá do dever de indenizar pelos danos por ele causado, quando prove culpa exclusiva da vítima ou força maior (art. 936).

A culpa exclusiva da vítima encontra previsão expressa em diversas leis esparsas, sendo, inclusive, uma das causas exonerativas da responsabilidade objetiva como, por exemplo, no Código de Defesa do Consumidor (Lei nº 8.078/90, arts. 12, § 3º, III e 14, § 3º, II), bem como a Lei das Estradas de Ferro (Decreto nº 2.681/12, art. 17, II), e também a lei que regula as atividades nucleares (Lei nº 6.453/77, art. 6º).

---

2. No que diz respeito às excludentes que se aplicam exclusivamente na responsabilidade subjetiva, quais sejam, estado de necessidade, legítima defesa e o exercício regular do direito e estrito cumprimento do dever legal, remetemos o leitor à lição 2 de responsabilidade civil.

E há toda uma lógica para assim se considerar. Se a vítima é quem provocou o evento danoso, tendo o agente sido tão somente o instrumento pelo qual o mal se materializou, evidentemente que não há falar-se em indenização. Nesse caso não há liame de causalidade entre a ação perpetrada e o resultado lesivo, sendo caso de irresponsabilidade do agente.

> **Para melhor entender:** vamos supor que alguém embriagado resolva atravessar uma autopista à noite, em local que tem passarela para pedestre, e venha a ser atropelado. Nesse caso, que culpa tem o motorista pelo acidente?

7.2 Fato de terceiro

Fato de terceiro é o evento em que nem a vítima, nem o agente deram causa à sua incidência. Em muito se assemelha com o caso fortuito e a força maior, na exata medida de sua imprevisibilidade e inevitabilidade, que são os elementos a excluir o dever de indenizar, exatamente porque desfaz o nexo de causalidade entre a conduta do agente e o resultado lesivo, tanto na responsabilidade subjetiva quanto objetiva.

A culpa exclusiva de terceiro também foi incluída no Código de Defesa do Consumidor como causa exonerativa da responsabilidade do fornecedor de produtos ou serviços, nos casos de acidentes de consumo causados por produtos ou serviços (Lei nº 8.078/90, arts. 12, § 3º, III e 14, § 3º, II).

> **Por exemplo:** se uma bala perdida vem a atingir passageiro no interior de um ônibus, tal fato pode ser caracterizado como algo imprevisível e alheio à vontade do transportador, ensejando o fato de terceiro. Estamos diante daquilo que a jurisprudência e doutrina têm chamado de "fortuito externo".

7.3 Caso fortuito ou força maior

O caso fortuito e a força maior são elementos de exclusão da responsabilidade exatamente porque quebram o liame entre o ato do agente e o evento lesivo advindo. Poderíamos afirmar que é um caso típico de irresponsabilidade tanto subjetiva quanto objetiva.

O caso fortuito está diretamente relacionado com eventos alheios à vontade das partes, tais como: greves, motins, guerras, dentre outros. Já a força maior é fato que decorre de eventos naturais, como, por exemplo, raios, inundações e terremotos.

De toda sorte, o Código Civil trata os dois institutos da mesma forma, não fazendo nenhuma distinção entre eles, ao preceituar: "*O caso fortuito ou de força maior verifica-se no fato necessário, cujos efeitos não era possível evitar ou impedir"* (art. 393, parágrafo único).

Para caracterização do caso fortuito ou de força maior é preciso que o evento possa ser classificado como **inevitável e irresistível** a qualquer esforço humano quando então, a sua ocorrência fará cessar a responsabilidade de indenizar porquanto esses fatos excluem a culpabilidade do agente, visto que não se poderia atribuir a ele nem dolo, nem culpa.

A sua ocorrência quebra o nexo de causalidade no campo da responsabilidade aquiliana, porquanto não há falar-se em culpa de quem não deu azo ao evento, como também exclui a responsabilidade objetiva, tanto contratual quanto extracontratual.[3]

Importante frisar que, tanto num caso quanto noutro, para que se possa falar em excludente de responsabilidade, há que se fazer presente a imprevisibilidade (caso fortuito) ou a inevitabilidade (para a força maior), sendo ademais necessário realizar-se a robusta prova de sua incidência, pois as divergências doutrinárias e jurisprudenciais ainda se fazem presentes, o que torna a questão tormentosa, visto que, para situações similares, tem-se adotado posicionamento diametralmente oposto.

3. Como exemplo, veja-se, dentre outros, os arts. 393, *caput* e 734 do Código Civil.

Lição 21
RESPONSABILIDADE CIVIL DO ESTADO E DOS PRESTADORES DE SERVIÇOS PÚBLICOS

Sumário: 1. Histórico da responsabilidade do estado – 2. A constituição de 1988 – 3. Da teoria do risco administrativo – 4. Responsabilidade subjetiva do agente e a ação de regresso.

1. HISTÓRICO DA RESPONSABILIDADE DO ESTADO

A evolução da responsabilidade civil do Estado foi lenta e gradual e levou séculos para atingir o estágio atual, com a responsabilização de forma objetiva (independente de culpa) da administração pública, e daqueles por ela delegados, em face dos danos causados por seus agentes.

Antes de chegarmos a esse estágio, houve períodos em que a irresponsabilidade do Estado era total e absoluta. Só para se ter uma ideia, nos Estados absolutistas havia o entendimento de que o rei não errava (the king can do no wrong). No período pós Revolução Francesa, houve um processo de evolução passando-se a admitir a responsabilização do agente público causador do dano. Noutra fase, passou-se a admitir a responsabilidade do Estado, pelos atos que seus agentes provocassem, porém baseada na culpa, o que, a toda evidência, gerava uma impossibilidade de ressarcimento na medida em que o ônus da prova, para os administrados, sempre se mostrava extremamente difícil e algumas vezes até impossível.

A teoria da irresponsabilidade do Estado restou totalmente ultrapassada no século XX, pois os últimos países que a acolhiam – Estados Unidos e a Inglaterra –, a abandonaram por completo: os Estados Unidos pelo *Federal Tort Claims Act*, de 1946; e a Inglaterra pelo *Crown Proceeding Act*, de 1947.

Por fim, proclamou-se a responsabilidade objetiva do Estado firmando-se essa posição com base nos princípios da equidade e da igualdade de ônus e encargos sociais, porquanto se a atividade administrativa é exercida em benefício da coletividade é justo que todos respondam pelos riscos de danos que esta atividade possa gerar para os administrados.

No Brasil nunca foi adotada a teoria da irresponsabilidade do Estado. O princípio da responsabilidade do Estado sempre foi reconhecido entre nós, ressalvando, contudo, que somente após o advento da Constituição Federal de 1946, é que a responsabilidade objetiva do Estado foi reconhecida, passando-se a adotar a teoria do risco administrativo, como instrumento a regular as responsabilidades do Estado e de seus agentes, em face do particular.

Na Constituição de 1824 (art. 179), bem como na de 1891 (art. 82), é possível encontrar a expressa previsão de responsabilização dos funcionários públicos por abusos e omissões que possam ter cometido no desempenho de seus cargos. Nestes casos a responsabilidade pelo eventual dano causado era do funcionário público, e não do Estado.

No Estado Novo, na vigência das Constituições de 1934 e de 1937, encontramos o princípio da responsabilidade solidária entre o Estado e o funcionário, de sorte que o lesado podia escolher se movia a ação contra o Estado ou contra o servidor, ou contra ambos.

Por fim, com a Carta Política de 1946, o legislador constituinte adotou o princípio da responsabilidade objetiva do Estado, prevendo a hipótese do Estado voltar-se contra o funcionário para se ressarcir do dano indenizado, em ação regressiva, desde que provasse a culpa do servidor (art. 194).

2. A CONSTITUIÇÃO DE 1988

A nossa Constituição Federal de 1988 ao prescrever que "as pessoas jurídicas de direito público e as de direito privado prestadoras de serviços públicos responderão pelos danos que seus agentes, nessa qualidade, causarem a terceiros" (art. 37, § 6º), adotou a responsabilidade objetiva, fundada na teoria do risco administrativo, pela qual ao ofendido bastará demonstrar o nexo causal entre a atividade omissiva ou comissiva do agente causador e o resultado danoso para que se faça surgir o dever de indenizar, assegurando-se ao Estado o direito da contraprova, pela qual poderá ser isentado desde que presentes algumas das tradicionais excludentes da responsabilidade civil, bem como o direito de regresso contra o agente causador do dano, se provado dolo ou culpa.

Embora a matéria de responsabilidade civil do Estado seja de direito constitucional e administrativo, o Código Civil traz também expressa previsão da responsabilidade objetiva do estado pelos atos de seus agentes (CC, art. 43).[1]

Fato que merece ser destacado é que o legislador constituinte pôs fim à polêmica vigente no sistema constitucional anterior, quando incluiu, expressamente, na responsabilização objetiva, "as pessoas jurídicas de direito privado prestadoras de serviços públicos". Dessa forma, além do próprio Estado (União Federal, Estados, Distrito Federal e Municípios), as autarquias, empresas públicas, empresas de economia mista, concessionárias, permissionárias e qualquer outro agente autorizado a realizar serviços públicos, respondem objetivamente pelos danos que, nesta condição, causarem a outrem.

Este é o fundamento da responsabilidade objetiva do Estado, pela qual "o dano sofrido pelo administrado tem como causa o fato da atividade administrativa, regular ou irregular; incompatível, portanto, com qualquer concepção de culpa administrativa, culpa anônima do serviço, falha ou irregularidade no funcionamento deste". Assim, a questão se desloca para a "investigação da causa do evento danoso, objetivamente considerada, mas sem se perder de vista a regularidade da atividade pública, a normalidade da conduta do ofendido, a eventual fortuidade do acontecimento, na determinação do que seja dano injusto, pois só este merece reparação".[2]

Tais fundamentos se assentam na moderna concepção de que os danos causados ao particular, pelo Estado ou pelas empresas (públicas ou privadas) prestadoras de serviços públicos, devem ser socializados porquanto o Estado age em nome do conjunto da sociedade e em seu favor, devendo assim, o ônus ser repartido equitativamente entre todos.

3. DA TEORIA DO RISCO ADMINISTRATIVO

A responsabilidade do Estado e de seus prestadores de serviços é objetiva conforme já assinalado, porém mitigada, na medida em que se pode excluir a responsabilidade do agente causador do dano, desde que provada a existência de caso fortuito ou de força maior, culpa exclusiva da vítima, bem como pelo fato de terceiro. Em outras situações, se o Estado provar a culpa concorrente da vítima, tal fato haverá que ser considerado como atenuante, com reflexos na fixação do valor indenizatório.

1. CC, Art. 43. As pessoas jurídicas de direito público interno são civilmente responsáveis por atos dos seus agentes que nessa qualidade causem danos a terceiros, ressalvado direito regressivo contra os causadores do dano, se houver, por parte destes, culpa ou dolo.
2. Yussef Said Cahali. Responsabilidade civil do estado, p. 27.

Não se deve confundir a responsabilidade do Estado e seus agentes, que é fundada na teoria do risco administrativo, com a responsabilidade objetiva com base na teoria do risco integral. Conforme já asseveramos, a responsabilidade no primeiro caso é mitigada, podendo ser eximida mediante a prova das tradicionais excludentes, enquanto que no segundo caso, não há falar-se em excludentes.

Se a responsabilidade do Estado se circunscreve aos danos que seus agentes, nessa qualidade, causarem a outrem, conclusão que exsurge é que não se pode responsabilizar os entes públicos pelos atos predatórios praticados por terceiros (saques, assaltos, depredações etc.), assim como pelos fenômenos da natureza (enchentes, inundações, desabamento, deslizamento de encostas etc.), justificando-se assim, as excludentes de força maior e fato de terceiro.

De toda sorte há que se fazer uma importante ressalva: Se uma obra necessária deixar de ser realizada pelo Estado e, de sua falta, sobrevier um dano, poderá o ente público ser responsabilizado por conduta omissiva. Considere-se, por exemplo, o caso de um muro de contenção de encosta que deveria ser construído para evitar o desmoronamento de um morro em rodovia, e ocorrendo o desmoronamento, em face de um fenômeno natural (chuva), vindo a soterrar veículos que transitavam naquela via, causando danos aos administrados, não há se falar em força maior porque a causa do dano não foi o fenômeno natural, mas sim a conduta omissiva do Poder Público que deixou de realizar obra necessária e inadiável.

No que tange às excludentes, fala-se ainda, que o Estado estará isento de responsabilidade por dano, se provar o "**estado de necessidade**" que, nada mais seria que a adoção do princípio da supremacia do interesse público, frente ao interesse do particular. Nestas circunstâncias, não haveria o dever de indenizar o dano, ainda que decorrente de ação do Estado, se provocada pelo agente público em face de situações especiais, como por exemplo, em guerra, situação em que o interesse público deveria ser privilegiado em detrimento do particular, por óbvias razões.

4. RESPONSABILIDADE SUBJETIVA DO AGENTE E A AÇÃO DE REGRESSO

Embora a responsabilidade civil do Estado seja objetiva, a do funcionário público causador do dano será apurada mediante a comprovação de culpa. Isso é importante para a eventual ação de regresso do Estado contra o seu agente.

Para a vítima isso nada representa tendo em vista que não se pode bipartir a responsabilidade do estado e do agente. Tenha-se em mente que quando ocorre um dano causado pela ação do Estado, alguém agiu e o fez representando o Estado, logo agente e Estado formam uma só unidade, para efeito da responsabilização civil.

A importância da apuração de culpa para poder responsabilizar o agente causador do dano se coaduna com o quadro geral de responsabilidade prevista no nosso ordenamento jurídico. A responsabilidade objetiva é do Estado, não do seu agente, que somente será responsabilizado se for provado ter agido com culpa ou dolo.

Obviamente o Estado tem o direito de se voltar contra o agente causador do dano em ação de regresso para se ver indenizado pelos danos que seu agente causou a terceiros. Para isso deverá primeiro indenizar a vítima. Depois terá o prazo de 3 (três) anos para ajuizar ação regressiva contra o funcionário causador do dano.

Cabe ainda destacar que a denunciação da lide do agente, na ação da vítima contra o Estado, normalmente não é aceita pelos nossos tribunais, tendo em vista que esse mecanismo atuaria contra os interesses da vítima na exata medida em que causaria tumulto discutir no mesmo processo a responsabilidade objetiva do Estado e a subjetiva do agente.

Vamos rememorar que somente as pessoas jurídicas de direito público, ou as pessoas jurídicas de direito privado que prestem serviços públicos, é que poderão responder, objetivamente, pela reparação de danos a terceiros (ver CF, art. 37, § 6º). A conclusão é que a ação de indenização a ser proposta pela vítima deverá ser dirigida ao ente público ao qual está vinculado o agente, jamais contra o próprio agente que, *in casu*, seria parte ilegítima.

Lição 22
RESPONSABILIDADE CIVIL NO CÓDIGO DE DEFESA DO CONSUMIDOR (LEI Nº 8.078/90)[1]

1. A CONSTITUIÇÃO FEDERAL DE 1988 E O CONSUMIDOR

É de fundamental importância destacar inicialmente que o Código de Defesa do Consumidor nasceu por expressa determinação constitucional.

O constituinte de 1988 alçou a defesa do consumidor a *status* constitucional ao inserir, dentre os direitos e garantias fundamentais, a defesa do consumidor (ver CF, art. 5º, XXXII). Ademais, ao regular os princípios pelos quais se deve reger a ordem econômica, incluiu a defesa do consumidor como postulado a ser respeitado (ver CF, art. 170). Não bastassem estas duas inserções, nos Atos das Disposições Constitucionais Transitórias, o legislador constituinte determinou ao legislador ordinário que elaborasse o Código de Defesa do Consumidor (ADCT, art. 48).[2]

1. Para um estudo mais aprofundado sobre o tema remetemos o leitor à nossa obra *Da defesa do consumidor em juízo*, Editora Atlas, 2010, donde extraímos parte dos comentários que constarão desta lição.
2. ADCT, Art. 48. O Congresso Nacional, dentro de cento e vinte dias da promulgação da Constituição, elaborará código de defesa do consumidor.

Desta forma, o Código de Defesa do Consumidor (Lei nº 8.078/90), ao ser elaborado por expressa determinação constitucional e ao se autodenominar como norma de ordem pública e de interesse social (CDC, art. 1º),[3] assegurou sua aplicação, enquanto microssistema legal, a todos os ramos do direito, onde a presença do consumidor possa ser encontrado. Daí se poder afirmar que, **sempre que houver uma relação de consumo, a lei a ser aplicada será a consumerista**, não importando tratar-se de relação contratual ou extracontratual, isto porque as regras principiológicas do seu corpo normativo hão de permear todo o sistema jurídico vigente para assegurar a sua prevalência frente a qualquer outra norma que com ela colida.

Fazendo uma analogia, já afirmamos que **o Código de Defesa do Consumidor é para o consumidor o que a Consolidação das Leis do Trabalho é para o trabalhador**: ambas são legislações dirigidas a determinado segmento da população, visando a uma proteção especial aos mais fracos na relação jurídica. Ambos revolucionaram conceitos quando de suas promulgações. Ambas são prevalentes em face de qualquer outra norma legal que com elas colidam na matéria que regulam.

Em face de seu caráter protecionista, o Código do Consumidor não se limitou a conceituar o consumidor tão somente como destinatário final de produtos, criou outras figuras, tais como o consumidor por equiparação (ver CDC, arts. 2º, parágrafo único, 17 e 29), o consumidor vulnerável (ver CDC, art. 4º, I), o consumidor carente (ver CDC, art. 5º, I), o consumidor hipossuficiente que pode vir a ser beneficiário da inversão do ônus da prova (ver CDC, art. 6º, VIII) e o consumidor que necessita da proteção do Estado, ao assegurar o acesso aos órgãos judiciários e administrativos, com vistas à prevenção ou reparação de danos patrimoniais e morais, individuais, coletivos ou difusos (ver CDC, art. 6º, VII), dentre outros.

De destacar que, apesar de nosso Código ser o resultado de pesquisa em várias legislações alienígenas, ele foi a primeira legislação consolidada protetiva do consumidor no mundo, tanto que o jurista português Mario Ferreira Monte não poupa elogio à sua promulgação quando preleciona: "Na verdade, o Código Brasileiro de Defesa do Consumidor foi o culminar de um movimento, já que, como confessadamente dizem os autores de seu anteprojeto, ele se inspirou em outras leis advindas de outros países [...]. Por outro lado, significa o primeiro passo para a codificação, no resto do mundo, porque, na verdade foi, o primeiro

---

3. CDC, Art. 1º O presente código estabelece normas de proteção e defesa do consumidor, de ordem pública e interesse social, nos termos dos arts. 5º, inciso XXXII, 170, inciso V, da Constituição Federal e art. 48 de suas Disposições Transitórias.

Código a surgir, principalmente se atendermos à sua ambiciosa estrutura, bem como à quantidade de normas que regulamentam todas as matérias atinentes ao consumidor e onde tem lugar mesmo um conjunto de normas sancionatórias, administrativas e penais."[4]

2. O PRINCÍPIO DA ISONOMIA

Pelo princípio da isonomia (CF, art. 5º, *caput*) a Constituição busca colocar todos em igualdade perante a lei. A importância deste princípio redunda no fato de que não se trata apenas de colocar todos em igualdade perante a lei, mas, sobretudo, em face da lei, tendo em vista que modernamente, o princípio da isonomia deve ser compreendido não apenas sob o seu aspecto formal. Muito mais do que isso, deve ser compreendido sob o prisma substancial, de modo a **tratar os iguais de forma igual e os desiguais de forma desigual**, na exata medida das suas desigualdades. Essa igualdade material, contudo, não se destina a justificar diferenças sociais, como sustentava, por exemplo, Aristóteles. Ao revés, a isonomia substancial deve ser um instrumento de realização da justiça social e de mitigação das disparidades existentes na sociedade.

Por isso mesmo, quando o Código de Defesa do Consumidor prevê, por exemplo, a possibilidade de inversão do ônus da prova (Lei 8.078/90, art. 6º, VIII) nada mais está fazendo do que igualizando os desiguais, sendo exemplo típico da aplicação do princípio constitucional da isonomia, pois como o consumidor é a parte mais fraca e vulnerável na relação de consumo, justifica-se ser tratado de forma mais benéfica, para que se possa almejar a igualdade real entre os litigantes nas relações de consumo. Neste caso, a lei discrimina para tornar realidade o princípio constitucional da isonomia, na medida em que trata desigualmente os desiguais, na exata medida em que reconhece a existência dessa desigualdade, buscando assim uma igualdade substancial e não apenas formal.

Aliás, a própria Constituição Federal reconhece, ainda que não de forma expressa, a necessidade de proteção ao consumidor, reconhecendo ser ele parte mais fraca na relação de consumo e, portanto, merecedor de tratamento diferenciado, pois o texto constitucional todas as vezes que se refere ao consumidor o faz utilizando a locução "defesa do consumidor" o que faz pressupor que o mesmo necessita de maior proteção, sendo este um comando dirigido ao interprete, ao aplicador da norma e ao legislador infraconstitucional, visando concretizar o princípio da isonomia (ver CF, art. 5º, XXXII e art. 170, V).

4. *Da proteção penal do consumidor*: problema da (des)criminalização no incitamento ao consumo. Coimbra: Almedina, 1996, p. 82 (apud: Sergio Cavalieri Filho, *Programa de direito do consumidor*, p. 10).

3. A PROTEÇÃO AO CONSUMIDOR

A aprovação da **Lei nº 8.078/90 provocou uma verdadeira revolução nas concepções vigentes no direito pátrio**, notadamente no que diz respeito à responsabilidade civil e às regras processuais, impondo alguns postulados que visam facilitar o efetivo exercício dos direitos do consumidor, e dentre estes, pela importância, destacamos (de 'A' a 'Z') os seguintes:

a) Princípio da boa-fé objetiva, pelo qual se exige das partes que procedam segundo um mínimo de lealdade, de padrão ético e em estrito respeito às leis (ver CDC, art. 4º, III), decorrendo deste princípio outros deveres anexos tais como: o dever de informação, de lealdade, de cooperação mútua e de assistência técnica.

b) A possibilidade da cumulação do dano moral e patrimonial, de forma efetiva, isto é, integral e sem tarifação, com vista a efetiva prevenção e reparação de danos individuais ou coletivos (ver CDC, art. 6º, VI).

c) A inversão do ônus da prova, como forma de facilitação da defesa do consumidor em juízo (ver CDC, art. 6º, VIII).

d) A possibilidade de utilização de todos os direitos possíveis, fixados em leis, tratados ou regulamentos, desde que sejam mais favoráveis ao consumidor, bem como dos princípios gerais de direito, da equidade, da analogia e dos bons costumes (ver CDC, art. 7º, *caput*).

e) A solidariedade entre todos os participantes da cadeia de produção e distribuição de produtos ou serviços ao mercado de consumo, bem como aos causadores de danos, ampliando e facilitando a possibilidade de sucesso nas ações que versem sobre ressarcimentos de danos propostas por consumidores (ver CDC, art. 7º, parágrafo único, 18, *caput* e 25, § 1º).

f) A responsabilidade objetiva do fornecedor de produtos ou serviços em face de acidentes de consumo envolvendo o próprio consumidor, o utente ou qualquer outra pessoa eventualmente atingida pelo evento danoso (ver CDC, arts. 12, 14 e 17 c/c 6º, VI).

g) A garantia de qualidade e quantidade de produtos ou serviços adquiridos, garantindo-se ao consumidor o direito de troca, restituição ou abatimento do preço quando o vício não for sanado (ver CDC, arts. 18 e 20).

h) A obrigatoriedade dos órgãos públicos ou suas concessionárias e permissionárias, de oferecerem serviços adequados e eficientes e quanto aos essenciais, de forma contínua (ver CDC, art. 22).

i) A segurança da garantia legal, independente do termo expresso assumido pelo fornecedor, vedada também a sua exoneração, mesmo que por cláusula contratual expressa (ver CDC, art. 24).

j) A expressa proibição de inserção, nos contratos, da cláusula de não indenizar (ver CDC, art. 25).

k) A desconsideração da personalidade jurídica com o fim de assegurar a efetiva reparação de dano (ver CDC, art. 28).

l) O princípio da vinculação, pelo qual qualquer informação ou publicidade minimamente precisa, realizada por qualquer meio de divulgação, passa a integrar o contrato de fornecimento de produtos ou serviços, obrigando o fornecedor (ver CDC, art. 30).

m) A responsabilidade solidária do fornecedor por seus prepostos ou representantes autônomos, em face da teoria da aparência (ver CDC, art. 34).

n) A proibição de cobrança de dívida de forma abusiva ou vexatória (ver CDC, art. 42, *caput*).

o) O direito de recebimento em dobro do que o consumidor pagou em excesso, quando cobrado por dívida inexistente (ver CDC, art. 42, parágrafo único).

p) A obrigatoriedade dos bancos de dados de cadastros de consumidores (tipo Serasa e SPC), de informar previamente ao consumidor sobre abertura de fichas e cadastros e de suas fontes de informação (ver CDC, art. 43).

q) A exclusão da força obrigatória dos contratos quando o consumidor não tiver prévio conhecimento de seu conteúdo ou forem redigidos de modo a dificultar a sua compreensão (ver CDC, art. 46).

r) A interpretação das cláusulas contratuais sempre de forma mais favorável ao consumidor (ver CDC, art. 47).

s) O direito de arrependimento e de devolução do produto, no prazo de sete dias, quando adquirido fora do estabelecimento comercial (ver CDC, art. 49)

t) A expressa determinação de que a garantia contratual, quando ofertada de forma expressa pelo fornecedor, é complementar à legal (ver CDC, art. 50).

u) A expressa previsão de nulidade no que diz respeito às cláusulas que possam ser consideradas abusivas (ver CDC, art. 51 e seus incisos).

v) A proibição de perdimento das parcelas pagas, em face do inadimplemento do consumidor, nos contratos de compra e venda de bens móveis ou imóveis à prestação, bem como nos de alienação fiduciária (ver CDC, art. 53).

w) A possibilidade de proposição de ações coletiva com vista à reparação e prevenção de danos, não só pelos entes públicos bem como por entidades representativas e até por órgãos despersonalizados, tudo em nome da defesa dos interesses da coletividade (ver CDC, art. 81).

x) A possibilidade de propositura de quaisquer tipos de ação, desde que assegurem a defesa dos interesses tutelados pelo Código (ver CDC, art. 83).

y) A proibição de denunciação à lide, prevista no Código apenas no que diz respeito aos comerciantes (ver CDC, art. 88 c/c 13, parágrafo único), porém alargada sua aplicação em face da interpretação doutrinária e jurisprudencial vigente.

z) A facilitação da defesa do consumidor com o estabelecimento de foro privilegiado, em se tratando de ação por responsabilidade civil, visto que a demanda poderá ser proposta no foro do domicílio do autor (ver CDC, art. 101, I).

É interessante anotar que, apesar destes postulados serem de clareza meridiana, constatamos quotidianamente, resistências junto aos operadores do direito quanto à aplicação das normas protetivas agasalhadas no Código de Defesa do Consumidor.

Sob esta ótica, quando falamos em relação de consumo em sentido amplo e, de outro lado, na responsabilização civil contratual ou extracontratual do fornecedor de produtos e/ou serviços, é comum nos depararmos com conceitos privativistas que estão de há muito superados, não só pelos princípios informativos da relação de consumo contidos na lei consumerista (vulnerabilidade, hipossuficiência, transparência, boa-fé objetiva etc.), como também pela teoria da responsabilidade objetiva do fornecedor que advém dos deveres inerentes à atividade econômica, ou seja, da responsabilidade pelo risco da atividade.

4. A FIGURA DO CONSUMIDOR

Consumidor é toda pessoa física ou jurídica que adquire ou utiliza produtos ou serviços na condição de destinatário final (CDC, art. 2º).

Contudo, para enquadrar adequadamente aqueles que possam ser beneficiários das normas protetivas dos direitos elencados pelo Código consumerista, é preciso que se faça um cotejo entre o contido no artigo 2º, *caput* e seu parágrafo único, bem como do art. 17 e do art. 29, todos do Código de Defesa do Consumidor (Lei 8.078/90), de tal sorte a interpretar adequadamente à vontade protetiva emanada da norma legal.

Logo, não se há de ficar adstrito a figura do consumidor *stricto sensu* previsto no *caput* do art. 2º, que prevê como tal àquele que seja o destinatário final de um produto ou serviço, pois é forçoso que se amplie esta conceituação porque o legislador, no parágrafo único do mesmo artigo criou a figura do **consumidor por equiparação** ao prever expressamente que a coletividade de pessoas, ainda que indetermináveis, desde que tenham intervindo nas relações de consumo, devem ser equiparadas a consumidores. Nesse passo, o art. 17 da lei em comento, também equipara à condição de consumidor todas as pessoas que possam ter sido vitimadas pelos acidentes decorrentes do fato de produto ou serviço, o chamado ***bystander***. Ainda neste norte, o Código quando regula as chamadas práticas comerciais, cria outro tipo de consumidor equiparado quando preceitua: "Para os fins deste Capítulo e do seguinte, equiparam-se aos consumidores todas as pessoas determináveis ou não, expostas às práticas nele previstas" (art. 29).

É importante registrar que a Profa. Claudia Lima Marques, discorrendo sobre a definição de consumidor e, ao admitir necessitar rever seus conceitos sobre legitimação de terceiros, deixou assentado que "a maior contribuição do CDC ao direito civil atual reside justamente na superação do conceito de sujeito individual, o que na prática altera todas as nossas definições de terceiro". Para em seguida concluir que o sujeito da relação juridicamente relevante pode ser individual, coletivo ou difuso, como também pode ser além daquele que contrata, a vítima terceira naquela relação de contrato, ou seja, o chamado 'bystander'.[5]

A partir dessas considerações iniciais, tenha-se em mente que a legislação consumerista prevê dois tipos de consumidores, iniciando pelo **consumidor em sentido *stricto***, incluindo a pessoa jurídica e o profissional (previsto na *caput* do art. 2º), bem como as demais três hipóteses de **consumidor por equiparação**, quais sejam: a coletividade de pessoas (art. 2º, parágrafo único); as vítimas do acidente de consumo (art. 17); e as pessoas expostas às práticas abusivas (art. 29).

> **Atenção:** com relação à aplicação das normas consumeristas à pessoa jurídica e ao profissional há uma discussão doutrinaria e jurisprudencial quanto ao enquadramento destes entes como consumidores, tendo surgido algumas teorias que podemos assim resumir: teoria minimalista ou finalista (consumidor é somente a pessoa física); teoria maximalista (todos são consumidores independente de ser pessoa física ou jurídica) e teoria da causa final (consumidor é quem retira o produto ou serviço do mercado e não volta a recolocá-lo, seja pessoa física, jurídica ou profissional).

5. Proposta de uma teoria geral dos serviços com base no Código de Defesa do Consumidor, p. 35.

5. DEVER DE SEGURANÇA

Quando se trata de responsabilidade civil no Código de Defesa do Consumidor é preciso destacar desde logo que essa **responsabilidade** está intimamente ligada a um **dever de qualidade e de segurança** que é imposta ao **fornecedor** (de produtos ou de serviços). Isto quer dizer que aquele que coloca um produto ou um serviço no mercado tem a obrigação legal de ofertá-lo sem risco ao consumidor no que diz respeito à sua saúde, à sua integridade física e ao seu patrimônio.

Esta responsabilidade não é ilimitada e sua compreensão deve se dar dentro de um contexto do razoável; deve ser entendida como um dever de qualidade-segurança que será limitado, à segurança que se possa legitimamente esperar do produto ou do serviço (CDC, art. 12, § 1º).[6]

Cabe advertir que **o CDC não desconhece nem proíbe que produtos naturalmente perigosos sejam colocados no mercado de consumo**, o que não pode acontecer é que qualquer falha ou defeito crie uma periculosidade não previsível ou não informada ao consumidor.

Assim, a segurança que dele legitimamente se espera está diretamente relacionada com a qualidade, o que significa dizer que, se o produto apresentar defeito ou vício de qualidade, que possa acarretar algum prejuízo, poderão ser acionados os instrumentos administrativos ou judiciários para a prevenção ou correção do problema apresentado.

6. RESPONSABILIDADE OBJETIVA COMO REGRA

Prescreve o Código de Defesa do Consumidor, quando trata da responsabilidade do fornecedor pelos defeitos de produtos (CDC, art. 12, *caput*)[7] e de serviços (CDC, art. 14, *caput*),[8] que a responsabilidade de indenizar, independe da existência de culpa, logo trata-se de responsabilidade objetiva (sem culpa).

---

6. CDC, Art. 12. (Omissis)
   § 1º O produto é defeituoso quando não oferece a segurança que dele legitimamente se espera, levando-se em consideração as circunstâncias relevantes, entre as quais:
   I – sua apresentação;
   II – o uso e os riscos que razoavelmente dele se esperam;
   III – a época em que foi colocado em circulação.
7. CDC, Art. 12. O fabricante, o produtor, o construtor, nacional ou estrangeiro, e o importador respondem, independentemente da existência de culpa, pela reparação dos danos causados aos consumidores por defeitos decorrentes de projeto, fabricação, construção, montagem, fórmulas, manipulação, apresentação ou acondicionamento de seus produtos, bem como por informações insuficientes ou inadequadas sobre sua utilização e riscos.
8. CDC, Art. 14. O fornecedor de serviços responde, independentemente da existência de culpa, pela reparação dos danos causados aos consumidores por defeitos relativos à prestação dos serviços, bem como por informações insuficientes ou inadequadas sobre sua fruição e riscos.

Pela teoria do risco da atividade ou risco proveito, ou ainda, risco do empreendimento, quem desenvolve uma atividade com fins de lucros, tem que assumir as responsabilidades decorrentes da própria atividade. A lógica se encontra no fato de que se a atividade resulta em benefícios para seu empreendedor, nada mais justo que o mesmo assuma os riscos pelos prejuízos que, eventualmente, esta atividade possa vir a causar a outrem.

A adoção da teoria do risco da atividade ou risco proveito funda-se, portanto, na premissa de que as perdas decorrentes do dever de indenizar serão compensadas com os lucros obtidos na atividade negocial do agente causador do dano. É a chamada justiça distributiva que pressupõe repartir os riscos da atividade de consumo, entre todos os participantes da sociedade de consumo, seja através da política de preços ou dos seguros sociais.

É importante salientar que o risco de que nos fala o Código de Defesa do Consumidor (ver art. 12 e 14, *caput, in fine*), está intimamente ligado ao dever jurídico de respeitar a integridade física, psíquica e patrimonial da vítima. Violado este dever jurídico, nascerá para o lesado o direito à indenização e, para o detentor da atividade, o dever de indenizar em razão de sua atividade. Nestas circunstâncias, não se discute a existência de culpa do agente, bastando à vítima demonstrar a ocorrência do dano e o nexo de causalidade, para fazer nascer o dever indenizatório, porquanto, trata-se de responsabilidade objetiva.

Ademais, em havendo mais de um causador do dano, todos responderão solidariamente a teor do que dispõe a lei consumerista, cabendo ao consumidor escolher se demanda o fornecedor mediato, imediato ou todos envolvidos na cadeia de produção, circulação ou distribuição (CDC, art. 7º, parágrafo único[9] e o art. 25, § 1º).[10]

Evidentemente que o fornecedor que vier a cumprir com a obrigação de indenizar terá direito de regresso contra os demais participantes do fato lesivo indenizado. Contudo, deverá servir-se de processo autônomo ou, ainda que se sirva dos próprios autos que originou sua condenação, terá que fazê-lo depois de atendida a reivindicação do consumidor, visto que o Código proíbe, expressamente, a denunciação à lide (CDC, art. 88).[11]

---

9. CDC, Art. 7º (Omissis)

   Parágrafo único. Tendo mais de um autor a ofensa, todos responderão solidariamente pela reparação dos danos previstos nas normas de consumo.

10. CDC, Art. 25 (Omissis)

   § 1º Havendo mais de um responsável pela causação do dano, todos responderão solidariamente pela reparação prevista nesta e nas seções anteriores.

11. CDC, Art. 88. Na hipótese do art. 13, parágrafo único deste código, a ação de regresso poderá ser ajuizada em processo autônomo, facultada a possibilidade de prosseguir-se nos mesmos autos, vedada a denunciação da lide.

Atenção: embora a responsabilidade dos fornecedores de produtos ou serviços seja objetiva, não é do tipo integral tendo em vista a existência de excludentes de responsabilidade (ver item 12 dessa lição). Por isso dizemos que **a responsabilidade é objetiva, porém mitigada.**

7. DA RESPONSABILIDADE DO FORNECEDOR PELO FATO DO PRODUTO

Esclareça-se por primeiro que, por fato de produto deve ser entendido como o acidente que cause danos físicos ou psíquicos ao consumidor ou ao utente em razão de um produto defeituoso. Quer dizer, para caracterizar o fato de produto (acidente de consumo) é necessário que o produto defeituoso ocasione dano físico ou psíquico ao consumidor ou utente, pois se esse defeito apenas frustrar as expectativas de uso, por impróprios ou inadequados, estaremos diante do vício de produto cujos prejuízos, mais das vezes, serão exclusivamente de ordem material.

Além disso, o Código de Defesa do Consumidor considera defeituoso o produto que não oferecer a segurança legitimamente dele esperada, considerando-se a sua apresentação, o uso e riscos razoavelmente dele esperado e a época em que foi colocado no mercado (ver art. 12, § 1º, I a III).

Assim, o produto poderá ser considerado defeituoso se houver falhas na sua apresentação, incluindo-se rótulo, bula e publicidade, que deverão ser claras e ostensivas, em linguagem acessível, devendo informar para quais usos se recomenda o produto, quais os riscos que podem advir do mesmo, os cuidados que devem ser tomados no manuseio e uso, além das instruções quanto ao uso e fruição do produto.

Alguns produtos são naturalmente perigosos e, às vezes, esse perigo é inerente ao mesmo sob pena de frustrar a legítima expectativa e satisfação do consumidor. Uma faca de cozinha, por exemplo, é naturalmente perigosa e frustrará a expectativa de uso se ela não se prestar a cortar os alimentos. Nestas circunstâncias, o fato do consumidor cortar acidentalmente a mão no manuseio desta faca, tal fato não ensejará para o fornecedor nenhum dever indenizatório, pois o risco de corte é próprio do produto, sendo aquilo que a doutrina chama de "risco inerente". Diferentemente se o consumidor ao utilizar a faca venha a se ferir em face de um defeito no cabo da mesma, que se desprendeu ao ser manuseado, pois aí estaremos diante de um risco não previsível sendo aquilo que se pode chamar de "risco adquirido".

Nesse caso, respondem pelo dever de indenizar o fabricante, o produtor, o construtor, nacional ou estrangeiro, ou mesmo o importador, já que o comerciante tem tratamento diferente conforme veremos a seguir.

8. A RESPONSABILIDADE CONDICIONADA DO COMERCIANTE PELO FATO DE PRODUTO

No que diz respeito à responsabilização pelo fato de produto, o comerciante é também igualmente responsabilizado objetivamente, porém o legislador consumerista ressalvou, expressamente, que essa responsabilidade somente se operará quando for impossível ou difícil a identificação do fabricante, construtor, produtor ou importador do produto ou, quando se tratar de produtos perecíveis e o comerciante não os conservar de forma adequada (CDC, art. 13).

A opção legislativa foi no sentido de considerar o comerciante também responsável objetivamente, porém, de forma condicionada (muitos falam que é subsidiária), quer dizer que ele somente será chamado a responder pelos danos aos consumidores quando se fizer presente alguma das alternativas expressamente prevista na lei consumerista (Lei nº 8.078/90, art. 13), já que, via de regra, quem deverá responder pelo acidente de consumo será o fabricante, o produtor, o construtor (nacional ou estrangeiro), e o importador.

Importante destacar que a responsabilidade do comerciante de produto anônimo (art. 13, I e II) tem uma natureza "coercitiva e sancionatória". Coercitiva, porque meio indireto de constranger o comerciante a comunicar à vítima a identidade do fabricante, produtor ou importador do produto. Sancionatória porque, se não o fizer, sofrerá diretamente os efeitos da responsabilização pelo dano como uma sanção pelo não esclarecimento solicitado pela vítima.

Já no tocante à responsabilidade decorrente da guarda e conservação inadequada de produtos perecíveis (art. 13, III), a previsão se assenta em duas premissas: ou o comerciante deverá ser instado a responder por ato próprio, quando tenha sido negligente, não conservando adequadamente o produto; ou, será responsabilizado conjuntamente já que não se pode exigir do consumidor que investigue se o produto já saiu de fábrica deteriorado; se foi deteriorado no transporte, ou se veio a se deteriorar nas instalações do comerciante.

Verifica-se que nas hipóteses elencadas a responsabilidade do comerciante emerge como própria, daí porque não se pode falar em subsidiariedade pois se assim fosse, seria necessário primeiro acionar algum dos obrigados principais (art. 12), para somente na sua impossibilidade, dirigir-se a demanda contra o comerciante, não é esse o espírito da lei.

De toda sorte, se o comerciante vier a ser condenado por acidente de consumo, sem ter responsabilidade direta pelo fato do produto, poderá voltar-se contra o responsável pela inserção do produto no mercado de consumo, visando ser ressarcido pela indenização a que se viu obrigado. Isto poderá acontecer através de ação autônoma ou mesmo nos próprios autos, porém somente após o atendimento da demanda do consumidor, visto que a lei consumerista veda a denunciação à lide (art. 13, parágrafo único c/c art. 88, ambos do CDC).

9. A DIFERENÇA ENTRE VÍCIO E DEFEITO DE PRODUTOS

Cabe esclarecer por primeiro que o CDC ao tratar de vícios de produtos, adotou uma postura diferente com relação ao comerciante tendo em vista que ele recebe o mesmo tratamento dado aos demais envolvidos na cadeia de introdução/distribuição do produto no mercado de consumo, pois o Código refere-se, genericamente, a todos os fornecedores de produtos de consumo, duráveis ou não duráveis, afirmando expressamente que todos respondem solidariamente pelos vícios de qualidade ou de quantidade por ventura existente (CDC, art. 18, *caput*).[12] Veja-se que neste caso, a lei consumerista não faz nenhuma distinção de tal sorte a afirmar que, deparando-se com vício de produto, o consumidor pode intentar sua ação contra qualquer um dos participantes na cadeia de produção, distribuição ou comercialização do produto viciado.

Mas, qual é a diferença entre vício e defeito de produto? Resposta: o produto é viciado quando gera uma frustração nas expectativas do consumidor e pode lhe gerar um prejuízo financeiro; enquanto que será defeituoso quando o seu uso acarretar danos físicos ou psíquicos ao consumidor ou utente.

Quer dizer, se em razão do defeito do produto, ocorre um acidente que venha a atingir a incolumidade física ou psíquica do adquirente ou utente, estamos diante de um "fato de produto" ou de um "acidente de consumo". Se o produto adquirido frustra a expectativa de uso em razão de disparidades nele contida, ou se há um defeito que lhe diminui o valor ou a utilidade, há somente prejuízo de ordem material em razão da diminuição de expectativa de uso do produto, portanto estamos diante de um "vício de produto".

9.1 Defeito de produto

A responsabilidade pelo fato de produto (defeito de produto), decorre do acidente causado pelo produto que, apresentando um defeito, vem a ofender o consumidor ou utente, em seu aspecto físico ou psíquico. A noção de defeito,

12. Art. 18. Os fornecedores de produtos de consumo duráveis ou não duráveis respondem solidariamente pelos vícios de qualidade ou quantidade que os tornem impróprios ou inadequados ao consumo a que se destinam ou lhes diminuam o valor, assim como por aqueles decorrentes da disparidade, com a indicações constantes do recipiente, da embalagem, rotulagem ou mensagem publicitária, respeitadas as variações decorrentes de sua natureza, podendo o consumidor exigir a substituição das partes viciadas.

portanto está intimamente ligada a ocorrência de um acidente que atinja a vida, a segurança, a saúde, enfim, a incolumidade física ou psíquica das pessoas atingidas pelo evento lesivo, independentemente do dano material em face da inadequação do produto ou serviço. Anote-se por oportuno que, o Código quando trata dos defeitos de produtos, ou mesmo de serviços, procura estabelecer duas órbitas de proteção ao consumidor: a primeira e de maior relevo, no que diz respeito à incolumidade físico-psíquica do adquirente ou utente, e a outra, em razão da incolumidade econômica do adquirente em razão dos prejuízos relacionados com a qualidade do produto ofertado.

> **Exemplo**: Imagine-se a aquisição de um liquidificador que ao ser ligado à corrente elétrica vem a ter sua hélice desprendida e atinja o consumidor provocando-lhe corte na face. Nestas circunstâncias estamos diante de um fato de produto (acidente de consumo), indenizável a título de dano material, moral e estético (ver CDC, art. 12, *caput*).

9.2 Vício de produto

No que diz respeito aos vícios, estes estão intimamente ligados a uma inadequação de produto que causa prejuízo econômico ao consumidor, seja em razão de disparidade entre o ofertado e o efetivamente encontrado, seja em razão da frustração quanto ao uso que dele se esperava, seja em razão da diminuição do valor do produto ou serviço em face de partes viciadas. Nestes casos o dano sofrido pelo adquirente é, mais das vezes, exclusivamente de ordem econômica de tal sorte que a lei lhe autoriza a trocar o produto, redibir o preço ou pleitear um abatimento no preço se desejar permanecer com o produto apesar do vício apresentado, quando não for possível o fornecedor sanar o vício (ver CDC, art. 18, *caput*).

> **Exemplo:** Vamos imaginar aquele mesmo liquidificador referido acima que, ao ser ligado apenas desprende sua hélice, porém a mesma não vem a atingir ninguém. Nesse caso, estaremos diante de um vício de produto que, não sendo sanado no prazo de 30 dias, autoriza o consumidor a pleitear a troca, a redibição ou o abatimento de preço (CDC, art. 18, § 1º).[13]

---

13. Art. 18. Omissis

§ 1º Não sendo o vício sanado no prazo máximo de trinta dias, pode o consumidor exigir, alternativamente e à sua escolha:

I – a substituição do produto por outro da mesma espécie, em perfeitas condições de uso;

II – a restituição imediata da quantia paga, monetariamente atualizada, sem prejuízo de eventuais perdas e danos;

III – o abatimento proporcional do preço.

10. RESPONSABILIDADE DO FORNECEDOR PELO FATO DE SERVIÇO

Fato do serviço é o acidente de consumo, resultante da prestação de um serviço defeituoso, que cause dano físico ou psíquico ao consumidor, ao utente ou ao terceiro equiparado. Dentre esses "defeitos", se inclui não só a segurança que do serviço legitimamente se espera, mas principalmente a informação clara e adequada sobre a utilização e os riscos que o mesmo possa oferecer (CDC, art. 14, *caput* e, § 1º).[14]

Segundo a lei consumerista, serviço é toda e qualquer atividade fornecida no mercado de consumo, mediante remuneração, inclusive as de natureza bancária, financeira, de crédito e securitária, exceto aquelas decorrentes das relações trabalhistas (ver CDC, art. 3º, § 2º).

Embora o Código consumerista fale em remuneração como forma de caracterizar serviço, entendemos que isto não se aplica à questão atinente à responsabilização pelos danos decorrentes da prestação de serviço defeituosa, tendo relevância somente para a responsabilidade por vícios de produtos.

Além do mais, não se pode descurar que determinados serviços, ainda que gratuitos, apenas guardam essa aparência porque, em verdade, seus custos estão embutidos na atividade fornecida aos consumidores, tais como o estacionamento fornecido "gratuitamente" pelos supermercados e shoppings centers aos consumidores.

O legislador consumerista regulou o fato do serviço no art. 14 do CDC, e, da mesma forma como fez com o fato de produto no art. 12, fixou a responsabilidade do fornecedor de serviço como sendo objetiva, ao consignar: "O fornecedor de serviços responde, independentemente da existência de culpa, pela reparação dos danos causados aos consumidores por defeitos relativos à prestação dos serviços, bem como por informações insuficientes ou inadequadas sobre sua fruição e riscos".

Assim, o fornecedor de serviços responde objetivamente pelos danos causados por sua atividade, logo, ao eventual lesado incumbe tão somente a comprovação do dano e do respectivo nexo de causalidade entre o dano e o serviço prestado defeituosamente, para fazer nascer o seu direito à indenização, independentemente de qualquer discussão a respeito de culpa.

---

14. Art. 14. O fornecedor de serviços responde, independentemente da existência de culpa, pela reparação dos danos causados aos consumidores por defeitos relativos à prestação dos serviços, bem como por informações insuficientes ou inadequadas sobre sua fruição e riscos.

    § 1º O serviço é defeituoso quando não fornece a segurança que o consumidor dele pode esperar, levando-se em consideração as circunstâncias relevantes, entre as quais:

    I – o modo de seu fornecimento;

    II – o resultado e os riscos que razoavelmente dele se esperam;

    III – a época em que foi fornecido.

11. A EXCEÇÃO QUANTO AOS PROFISSIONAIS LIBERAIS

A responsabilidade civil dos profissionais liberais, por falhas na prestação de serviços, **deve ser fixada mediante a apuração de culpa**, é o que preceitua o Código de Defesa do Consumidor (CDC, art. 14, § 4º).[15] Assim, a responsabilidade é subjetiva constituindo-se em exceção à regra geral ínsita na lei consumerista.

Dessa forma, **em qualquer ação indenizatória** manejada contra profissional liberal **se exigirá de seu proponente**, além da demonstração do dano e do nexo causal, **a prova da culpa do profissional fornecedor de serviço**, em qualquer de suas modalidades: negligência, imprudência ou imperícia.

Importante esclarecer que profissional liberal é o prestador de serviço que atua em nome próprio, fazendo do exercício de sua profissão uma ferramenta de trabalho e de sobrevivência, sem vínculo de subordinação com aquele que o remunera. Dentre estes se pode enquadrar o médico (com algumas exceções), o advogado, o engenheiro, o dentista e o arquiteto, dentre outras. Verifica-se, assim, que somente o profissional que age em nome próprio pode se beneficiar da exceção legislativa do Código de Defesa do Consumidor, não se podendo estender tal preceito às pessoas jurídicas às quais estejam vinculadas ou prestem serviços.

Questão que suscita acalorados debates é a que diz respeito à inversão do ônus da prova nas ações que visam ressarcimento em face de danos decorrentes da atividade dos profissionais liberais. Nesta seara assume grande importância a discussão quanto a ser de meio ou de resultado a obrigação assumida pelo profissional liberal.

11.1 Obrigação de meio

Obrigação de meio é aquela em que o profissional (fornecedor) se obriga a empregar seus conhecimentos e técnicas disponíveis visando um determinado resultado em favor de seu contratante (consumidor), sem, contudo, responsabilizar-se pelo êxito da empreitada. Nestas circunstâncias e não sendo atingido o objetivo final do contrato, o lesado somente logrará obter indenização se provar, e esse é seu ônus, que os resultados somente não foram atingidos porque o profissional não agiu com a diligência e os cuidados exigidos para a realização do contratado.

Nesse tipo de obrigação, o compromisso do profissional é o de aplicar toda sua experiência e diligência para atingir o fim colimado, não podendo

15. CDC, Art. 14 (Omissis)

§ 4º A responsabilidade pessoal dos profissionais liberais será apurada mediante a verificação de culpa.

ser responsabilizado pelo eventual não atingimento daquele objetivo. Assim, cumprir uma obrigação de meio não é, necessariamente, atingir o êxito, mas sim aplicar toda a dedicação e empenho possível que se possa esperar do melhor profissional.

> **Exemplo:** O contrato de prestação de serviços advocatícios envolve uma obrigação de meio, tendo em vista que o advogado se compromete a envidar todos os seus esforços para que a ação de seu cliente seja vitoriosa, porém não poderá jamais se responsabilizar pelo resultado final porque este irá depender de inúmeros fatores, internos e externos, muitos deles alheios à sua própria vontade e competência.

11.2 Obrigação de resultado

A obrigação de resultado é aquela em que o profissional venha a assumir, contratualmente, que determinada finalidade será alcançada, comprometendo-se assim, com os resultados finais da empreitada. Neste caso, em não sendo alcançado o resultado, bastará ao credor demonstrar que o objetivo colimado não foi atingido, para fazer surgir a obrigação de indenizar por parte do prestador de serviços. Trata-se de presunção de culpa, o que significa dizer que o consumidor se libera do ônus probatório transferindo este ônus para o profissional que deverá demonstrar, de maneira cabal, que agiu com prudência, diligência ou perícia desejada ou ainda, provar a ocorrência de força maior ou caso fortuito.

Quer dizer, se a obrigação assumida foi de resultado, o ônus da prova quanto ao não atingimento da meta pactuada caberá ao profissional, até porque regra geral da responsabilidade contratual.

> **Exemplo**: Uma típica obrigação de resultado é aquela assumida pelo transportador cujo contrato prevê a obrigação de fazer o transporte de coisas (ou mesmo de pessoas) de um lugar para outro, de forma segura e nas condições estabelecidas. O só simples fato de não fazer as coisas chegarem ao seu destino na data aprazada já faz considerar que houve o inadimplemento contratual, que autoriza indenizar. Assim, o extravio ou o perecimento da coisa obrigará o transportador a indenizar.

12. AS EXCLUDENTES DE RESPONSABILIDADE PREVISTAS NO CDC

A isenção do dever de indenizar somente ocorrerá se o fornecedor, de produtos ou de serviços, provar que **não colocou o produto no mercado** (CDC, art. 12, § 3º, I), ou que mesmo tendo colocado o produto no mercado ou fornecido o serviço, **não existe o defeito** apontado (CDC, art. 12, § 3º, II e 14, § 3º, I), ou ainda, que o dano ocorrido se deu por **culpa exclusiva da vítima ou de terceiro** (CDC, art. 12, § 3º, III e 14, § 3º, II).[16]

> **Atenção:** quanto aos comerciantes, é importante lembrar que eles serão igualmente responsáveis quando o fornecedor (fabricante, construtor, produtor ou importador) não puder ser identificado ou quando no produto fornecido não for possível identificar com clareza seu fornecedor; ou ainda, nos casos de produtos perecíveis, na hipótese de não os conservar de forma adequada, o que significa dizer que sua responsabilidade é condicionada (alguns falam em subsidiária). Ou seja, o comerciante somente será chamado a responder pelo fato danoso nas hipóteses especificadas na lei (CDC, art. 13, incisos I, II e III).[17]

Trataremos a seguir, de forma individuada, cada uma das excludentes expressamente previstas no Código de Defesa do Consumidor, sua compreensão e abrangência, em face da moderna doutrina consumerista brasileira.

12.1 Não colocação do produto no mercado

É importante destacar inicialmente que há uma presunção legal de que o produto colocado em circulação foi introduzido na cadeia de consumo pelo fornecedor, contudo, esta presunção pode ser ilidida pela contraprova.

A toda evidência que, se o fornecedor enquanto fabricante, construtor, produtor ou importador, não introduziu no mercado de consumo o produto viciado ou defeituoso, não poderá ser responsabilizado pelos danos dele decorrente.

Situações que podem ser excepcionadas são aquelas decorrentes de roubo ou furto de produto defeituoso, desde que não se possa culpar o fornecedor em

---

16. CDC, Art. 12 (Omissis)

    § 3º O fabricante, o construtor, o produtor ou importador só não serão responsabilizados quando provar:

    I – que não colocou o produto no mercado;

    II – que, embora haja colocado o produto no mercado, o defeito inexiste;

    III – a culpa exclusiva do consumidor ou de terceiro.

    CDC, Art. 14 (Omissis)

    § 3º O fornecedor de serviços só não será responsabilizado quando provar:

    I – que, tendo prestado o serviço, o defeito inexiste;

    II – a culpa exclusiva do consumidor ou de terceiro.

17. CDC, Art. 13. O comerciante é igualmente responsável, nos termos do artigo anterior, quando:

    I – o fabricante, o construtor, o produtor ou o importador não puderem ser identificados;

    II – o produto for fornecido sem identificação clara do seu fabricante, produtor, construtor ou importador;

    III – não conservar adequadamente os produtos perecíveis.

virtude da culpa *in vigilando* ou *in eligendo*. Outra situação possível de exemplificar como excludente é a que se refere a produtos falsificados, em que marca e sinais são adulterados e colocados em produtos que são comercializados em detrimento, tanto do fornecedor quanto do consumidor.

Nosso entendimento segue na direção de que, se o fornecedor não colocou o produto no mercado de consumo, não poderá ser responsabilizado pelos eventuais danos causados a consumidores porquanto a lei é clara ao fixar que o fornecedor poderá ser exonerado se provar que "não colocou o produto no mercado" (ver CDC, art. 12, § 3º, I). Logo, se o produto foi colocado no mercado de consumo à revelia do fornecedor, seja por ter sido furtado ou roubado, seja por ser falsificado ou pirateado, e depois venha a causar danos à consumidores, a toda evidência, não haverá de ser responsabilizado o fornecedor que em nada contribuiu para o evento danoso que se procure reparar (**quebra da causalidade**).

12.2 Inexistência do defeito apontado

O dever de indenizar, quando falamos do fato do produto ou de serviço, tem como pressupostos a existência de um "defeito" e a ocorrência de um "dano" relacionado ao defeito apontado. Por conseguinte, se o produto não apresentar nenhum defeito que possa diminuir-lhe as qualidades ou quantidades, não causando nenhum dano ao consumidor, não se poderá falar em indenização.

Significa dizer que, à luz do Código de Defesa do Consumidor, principalmente em se tratando de fato do produto ou do serviço, a responsabilização do fornecedor é objetiva, mas não é integral. Consequentemente, **o consumidor**, em ação de responsabilidade civil decorrente de acidente de consumo, **deverá provar a existência do dano e o nexo causal que o liga ao produto ou serviço** que adquiriu.

12.3 Culpa exclusiva da vítima ou de terceiro

Se ficar provado que o acidente de consumo se deu em razão da culpa exclusiva da vítima ou por ação exclusiva de terceiro, haverá a exclusão de responsabilidade do fornecedor, porquanto não haveria nexo de causalidade entre o dano sofrido pelo consumidor e a atividade do fornecedor do produto ou serviço.

Neste caso o que o Código prevê é a possibilidade de exclusão de responsabilidade decorrente do uso inadequado de produto seja pelo próprio adquirente, seja por terceira pessoa. Mas não é somente o uso inadequado que poderá exonerar o fornecedor do dever de indenizar, pois também poderão ocorrer outras hipóteses, tais como: o consumidor ser negligente ao manusear o produto; não seguir adequadamente as instruções de uso; entregar para uso a pessoa não recomendada; consumir o produto com validade vencida, dentre outras.

> **Exemplo:** conta-se que nos Estados Unidos da América, uma senhora, após dar banho em seu gatinho, o teria colocado para secar dentro do forno micro-ondas. Resultado da experiência: o gatinho teria explodido. Nestas circunstâncias, resta evidente a irresponsabilidade do fornecedor pelo ocorrido, que somente aconteceu em face do uso do produto para fins que não é recomendado.

No exemplo apresentado é forçoso reconhecer que, se o usuário por moto próprio resolve fazer uso inadequado do produto ou serviço, expondo-se a risco que, em condições normais, o produto ou serviço não ofereceria, não se pode responsabilizar o responsável pela atividade na exata medida em que, tendo ocorrido acidente, o mesmo não decorreu dos riscos da atividade oferecida, mas sim em face do uso inadequado promovido pelo próprio consumidor acidentado.

Já fizemos este alerta, porém cabe repetir: **O Código de Defesa do Consumidor não proíbe o fornecimento e comercialização de produtos ou serviços perigosos**, apenas exige do fornecedor que sejam ofertadas ao consumidor, de forma clara, correta, ostensiva, precisa e em língua portuguesa, com todas as informações de uso adequado do produto ou serviço (CDC, art. 31).[18] Se o consumidor é negligente, não se pode premiar sua falta de diligência, responsabilizando quem não contribuiu para o evento danoso.

No que diz respeito ao terceiro, necessário se faz que seja pessoa estranha à relação de consumo, entabulada entre o consumidor e o fornecedor. Isto é, não pode ser enquadrado como terceiro o empregado, o preposto ou o representante autônomo; da mesma forma o comerciante varejista ou atacadista. Estes não podem ser considerados terceiros porque integram o ciclo de fornecimento do produto ou do serviço.

13. CONCLUSÃO

Já se passaram mais de trinta anos da promulgação do nosso código consumerista e as resistências à sua plena aplicação parecem originar-se de uma rejeição ideológica ao seu conteúdo, ou quem sabe, do desconhecimento dos elevados princípios que o originaram.

---

18. CDC, Art. 31. A oferta e apresentação de produtos ou serviços devem assegurar informações corretas, claras, precisas, ostensivas e em língua portuguesa sobre suas características, qualidades, quantidade, composição, preço, garantia, prazos de validade e origem, entre outros dados, bem como sobre os riscos que apresentam à saúde e segurança dos consumidores.

A questão é de suma importância porque da interpretação é que vai fazer surgir a adequada aplicação da lei e, nesse sentido, o que se espera é que ao interpretar a lei consumerista o intérprete não se esqueça de que ela é uma lei de ordem pública e de interesse social (CDC, art. 1º).

Assim, podemos concluir que a efetiva proteção ao consumidor encontra ressonância no princípio geral da vulnerabilidade que, em última análise, busca garantir o princípio da isonomia, dotando os mais fracos de instrumentos que se lhes permitam litigar em condições de igualdades pelos seus direitos, seguindo a máxima de que **a democracia nas relações de consumo significa tratar desigualmente os desiguais na exata medida de suas desigualdades,** com o único fito de se atingir a tão almejada justiça social.

Lição 23
DANOS À SAÚDE: A RESPONSABILIDADE CIVIL MÉDICA E HOSPITALAR[1]

1. EVOLUÇÃO HISTÓRICA DA RESPONSABILIDADE MÉDICA

Para bem compreender como se encontra a responsabilidade civil dos médicos e dos hospitais na atualidade é necessário fazer um retrospecto de histórico, para bem compreender as mudanças que ocorreram com o tempo, senão vejamos.

1.1 Na antiguidade

Não é difícil imaginar em que momento, na história da vida do homem, nasceram a dor e a doença. Não temos dúvidas de que elas surgiram com o nascimento do próprio homem, fazendo surgir também, e ao mesmo tempo, a necessidade de busca de soluções para a cura da dor e de superação da doença, bem como do prolongamento da vida, que se pretende eterna.

As primeiras atividades nesse campo não tinham uma preocupação de estudo das patologias, mas, principalmente, de encontrar meios de cura, o que

1. Texto copilado da nossa obra Responsabilidade civil por erro médico, 3ª. ed. São Paulo: Atlas, 2014.

se fazia através do empirismo. Assim, algumas pessoas, como curiosas e observadoras, receitavam determinadas ervas como remédio para curar uma dor, ou, diante de uma fratura, determinavam o modo pelo qual deveria imobilizar-se para solidificar a fratura, fazendo surgir assim, através da experiência concreta, aqueles que na comunidade se destacavam como os expertos ou taumaturgos, qualidades que lhes eram conferidas pela comunidade, ou eles próprios assim se autorrotulavam.[2]

Essa aura em muito fazia com que aqueles curandeiros, magos ou sacerdotes fossem vistos como dotados de poderes sobrenaturais, distinguindo-se dos demais tendo em vista que eles não podiam ser iguais aos outros homens; nem podiam ter uma rotina semelhante, eis que o respeito e a confiança na sua atividade, bem como a eficácia, dependiam de estar envoltos nessa aura de mistério que muito impressionava o grupo social. Por essas razões, suas roupas, comidas, o próprio sistema de vida e os pensamentos eram, e precisavam ser, diferentes dos demais integrantes da comunidade.[3]

Embora se possam encontrar registros de práticas médicas na mais remota antiguidade, o primeiro documento histórico que tratou especificamente do erro médico e, portanto, da responsabilização do profissional foi o Código de Hamurabi. Alguns artigos tratam de normas gerais com relação à atividade médica, outros são mais específicos. Esse Código impunha ao cirurgião a máxima atenção e perícia no exercício da profissão; caso contrário, poderia o profissional sofrer severas penas que podiam significar, inclusive, a amputação de sua mão, caso fosse imperito. Tais penas eram aplicadas quando ocorria morte ou lesões graves aos pacientes homens livres, pois, quando se referisse a escravo ou a animal, a previsão era de ressarcimento do dano.[4]

A ideia presente no Código de Hamurábi, assim como no Código de Manu e, posteriormente, na Lei das XII Tábuas, era de punição. Aqueles povos edificaram tais normas, impregnadas de fortes componentes penais, com a finalidade de constranger e inibir a prática dos atos ditos ilícitos. Observa-se nesses Códigos que a ideia mais segura e eficaz para refrear os instintos antissociais era o rigorismo das penas. Tal orientação influenciou os preceitos normativos e os ordenamentos jurídicos das sociedades que se sucederam no curso da história.[5]

Foi com os gregos que a medicina tomou forma de ciência e passou a contar com explicações racionais das doenças e formas técnicas de cuidados, deixando

2. Miguel Kfouri Neto. *Responsabilidade civil do médico*, p. 28.
3. João Monteiro de Castro. *Responsabilidade civil do médico*, p. 20.
4. Miguel Kfouri Neto, op. cit. p. 29.
5. Clayton Reis. *Os novos rumos da indenização do dano moral*, p. 9.

de ter somente a concepção mágica que a cercava, para ter uma compreensão mais racional de suas origens. A par disso, as crenças e as superstições continuaram a ser prestigiadas, pois estávamos entre os séculos VI e II antes de Cristo. Informa Nestor José Forster que é com Hipócrates, aquele que até hoje é cultuado como o pai da medicina, que a visão até então existente a respeito da atividade médica passou a ser revista e a ganhar novos contornos, agora de cunho racional e científico.[6]

1.2 No direito romano

Os primeiros registros da responsabilidade dos médicos nos moldes que conhecemos atualmente podem ser encontrados no Direito Romano, especialmente no texto de Ulpiano, donde se extrai: "*sicut medico imputari eventus mortalitatis non debet, ita quod per imperitiam compotari ei debet*" (assim como não se deve imputar ao médico o evento da morte, deve-se imputar a ele o que cometeu por imperícia). Daí por que Jorge Mosset Iturraspe afirmar que, apesar de a medicina ser uma verdadeira arte, já se falava nessa época em *imperitia* do médico e já se o fazia responsável quando em seu ofício causava, precisamente por essa falta de habilidade ou conhecimento, um dano ao paciente.[7]

A evolução da responsabilidade civil se deu exatamente no Direito Romano, cujo ponto de partida foi a vingança privada, como forma espontânea e natural de reação ao mal sofrido, avançando depois para uma forma de responsabilização através da composição com o ofensor, chegando à célebre lei Aquília que erigiu a estrutura jurídica e a construção da doutrina da responsabilidade civil fundada na culpa, conforme até hoje conhecemos.[8]

1.3 Na era moderna

Do ressarcimento do dano a partir da pena físico-pessoal do "olho por olho" e "dente por dente" para o ressarcimento do dano através do patrimônio do lesante, foi preciso transcorrer séculos de história.

A partir dos fundamentos e conceitos advindos do Direito Romano, o Código Civil francês, que é o padrão das legislações modernas e cuja influência se encontra presente em todos os códigos civis das nações cultas, proclamou a responsabilidade extracontratual, tendo como fundamento a culpa efetiva e

---

6. Citado por Patrícia Panisa in *O consentimento livre e esclarecido na cirurgia plástica*, p. 34-35.
7. *Responsabilidad civil del medico*. Buenos Ayres: Astrea, 1979 (apud: Teresa Ancona Lopez de Magalhães. *Responsabilidade civil dos médicos*, p. 309).
8. Nesse sentido, ver Alvino Lima in *Culpa e risco*, p. 20 ss.

provada. É a essência da responsabilidade aquiliana que continua a ser o norte das legislações modernas.[9]

É exatamente no direito francês e na construção doutrinária e jurisprudencial que os autores e as Cortes francesas formaram ao longo dos dois últimos séculos os fundamentos da responsabilidade civil do médico nos seus atuais contornos.

Foi a partir de Josserand[10] e com base na sua tese de que os médicos deveriam responder contratualmente pelos danos resultantes de tratamento contraindicado ou de uma intervenção infeliz que a Câmara Civil da Corte de Cassação Francesa, em famoso julgado de 20 de maio de 1936, reconheceu que a responsabilidade médica era de natureza contratual.

É também na França que encontramos o primeiro julgado reconhecendo a possibilidade de condenação de um médico a partir da aplicação da teoria da "perda de uma chance". O fato ocorreu em 1957, foi julgado pela Corte de Apelação de Paris em 1964, que considerou não poder se estabelecer com precisão um nexo de causalidade entre a ação do médico e a invalidez do menor. O caso veio a ser reapreciado pela 1ª Câmara Civil da Corte de Cassação, modificando o entendimento de primeira instância, assentando sua decisão nas seguintes premissas: "presunções suficientemente graves, precisas e harmônicas podem conduzir à responsabilização". Tal entendimento foi acatado a partir da avaliação de que o médico teria perdido a chance de agir de modo diverso, causando, por conseguinte, a invalidez ao menor, razão por que foi condenado a pagar uma indenização no valor de 65.000 francos.[11]

Em face desse breve relato, é possível afirmar que, na época moderna, foi no direito francês que se estabeleceram as primeiras normas codificadas da responsabilidade médica, assentando as bases de uma jurisprudência e de uma doutrina que se substanciariam com o decorrer do tempo, servindo de parâmetro para um grande número de nações, especialmente o Brasil.[12]

1.4 Notas conclusivas

Constata-se que a medicina progrediu e acompanhou a evolução da sociedade moderna. Os avanços e os progressos científicos e tecnológicos da ciência médica fizeram surgir um aumento quantitativo e qualitativo dos recursos pos-

9. Alvino Lima, op. cit. p. 29.
10. Louis Josserand, *Evolução da responsabilidade civil*, p. 548.
11. Cf. Miguel Kfouri Neto in *Responsabilidade civil do médico*, p. 37.
12. Hildegard Taggesell Giostri. *Erro médico*, p. 31-32.

tos à disposição dos profissionais, ampliando-se as possibilidades de cura e de prolongamento na expectativa de vida útil.

Nesse contexto, adverte João Monteiro de Castro que "o crescente incremento da tecnicidade da medicina, que serve de pano de fundo à maioria dos erros médicos e que deve ser desvendada para identifica-los de modo a dirimir o mérito da ação, traz ínsita uma dificuldade suplementar aos magistrados, na medida em que a circunstância de serem leigos na arte médica, impõe-lhes lidar com a sinceridade de perito, já denunciados pela doutrina como muitas vezes tendentes a preservar a fraternidade profissional, o que acaba por jogar sobre os ombros da vítima uma tarefa quase hercúlea para provar o dano e, sobremaneira, a culpa e o nexo de causalidade".[13]

O desenvolvimento revolucionário da ciência médica, com a ajuda de novos medicamentos, novas técnicas e novos equipamentos, permite ao médico, cada vez mais, maior controle sobre a saúde, a vida e a morte do paciente. De outro lado, aumentam os riscos de erros que podem decorrer de inúmeros fatores, tais como os erros induzidos por resultados de exames falso positivo ou falso negativo, por manuseio errôneo do laboratório; da falta de equipamentos adequados postos à disposição do facultativo, pelo hospital; da massificação do ensino com a consequente queda na qualidade de formação dos futuros médicos; da falta de remuneração adequada, o que obriga a maioria dos médicos a trabalhar em mais de uma unidade, em plantões extensos e fatigantes; da falta de especialização e conhecimentos adquiridos, em face da impossibilidade, dentre tantas outras causas.

Consideremos os impactos do progresso técnico nas atividades médicas de que advertiu Savatier;[14] tais técnicas, aumentando a segurança e a vida humana, exigem do médico, para usá-las devidamente, permanente atualização e novos conhecimentos, tudo na defesa do interesse de seus pacientes.

Tudo isso nos remete à necessidade de um estudo mais aprofundado da responsabilidade civil aplicada especialmente à atividade médica, tanto no que diz respeito aos seus aspectos contratuais, quanto ao estudo da culpa e do risco, além das excludentes aplicáveis à espécie. De outro lado, necessário se faz estudar de maneira minudente a responsabilidade dos hospitais e, ainda dentro da atividade médica em geral, a atividade individualizada do médico anestesista, bem como do cirurgião plástico.

Na inexistência de um seguro social que garanta a todos a devida reparação frente à existência de um dano, esse estudo ganha importância, tendo em vista

13. *Responsabilidade civil do médico*, p. 25.
14. René Savatier. *Comment répenser la conception actuelle de la responsabilité civile*, p. 29.

que a responsabilidade é uma batalha na luta pela completa reparação dos danos. Conforme ensina o magistrado Ênio Santarelli Zuliani: "Resultados adversos, isolados, inexplicáveis, não formam barreiras instransponíveis para que se idealize uma fórmula capaz de permitir, sem desestruturar a atividade médica, que se faça justiça para as vítimas do erro profissional".[15]

Considere-se, por fim, que os direitos fundamentais da pessoa humana, especialmente a garantia constitucional da dignidade, não podem ser impunemente afrontados. Assim, e fazendo coro com as palavras de Irany Novah Moraes,[16] há de se reconhecer que cada dia fica mais difícil aos médicos distinguir o que seja o mínimo de respeito à dignidade ou até mesmo discernir sobre o profundo valor da vida humana, deseducados que estão, em razão da deformação originada nas péssimas condições de trabalho e no desumano atendimento prestado por hospitais, clínicas e outros centros. O médico humanizado, aquele que vê no doente não apenas um caso clínico, não a máquina de transtornos, mas reconhece naquele corpo chagado um ser humano, que tem direitos aos cuidados e desvelos, esse estará infesto aos males e mesquinharias das relações puramente comerciais ou gelidamente científicas. Estará apto para viver a grande luta pela recuperação da saúde e da vida de seu paciente.

A luta pela humanização da medicina com a consequente humanização dos serviços médicos somente será coroada de êxito quando houver um despertar de consciência que envolva os médicos, os doentes e seus familiares, a imprensa, o poder público, as sociedades de prestação de serviços médicos e até mesmo o judiciário, com a devida inversão de valores, de tal sorte a colocar o ser humano como o centro de todos os interesses que movimentam essa nobre arte de curar, que é a medicina.

2. RESPONSABILIDADE CIVIL DO MÉDICO

Durante muitos séculos, a medicina esteve revestida de caráter religioso e mágico, atribuindo-se aos desígnios de Deus a saúde e a morte. Neste contexto, não se cogitava responsabilizar o médico que apenas participava de um ritual, talvez inútil, pois dependente da vontade Divina. Até início do século passado, o médico era visto como um profissional cujo título lhe garantia a onisciência, médico da família, amigo e conselheiro, figura de uma relação social que não admitia dúvida sobre a qualidade de seus serviços, e, menos ainda, a litigância sobre

15. Inversão do ônus da prova. *COAD Seleções Jurídicas*, v. 1, p. 12.
16. *Erro médico e justiça*, p. 625.

eles. O ato do médico se resumia na relação entre uma confiança (do paciente) e uma consciência (do próprio médico).[17]

Porém isso já faz parte do passado e do folclore porque nos dias atuais a medicina não é mais exercida como se sacerdócio fosse. Há, por assim dizer, uma "mercantilização" dos serviços médicos que começa pela proliferação de universidades com a consequente queda na qualidade de ensino; com o estudante optando pelo curso de medicina não como uma vocação natural, mas como uma opção de sobrevivência futura; da baixa remuneração desses profissionais, o que os obriga a ter três ou mais empregos simultâneos; da baixa qualidade dos serviços médicos, principalmente nos hospitais públicos; da proliferação dos planos de saúde que cobram caro de seus associados, mas que remuneram pessimamente os profissionais credenciados; enfim, da falência do sistema de saúde no Brasil.

Ademais, todo o desenvolvimento tecnológico à disposição da medicina criou oportunidades, gerou novas especialidades profissionais, e aumentou os riscos tendo em vista que os mesmos aparelhos e técnicas colocados a serviço do homem podem também funcionar mal, ou ser inadequadamente utilizado, gerando por via de consequência, danos extraordinários, podendo culminar em lesões de toda ordem e até com o evento morte.[18]

Alie-se ao quadro acima descrito a explosão demográfica que inchou as cidades e a crescente despersonificação da prestação dos serviços médicos. Some-se ademais, o despertar de consciência da população por seus direitos e a elaboração de leis mais protetivas (como o Código de Defesa do Consumidor), e poderemos entender o porquê da enxurrada de ações que abarrota o Judiciário brasileiro, tendo como fundamento o erro médico.

Todo esse quadro nos remete ao estudo da responsabilidade civil por deficiência, erros e falhas na prestação dos serviços médico-hospitalares que, para melhor compreensão, deverá ser analisada sob dois ângulos distintos: quando prestada pessoal e diretamente pelo médico, como profissional liberal; e, quando prestada de forma empresarial através dos hospitais, clínicas, casas de saúde, bancos de sangue, laboratórios e planos de saúde.

2.1 Responsabilidade do médico e a culpa provada

A natureza jurídica da prestação de serviços médicos, embora *sui generis*, é contratual, porém o profissional não se compromete com a obtenção de um determinado resultado, mas sim com prestar um serviço consciencioso, atento

17. Miguel Reale citado por Ruy Rosado de Aguiar in *Responsabilidade civil do médico*, RJ no 231.
18. Cf. João Monteiro de Castro, *Responsabilidade do médico*, p. 23.

e de acordo com as técnicas científicas disponíveis, sendo assim uma típica obrigação de meios.[19] Significa dizer que o médico não se obriga a restituir a saúde ao paciente que esteja aos seus cuidados, "mas a conduzir-se com toda a diligência na aplicação dos conhecimentos científicos, para colimar, tanto quanto possível, aquele objetivo".[20]

Assim, a responsabilidade civil dos médicos, enquanto profissionais liberais, pelos danos causados em face do exercício da sua profissão, será apurada mediante aferição da culpa (imprudência, negligência ou imperícia), nos exatos termos do disposto no Código de Defesa do Consumidor (Lei nº 8.078/90, art. 14, § 4º), e do Código Civil (Lei nº 10.406/02, art. 951).

Há toda uma lógica para que seja dado tratamento jurídico diferenciado aos profissionais liberais. Não se pode exigir cumprimento do contrato médico ou advocatício, para mencionar dois exemplos, como se fosse um contrato de empreitada, de depósito, de transporte ou outro qualquer. Na atividade médica ou advocatícia, o resultado final almejado não depende apenas da capacidade, conhecimentos e empenho do profissional, porque fatores externos e aleatórios interferem na concretização do contratado.

Por mais que o advogado seja competente, a vitória ou derrota no processo dependerá de fatores os mais diversos, a começar pelo entendimento e valoração que o magistrado atribua às provas. Quanto ao médico, por mais consciencioso que seja, não pode se responsabilizar pela cura total do doente, mormente se a doença for grave, porque cada organismo pode reagir diferentemente a um mesmo tratamento ou medicamento, dentre outras inúmeras variáveis que podem interferir na cura.

Contudo, apesar de a obrigação do médico ser de meio e não de resultado, adverte com sapiência o magistrado Jurandir Sebastião que o profissional tem também um dever de empenho que supera em muito o conceito jurídico de contrato de meio na exata medida em que se exige do profissional que demonstre que houve a correta aplicação de todos os meios materiais e profissionais aplicáveis à espécie e que, além deles, mais não se fez porque não foi possível, embora se tenha procurado e tentado a exaustão.[21]

A conduta do médico e os resultados da sua atividade, conforme já tivemos oportunidade de afirmar, há que ser aferida, qualquer que seja o resultado, com uma certa dose de flexibilidade, até porque, contrariamente, não se pode atribuir

19. Aguiar Dias. *Da responsabilidade civil*, v. I, p. 272 ss.
20. Antonio Chaves. *Tratado de direito civil*, v. 3, p. 396.
21. A responsabilidade civil, a singularidade da medicina e a aplicação do direito in *COAD Seleções Jurídicas*, v. 3, p. 51.

responsabilidade total ao médico, porque algumas situações independem de sua vontade ou competência, como, por exemplo, nos casos em que o paciente tenha uma conduta inadequada no tocante ao prescrito ou ainda se ele abandona o tratamento.[22] Ademais, não se pode querer ignorar os desígnios da natureza e, nem querer que o médico seja o Deus supremo da vida, sob risco de o fazendo, cometer-se uma grande injustiça na medida em que não se pode atribuir ao médico o poder supremo da vida, da saúde, da perfeição física e da morte, o que, sem nenhuma alusão a convicções religiosas, somente a Deus cabe decidir.[23]

Por essas razões, plenamente justificada a exceção contida na legislação consumerista, deslocando para o lesado o ônus de provar que o profissional desviou-se da conduta que seria normal esperar (por ação ou omissão) e, assim procedendo, causou danos que devem ser indenizados. Logo, conforme ensinamentos de Ulderico Pires dos Santos, "para responsabilizá-lo pelos insucessos no exercício de seu mister que venham a causar danos aos seus clientes em consequência de sua atuação profissional é necessário que resulte provado de modo concludente que o evento danoso se deu em razão de negligência, imprudência, imperícia ou erro grosseiro de sua parte".[24]

Tendo em vista que a verdade no campo do erro médico se assenta em três visões distintas, quais sejam: a verdade do paciente, a verdade do médico, e a verdade real; caberá ao juiz encontrar o ponto justo da questão submetida à sua apreciação, analisando com objetividade a caracterização da falta, a comprovação do nexo causal entre o procedimento médico e o fato danoso, com a consequente responsabilização do causador do dano.[25]

Advirta-se por fim que há divergência doutrinárias e jurisprudenciais quanto a aplicação dessas regras para os médicos cirurgiões plásticos assim como para os médicos anestesistas, porém isso refoge aos estudos deste capítulo, mas fica aqui a advertência.

2.2 Da imprudência

A imprudência, nas sábias palavras do mestre Antonio Chaves, é a "descautela, descuido, prática de ação irrefletida e intempestiva, ou precipitada, inconsiderada, sem as necessárias precauções, resultante de imprevisão do agente em relação a ato que podia e devia pressupor".[26]

---

22. *Da culpa e do risco*, p. 245-246.
23. Rosana Jane Magrini. Responsabilidade civil do médico in *Júris Síntese* nº 31.
24. *A responsabilidade civil na doutrina e na jurisprudência*, p. 361.
25. Cf. Irany Novah Moraes. *Erro médico e a justiça*, p. 426.
26. Responsabilidade civil do ato médico, *Revista Jurídica* nº 207, p. 19.

No exercício de seu elevado mister de profissional da medicina, mais do que de qualquer outro profissional, se espera prudência tendo em vista o bem jurídico com o qual tratam habitualmente: a saúde e a vida humana. Médicos prudentes são aqueles que, conhecendo os resultados da experiência e também as regras que desta se extraem, agem antevendo o evento que deriva de uma determinada ação, tomando depois as cautelas aptas e necessárias a evitar o insucesso da empreitada.[27]

Assim, age imprudentemente o médico que sem usar as cautelas necessárias toma atitudes precipitadas, como o cirurgião que não aguarda a chegada do anestesista e ele mesmo se encarrega de anestesiar o paciente, provocando sua morte por choque anafilático; ou do médico que receita penicilina sem fazer teste de alergia e, em face disso, o cliente vem a falecer.[28]

Pode também ser enquadrado como imprudente o médico que realiza em trinta minutos uma cirurgia que normalmente demandaria uma hora, acarretando, com seu açodamento, dano ao paciente; ou, ainda, o médico que libera o acidentado, quando deveria mantê-lo no hospital sob observação durante algum tempo, e com isso provoca sua subsequente morte; ou como o cirurgião que abandona técnica operatória segura e habitual para utilizar técnica nova e arriscada, sem comprovada eficiência, e provoca lesão ou morte ao paciente. [29]

2.3 Da negligência

Ainda segundo as palavras do mestre Antonio Chaves, negligência seria o "descuido, desídia, desleixo: falta de cuidado capaz de determinar responsabilidade por culpa", cujos casos mais comuns resultam em "erros de diagnóstico, tratamento impróprio ou inadequado, falta de cuidados indispensáveis, falta de higiene, esquecimento de compressas em operações cirúrgicas, curetagens malfeitas",[30] dentre tantas outras.

Dessa forma, estará caracterizando a negligência toda vez que se puder provar que o médico não observou os cuidados e as normas técnicas aplicáveis à espécie. A bem da verdade, é por assim dizer, como uma "espécie de preguiça psíquica, em virtude da qual deixa o agente de prever o resultado que poderia e devia ser previsto".[31]

Dentre os diversos casos de negligência profissional possíveis de ocorrência destacamos: exame superficial do paciente e consequente diagnóstico falso; operações prematuras; descuidos nas transfusões de sangue ou anestesias; emprego

27. João Monteiro de Castro, op. cit. p. 142, e Miguel Kfouri Neto, op. cit. p. 74.
28. Tereza Ancona Lopez in *Responsabilidade civil do médico* (coord. Yussef Cahali), p. 3.
29. Cf. Miguel Kfouri Neto. *Responsabilidade civil do médico*, p. 73-75.
30. Responsabilidade civil do ato médico. *Revista Jurídica* nº 207, p. 19.
31. Carlos Roberto Gonçalves. *Responsabilidade civil*, p. 11.

de métodos e condutas antiquados e incorretos; prescrições erradas; abandono ao paciente; negligência pós-operatória; omissão de instrução necessária aos doentes; queimaduras por raios X; infecções propagadas por instrumentos; médico que diante do caso grave continua deitado na sala dos médicos; médico que não conhecendo o estado clínico do paciente prescreve-lhe medicação por telefone.[32]

A negligência pode ainda consistir numa conduta negativa, quando o médico seja totalmente omisso ou atue em menor intensidade do que as circunstâncias estavam a exigir como, por exemplo, omissão de tratamento ou retardamento na transferência para outro especialista, ou ainda, no caso de retardamento de um parto que venha a causar a morte ou sequelas ao feto ou a genitora.[33]

O oposto da negligência é a diligência que significa, em última análise, agir com cuidado e atenção, evitando qualquer distração. Conforme Kfouri Neto, "os casos de negligência são numerosos na jurisprudência, posto que a distração faz parte da natureza humana e vão do erro do médico desatendo que receita um remédio por outro – morfina em vez de quinino – até o esquecimento de pinça ou de outro objeto no corpo do paciente".[34]

2.4 Da imperícia

Já no que diz respeito à imperícia, se pode definir como sendo a "ignorância, incompetência, desconhecimento, inexperiência, inabilidade, imaestria na arte ou profissão. Em sentido jurídico, revela-se na condução de encargo ou serviço que venha a causar dano pela falta de conhecimento acerca da matéria, da sua arte, profissão ou serviço".[35]

Muitos autores asseveram que o médico, por ser habilitado profissionalmente em curso superior regularmente reconhecido, não poderia ser considerado imperito em razão da mala praxis. Nesse sentido Genival Veloso França afirma que "o médico habilitado – profissional e legalmente –, não pode ser considerado imperito em nenhuma circunstância, por mais palpável que seja essa situação, uma vez que consideramos imperícia a falta de habilidade no exercício de uma tarefa, ou ausência de conhecimentos necessários para desempenhar uma atividade". E conclui, "o diploma e seu registro nas repartições competentes outorgam uma habilitação que torna o médico legalmente imune à imperícia".[36]

---

32. Cf. Rosana Jane Magrini citando Miguel Kfouri Neto.
33. Cf. Antonio Jeová Santos, *Dano moral indenizável*, p. 263
34. Op. cit. p. 73.
35. Responsabilidade civil do ato médico. *Revista Jurídica* no 207, p. 19.
36. Comentários ao código de processo ético-profissional dos Conselhos de Medicina do Brasil, 2. ed., CRMPB, 2001, p. 265-266 (apud Edmilson de Almeida Barros Jr. *A responsabilidade médica*, p. 106).

Ousamos discordar dos que assim pensam porque não devemos esquecer que existem médicos sem conhecimentos específicos, que se aventuram em área que refogem à sua especialidade e, com isso, provocam danos ao paciente.

Além disso, o próprio Código de Ética Médica admite a possibilidade de o médico ser considerado imperito na exata medida em que coloca entre as vedações impostas aos profissionais da medicina o de "praticar atos profissionais danosos ao paciente, que possam ser caracterizados como imperícia, imprudência ou negligência" (art. 1º, Cap. III, da Res. CFM 1931/09).

O mestre Aguiar Dias nos fornece um exemplo emblemático de imperícia, ao relatar resultado de julgado do Tribunal de Apelação de São Paulo, datado de 1940, pelo qual afirmou-se que "age com manifesta imperícia o médico que, ao examinar uma cliente, supondo-a desvirginada e grávida, provoca, com o dedo, o rompimento do hímen. Não o escusa o fato de apresentar a paciente sintomas, tais como: a) hemorragia, porque pode ser de origem catamenial; b) coágulos de sangue na região examinada, porque podem provir de estagnação do sangue no útero; c) dor no baixo ventre, explicável também pelo cólica uterina; d) seios pigmentados, em tubérculos de Montgomery, porque tal sinal é mera probabilidade de gravidez, podendo ocorrer em estado patológico dos órgãos genitais; e) enjoo, porque também pode ser atribuído à cólica".[37]

Assim, a imperícia seria a falta de observação das normas primárias que regem aquele determinado procedimento, bem como o despreparo prático do profissional para o exercício da profissão. Imperito será ainda o médico que prescreva tratamento para um determinado tipo de doença quando todos os sintomas estejam a indicar outra; ou o cirurgião que, em visível equívoco, corta músculos, veias ou nervos que não podem ser suturados, gerando sequelas para o paciente; ou ainda, o obstetra que em operação cesariana corta a bexiga da parturiente.

Devemos considerar por fim, que o Código de Ética Médica exige do médico contínuo aprimoramento, de tal sorte que o médico desatualizado poderá ser considerado imperito e atrair para si a responsabilidade por danos advindos em decorrência da aplicação de técnicas, procedimentos ou mesmo medicamentos ultrapassados e não mais utilizados.

2.5 Erro grosseiro

Além da culpa nas modalidades estudadas, há ainda a figura do erro grosseiro, como forma de responsabilização do profissional, representado pela conduta

37. *Responsabilidade civil*, v. I, p. 290.

profissional que fere os mais elementares conhecimentos da matéria, aferível pelo homem comum e condenável sob a forma da negligência em sua forma mais exacerbada.

É a forma inadvertida, imprecisa e incapacitante de quem, por falta de mínimas condições profissionais, se permite o erro desavisado, tal qual o anestesista que provoca a morte do paciente por superdosagem; o cirurgião que esteriliza parcialmente o doente por secção do canal deferente em cirurgia de hérnia inguinal; o ginecologista que contamina o paciente por falta de cuidados de assepsia.[38]

Erro grosseiro ou inescusável é aquele erro imperdoável, tal qual o profissional que analisando radiografia invertida promove a operação da perna não fraturada do paciente.[39]

Fazendo uma advertência de que o erro de diagnóstico pode ser escusável dependendo do estado atual da ciência médica, não induzindo à responsabilização, Aguiar Dias diz que tratando-se do erro grosseiro ou manifesto não se permite tal isenção, principalmente em face de diagnóstico leviano ou claramente inexato em face dos sintomas positivamente contrário aos apresentados pela moléstia. E relaciona alguns exemplos: tratar como fratura uma ferida causada por estilhaço na perna do paciente; diagnosticar mulher grávida como portadora de fibroma e operá-la, causando-lhe lesão ou morte; ou ainda, tratar o paciente de uma doença que o mesmo não tinha, sem se esforçar para descobrir a verdadeira causa.[40]

2.6 Erro escusável

É preciso ponderar que a medicina é uma ciência e como tal tem limitações e que o médico é um ser humano, logo falível, devendo ainda considerar que ele trabalha com informações que lhe são fornecidas pelo paciente, cuja verdade varia de acordo com as circunstâncias e conveniências, além do que, o organismo humano reage de forma diferenciada de pessoa para pessoa a um mesmo tratamento.

Nesse quadro, erro escusável será aquele decorrente de falhas não inimputáveis ao médico e que dependam das contingências naturais e das limitações da medicina, bem como naqueles em que tudo foi feito corretamente, porém o doente havia omitido informações ou ainda quando ele não colaborou para o correto processo de diagnóstico ou de tratamento. Nesse caso o erro existe, porém será considerado intrínseco à profissão ou decorrente da natureza humana, não se podendo atribuir culpa ao médico.[41]

38. Cf. Wanderley Lacerda Panasco. *A responsabilidade civil, penal e ética dos médicos*, p. 59.
39. Alaércio Cardoso. *Responsabilidade civil e penal dos médicos nos casos de transplantes*, p. 292.
40. Op. cit. p. 287.
41. Nesse sentido, Irany Novah Moraes. *Erro médico*, p. 62.

Ademais, temos que partir da premissa de que o erro médico condenável é aquele que decorre de um desvio, fazendo supor uma falta de prudência ou diligência esperada para o caso concreto. Não se está com isso querendo dizer que o médico tem o direito de errar, mas que o erro será escusável desde que, conforme o caso concreto, for invencível à mediana cultura médica. Os médicos erram porque são pessoas. É o preço que os seres humanos pagam pela habilidade de pensar e agir. O erro é possível de ocorrer em toda e qualquer profissão, o problema é que em se tratando do médico e considerando que lida com a vida humana, e em situações muitas vezes imprevisíveis, o seu erro torna-se mais dramático, contudo, não deve ser chamado indiscriminadamente a prestar contas à Justiça se, de sua atividade regular, vem a ocorrer um acidente funesto.[42]

Assim, o erro de diagnóstico, a não ser que grotesco, não pode ser considerado indicativo da culpa médica. Nesse sentido, Ruy Rosado de Aguiar Junior, deixou assentado que "o diagnóstico consiste na determinação da doença do paciente, seus caracteres e suas causas. O erro no diagnóstico não gera responsabilidade, salvo se tomada sem atenção e precauções conforme o estado da ciência, apresentando-se como erro manifesto e grosseiro".[43]

Isto é, o erro profissional quando advindo das imperfeições da própria arte ou ciência, embora possa acarretar consequências e resultados danosos ou de perigo, não implicará (necessariamente) no dever de indenizar, desde que o profissional tenha empregado correta e oportunamente os conhecimentos e regras atuais de sua ciência.[44]

Por fim cabe uma advertência: A problemática da caracterização do erro em se tratando da medicina não se restringe única e exclusivamente às fronteiras da ciência, mas as extravasa para os domínios da arte e do imponderável, razão por que se espera objetividade e bom senso do Judiciário na avaliação dos fatos e provas, frente ao caso concreto.[45]

2.7 Consentimento informado

Antes de realizar qualquer procedimento, principalmente os de risco ou de intervenções cirúrgicas, o médico deve obter o consentimento informado do paciente ou, na sua impossibilidade, do seu representante legal ou dos parentes mais próximos, conforme expressamente preceituado pelo Código de Ética Médica, que determina ser proibido ao médico, "Deixar de obter consentimento do

42. Cf. Sergio Cavalieri Filho. *Programa de responsabilidade civil*, 7. ed., p. 362-363.
43. Responsabilidade civil do médico. *Revista Jurídica* (RJ) nº 231, p. 122.
44. Aníbal Bruno. *Direito penal – Parte Geral*, v. I, tomo 2º, p. 472.
45. Irany Novah Moraes. *Erro médico e a justiça*, p. 426.

paciente ou de seu representante legal após esclarecê-lo sobre o procedimento a ser realizado, salvo em caso de risco iminente de morte" (Res. CFM nº 1.931, art. 22).

Esse imperativo encontra fundamento na garantia dos direitos humanos fundamentais e no respeito à autonomia da vontade do paciente e foi inspirado pelo chamado Código de Nuremberg,[46] cujos dez pontos resumem os princípios básicos que regem a conduta ética em pesquisas. Dentre elas, a primeira cláusula do documento aponta para o fato de que "o consentimento informado do sujeito humano é absolutamente essencial". O código aborda ainda outros detalhes implícitos em tal exigência: capacidade para consentir; liberdade de coerção; compreensão dos riscos e benefícios envolvidos.

O dever de informar encontra ainda ressonância nos princípios de respeito à dignidade humana. Nesse sentido, a Declaração Universal Sobre o Genoma Humano e os Direitos Humanos, aprovou a seguinte disposição: "Uma intervenção no campo de saúde só pode ser realizada depois de a pessoa ter dado seu consentimento livre e informado para tal. Essa pessoa deve, antecipadamente, receber informações apropriadas acerca do propósito e natureza da intervenção, bem como de seus riscos" (art. 5º, letra b).[47]

Conforme ensina o professor Guilherme de Oliveira, este dever se funda no direito à integridade física e moral de cada indivíduo, constituindo-se em uma das facetas mais relevantes de sua proteção, de tal sorte que o dever do médico em não praticar nenhum ato clínico sobre qualquer pessoa, sem a sua anuência, nasce antes mesmo de qualquer relação individual com o doente in concreto, antes mesmo de esboçada qualquer relação contratual.[48]

Informa o insigne Caio Mário da Silva Pereira[49] de que era muito comum entre nós o médico ocultar os casos de doença grave, resguardando o doente do possível choque psicológico. Contudo, assevera que esta tendência foi revertida no sentido oposto, de tal sorte que o médico tem o dever de informar o paciente ou sua família sobre os riscos do tratamento e possível evolução da doença.

Nosso Código Civil é peremptório quando consigna: "Ninguém pode ser constrangido a submeter-se, com risco de vida, a tratamento médico ou a intervenção cirúrgica" (Lei nº 10.406/02, art. 15). De outro lado, o Código de Defesa do Consumidor enumera entre os direitos básicos do consumidor "a informação

46. Ao final da Segunda Guerra Mundial, o Tribunal Militar Internacional processou criminosos de guerra nazistas, incluindo médicos que haviam realizado experimentos em prisioneiros nos campos de concentração. O Tribunal editou o Código de Nuremberg contendo o que seria permitido em experimentos médicos com participantes humanos.
47. Aprovado pela Conferência Geral da Unesco na sua 29a sessão (1997).
48. *Temas de direito da medicina*, p. 63.
49. *Responsabilidade civil*, p. 151-152.

adequada e clara sobre os diferentes produtos e serviços, com especificação correta de quantidade, características, composição, qualidade e preço, bem como sobre os riscos que apresentem" (Lei nº 8.078/90, art. 6º, III).

Sendo o Código de Defesa do Consumidor norma de ordem pública, portanto de cumprimento obrigatório, o descumprimento do dever de informar, por si só, caracterizará falha na prestação do serviço e, na ocorrência de dano, ensejará o dever indenizatório. Nesse sentido já decidiu o Superior Tribunal de Justiça, que manteve condenação de médico por falhas no dever de informar, deixando assentado de que "a despreocupação do facultativo em obter do paciente seu consentimento informado pode significar – nos casos mais graves – negligência no exercício profissional. As exigências do princípio do consentimento informado devem ser atendidas com maior zelo na medida em que aumenta o risco, ou o dano".[50]

O consentimento esclarecido somente é dispensável na eventualidade de atendimento de emergência, tendo em vista a regra geral de que cabe ao paciente decidir sobre a sua saúde, avaliar sobre os riscos a que será submetido com o tratamento ou a cirurgia, inclusive os efeitos colaterais, e aceitar ou não a solução preconizada pelo galeno. Isto porque, cabe ao paciente decidir se as vantagens do tratamento ou da intervenção suplantam os riscos e desvantagens correspondentes.[51] Por exemplo: é sabido pelos médicos de que a intervenção cirúrgica na próstata pode causar incontinência urinária e impotência sexual, sendo aquilo que chamamos de risco inerente. Assim, o paciente que necessite se submeter a este tipo de cirurgia deverá ser, obrigatoriamente, informado dessas possíveis consequências, para que ele decida se quer correr esse risco ou não.[52]

Quatro são os requisitos essenciais para que o consentimento seja válido e eficaz: que seja voluntário; fornecido por quem seja capaz; após ter sido informado e devidamente esclarecido. Nesse sentido informa Miguel Kfouri Neto que a Corte de Cassação Italiana em 12.06.1982, firmou o seguinte entendimento:

50. STJ – REsp 436.827 – SP – 4a T. – Rel. Min. Ruy Rosado de Aguiar – *DJU* 18.11.2002 – p. 228.
51. Ruy Rosado de Aguiar Jr. Responsabilidade civil do médico in *RJ* nº 231.
52. Informa o Dr. Miguel Srougi (Câncer da próstata: uma opinião médica), que, embora seu valor curativo seja inquestionável, a prostatectomia radical pode provocar impotência sexual e incontinência urinária, ou seja, incapacidade para se conter a urina. A impotência, que se caracteriza por perda das ereções penianas, apesar de o paciente poder atingir o orgasmo, surge em 95% quase todos os operados com mais de 70 anos de idade, em 50% a 60% dos indivíduos com 55 a 65 anos e em 15% a 20% dos pacientes com menos de 55 anos. Ressalte-se que os riscos de impotência diminuem significativamente quando o tumor é oculto, não palpável no toque digital e quando o cirurgião é experimentado. Incontinência urinária moderada ou grave surge em 20% a 40% dos pacientes submetidos à cirurgia em centros não especializados mas acomete apenas 1% a 2% dos casos quando a intervenção é realizada por equipes habilitadas (publicado no site da UNIFESP, acesso em 16.01.2008, disponível em: <http://www.uronline.unifesp.br/uronline/ed1098/caprostata.htm>.

"o cirurgião, antes de proceder à operação, deve obter o consentimento válido do paciente, essencial para a licitude do ato médico, considerada a gravidade da intervenção, sem prescindir de uma avaliação séria, científica, mas sempre em palavras acessíveis ao paciente, indicando-lhe as possibilidades razoáveis de sucesso, que justifiquem o ato médico como oportuno, e as eventualidades negativas que o desaconselhariam".[53]

3. RESPONSABILIDADE OBJETIVA DOS HOSPITAIS, CLÍNICAS E SIMILARES

Muito já se discutiu acerca da responsabilidade das clínicas e dos hospitais naquilo que diz respeito às falhas de pessoal (médico, paramédico ou auxiliares), de equipamentos e de hospedagem, que possam ter gerado danos aos seus pacientes.

De destacar, inicialmente, que o hospital é uma verdadeira universalidade de fato, formada por um conjunto de atividades que inclui instalações, aparelhos, instrumentos, corpo de pessoal administrativo e médico.[54] Quando recebe um paciente, o hospital firma um contrato de prestação de serviços, seja escrito, verbal ou mesmo tácito, pelo qual se obriga a prestar serviços de qualidade, seja médico ou outros complementares, tais como, hospedagem, alimentação, medicamentos, equipamentos necessários ao tratamento ministrado, além de outros prestados pelo corpo de pessoal auxiliar, administrativo e de enfermagem.

Nessa perspectiva, entre o hospital e o paciente se estabelece uma perfeita relação de consumo. Pelo contrato de prestação de serviços médico-hospitalar temos de um lado o consumidor (paciente) e de outro lado o fornecedor (hospital), de tal sorte que na eventualidade de falhas na prestação destes serviços devem ser aplicadas, primacialmente, as normas contidas no Código de Defesa do Consumidor (Lei nº 8.078/90) e, subsidiariamente, as do Código Civil brasileiro (Lei nº 10.406/02).

Esclareça-se que no campo da responsabilidade civil por danos causados a seus pacientes, o hospital responde pelos atos dos profissionais que o administram (diretores, supervisores etc.), bem como pelos atos dos médicos que sejam seus empregados, e pelos atos dos outros empregados de apoio ao serviço médico (enfermeiros, técnicos laboratoriais, de radiologia etc.), bem como pelos danos causados por vícios ou defeitos de equipamentos, medicamento, alimentação, hospedagem, transporte e outros serviços auxiliares.

53. *Culpa médica e ônus da prova*, p. 285
54. Rosado de Aguiar Junior. Responsabilidade civil do médico, *Revista Jurídica* no 231, p. 122.

Nesse passo, a responsabilidade objetiva dos hospitais e similares é legal, isto é, decorre da lei consumerista cujos fundamentos se assentam, fundamentalmente, nos princípios da boa-fé e da transparência e nos deveres de segurança e informação, tornando secundária a discussão acerca da responsabilidade contratual ou extracontratual, da culpa *in vigilando* ou mesmo in elegendo, da obrigação de meio ou de resultado, conforme veremos a seguir. Como diz Teresa Ancona Lopez "a responsabilidade legal exclui a responsabilidade contratual, pois tem como fundamento as relações de massa, a vulnerabilidade, a hipossuficiência da vítima e, principalmente o risco que pesa sobre essa atividade, que tem que ser absorvido pelas pessoas jurídicas".[55]

3.1 Responsabilidade objetiva em face do Código de Defesa do Consumidor

Tratando-se de erro médico, a responsabilidade dos hospitais, clínicas, casas de saúde e similares é objetiva conforme já afirmamos, não cabendo perquirir sobre a eventual culpa da conduta médica, do pessoal auxiliar, ou de falhas dos equipamentos ou outros serviços prestados, significando dizer que bastará ao lesado a comprovação do dano e o nexo de causalidade que o ligue diretamente aos serviços prestados defeituosamente pelo nosocômio, para fazer surgir o dever indenizatório.

Interessante frisar, desde logo, que embora o profissional liberal responda mediante a aferição da culpa (exceção contida no § 4º do art. 14 do CDC), esta exceção não se aplica ao hospital, tendo em vista que sua responsabilidade será sempre objetiva, devendo ser enquadrada no caput do art. 14 da Lei nº 8.078/90. Evidente que tal assertiva somente se aplica aos casos em que haja vínculo empregatício entre o profissional e o hospital, quando então a questão da culpa restará afastada, e o nosocômio responderá objetivamente, tendo em vista que o erro médico equipara-se a falha na prestação do serviço. Nessas circunstâncias, a possibilidade de sucesso da demanda, proposta pelo eventual lesado, se amplia na exata medida em que não necessitará provar a culpa do profissional, já que a responsabilidade da casa de saúde, clínica ou hospital, enquanto prestadores de serviços, será objetiva.

Advirta-se, contudo, que a responsabilidade objetiva ou sem culpa, não prescinde da demonstração do dano e do nexo de causalidade. Ademais, é possível isentar o hospital do dever indenizatório desde que fique provada a ocorrência de uma das excludentes contidas no Código de Defesa do Consumidor, quais

55. *O dano estético*, p. 111-112.

sejam: inexistência de defeito no serviço prestado, culpa exclusiva da vítima ou de terceiro (art. 14, § 3º). Embora não expressamente previsto na lei consumerista, nosso entendimento é que o caso fortuito ou de força maior, desde que decorrente de causa externa ao serviço prestado, poderá ser tido como eximente tendo em vista ser causa de quebra do nexo de causalidade.[56]

Reafirme-se, para que dúvidas não pairem: dizer que os hospitais e similares devem responder objetivamente por erro médico, não significa dizer que estão condenados a priori por todo e qualquer evento danoso ocorrido em suas dependências. Para se isentar do dever indenizatório bastará ao hospital provar, e este ônus é seu, de que não houve falhas, defeitos ou inadequação no serviço prestado, ou que o evento somente ocorreu em face de culpa da própria vítima ou de terceiro.

Logo, não há nenhuma incompatibilidade na aplicação da teoria da responsabilidade objetiva às atividades médico-hospitalares tendo em vista que não responderão, por exemplo, pelos riscos inerentes à própria atividade. Melhor exemplificando, a cirurgia de uma pessoa idosa – ou mesmo outros tipos de cirurgia ou tratamentos, por si só representam riscos que não podem ser eliminados; são riscos normais e previsíveis que não decorrem de nenhum defeito, são ínsitos à própria atividades e circunstâncias. Nesse caso, cabe ao hospital provar que prestou todas as informações devidas ao paciente ou seus familiares, quando então não poderá ser responsabilizado pelo insucesso da cirurgia/tratamento.[57]

Apenas para ilustrar a matéria, devemos destacar que o Superior Tribunal de Justiça, em julgado do qual foi relator o insigne ex-Ministro Sálvio de Figueiredo Teixeira, reconheceu que a responsabilidade do hospital é objetiva mesmo em se tratando de serviços médicos, conforme se extrai do corpo do acórdão, anote-se: "a responsabilidade dos hospitais, como pessoa jurídica, é objetiva, e até mesmo nas atividades de natureza médica, segundo a corrente doutrinária majoritária no tema, não se incluindo na exceção feita pela lei quanto aos profissionais liberais (cuja culpa tem natureza subjetiva). E esse entendimento se impõe no caso concreto, no qual o recorrido não procurou um profissional médico específico, mas se dirigiu com seu filho doente para as instalações da recorrente, buscando a prestação de serviços de natureza médica, que pudessem lhe restabelecer a saúde".[58]

---

56. Conforme já deixamos assentado em nossa obra *Da culpa e do risco*, p. 110-111.
57. Cf. Sergio Cavalieri Filho in *Programa de responsabilidade civil*, 7. ed., p. 375.
58. STJ – 4a T. – REsp n. 259.816-RJ – Rel Min. Sálvio de Figueiredo Teixeira – j. 27.11.2000 in LEX-JSTJ, v. 139, p. 221.

Advirta-se, contudo, que há divergências na doutrina a e na jurisprudência, tendo em vista que outros doutrinadores e magistrados defendem a tese de que, em se tratando de erro médico, os hospitais respondem subjetivamente. Alguns entendem que somente se aplicaria a responsabilidade objetiva para os outros serviços prestados pelos hospitais tais como alimentação, hospedagem, funcionamento defeituoso de equipamentos, falhas do pessoal paramédico etc.

Cabe por fim registrar que, na eventualidade de o hospital restar condenado a indenizar, poderá agir regressivamente contra o causador do dano em ação autônoma, tendo em vista a vedação da denunciação da lide (CDC, art. 13, parágrafo único).

3.2 Responsabilidade do hospital em face do Código Civil

Muito embora não seja o caso, mas tão somente a título de melhor esclarecer a matéria, ainda que afastássemos a aplicação do Código de Defesa do Consumidor nas relações hospitalares, e aplicássemos exclusivamente o Código Civil, ainda assim, a responsabilidade do hospital seria objetiva com base na combinação da doutrina da culpa *in vigilando*, da culpa *in eligendo* e da culpa *in costodiendo* (art. 932, III e IV c/c art. 933).

Já se afirmou que, ocorrendo falhas na prestação de serviços envolvendo seus funcionários, o hospital responderia na condição de patrão ou comitente, a teor do que dispõe o Código Civil (art. 932, III); neste caso, a culpa seria presumida, respondendo objetivamente o hospital pelo ato culposo de seu empregado ou preposto, incluindo-se o médico empregado. Se as falhas forem decorrentes dos serviços de alimentação e hospedagem, poder-se-ia enquadrar o hospital, por analogia, na responsabilidade dos hospedeiros (art. 932, IV).

Com base na culpa *in eligendo*, é possível responsabilizar o hospital em face da escolha mal feita de seus representantes, funcionários e prepostos. Assim, o hospital responderia pelos atos do seu pessoal, com base na culpa presumida, conforme assentado na Súmula 341 do Supremo Tribunal Federal: "É presumida a culpa do patrão ou comitente pelo ato culposo do empregado ou preposto."

O mesmo se diga com relação à culpa *in vigilando* correspondente à falta de controle e vigilância que deve ser exercida sobre os funcionários, por parte daquele que tem o dever de controlar a atividade fornecida no mercado de consumo.

Já a culpa *in custodiendo* seria aquela decorrente da responsabilidade do hospital no que diz respeito à falta de cuidados e atenção na guarda do paciente que nele se hospeda.

O hospital responde ainda pelo dano eventualmente causado por coisas e objetos, tendo em vista que "ao dono da coisa incumbe, ocorrido o dano, suportar os encargos dele decorrentes, restituindo o ofendido ao *statu quo* ideal, por meio da reparação. Essa presunção não é irrefragável. Mas ao dono da coisa cabe provar que, no seu caso, ela não tem cabimento",[59] sendo esse o típico caso de presunção de culpa, a ser ilidida pela contraprova.

Nada obsta que, como reforço à responsabilização dos nosocômios, utilize-se a teoria da culpa *in eligendo* ou *in vigilando*, ou todas elas simultaneamente, tendo em vista que as disposições do Código Civil podem ser aplicadas, subsidiariamente, à responsabilidade dos hospitais e casas de saúde.

Esclareça-se, por oportuno, que o Código Civil de 2002 (Lei nº 10.406/02), não derrogou nem tampouco alterou o Código de Defesa do Consumidor (Lei nº 8.078/90), que continua em vigor em todos os seus aspectos.

3.3 Responsabilidade dos hospitais públicos

Tratando-se de serviços médicos prestados por hospitais públicos, sejam eles da União, dos Estados, dos Municípios ou mesmo sendo empresas públicas, autarquias ou fundações, a responsabilização do ente público também será objetiva, embora se submetam a regime jurídico diverso, tendo em vista o estatuído na Constituição Federal que em seu art. 37, § 6º, dispõe: "as pessoas jurídicas de direito público e as de direito privado prestadoras de serviços públicos responderão pelos danos que seus agentes, nessa qualidade, causarem a terceiros, assegurado o direito de regresso contra o responsável nos casos de dolo ou culpa".

O fato de o serviço ser público e prestado de forma gratuita não isenta o hospital do dever de indenizar, na eventualidade de ocorrência de danos, porquanto há um dever de incolumidade ínsito na prescrição constitucional no que diz respeito à garantia fundamental à saúde e a vida das pessoas que "não subtrai o dever de a entidade hospitalar assegurar esses direitos sagrados do paciente".[60]

Adotou o direito brasileiro a responsabilidade objetiva do Estado, por atos de seus agentes que nessa qualidade causarem danos injustos a terceiros, significando dizer que basta a ocorrência do dano injusto e a comprovação do nexo causal para gerar a obrigação de reparar a lesão sofrida pelo particular. Advirta-se, contudo, que embora a responsabilidade seja objetiva, a mesma não é integral, havendo a possibilidade de o Estado se eximir do dever indenizatório, total ou

59. Aguiar Dias. *Responsabilidade civil*, v. 2, p. 429.
60. Cf. Rui Stoco in *Tratado de responsabilidade civil*, p. 570.

parcialmente, se demonstrar a ocorrência de caso fortuito ou de força maior, a culpa exclusiva ou concorrente da vítima ou de terceiro.

Tratando-se de erro médico, nossos Tribunais têm imposto condenações à administração pública em face de falta de prestação de serviços adequados, e o fazem sem perquirir sobre a culpa da conduta médica, pois conforme já assinalado, a responsabilidade é objetiva e, portanto, prescinde do elemento dolo ou culpa. Esse posicionamento tem merecido críticas, tendo em vista que alguns autores admitem a possibilidade de o Estado se exonerar do dever indenizatório se provar a regularidade do serviço prestado, e que o evento danoso somente ocorreu em face de fato inevitável da natureza.[61]

Para bem entender e aplicar a responsabilização dos hospitais públicos é importante conhecer os fundamentos da responsabilização objetiva do estado, conforme estabelecido em nossa Constituição Federal, e para isso remetemos o leitor ao Capítulo 2 desta obra.

3.4 A Lei nº 12.653/12 e a proibição de caução

Foi sancionada em 28 de maio de 2012 e está em vigência a Lei nº 12.653, que acresceu o art. 135-A ao Decreto-lei nº 2.848, de 7 de dezembro de 1940 – Código Penal, para tipificar como crime condicionar atendimento médico-hospitalar emergencial a qualquer espécie de garantia.

A lei foi inspirada na morte de Duvanier Paiva, um dos auxiliares do Governo Federal, no Ministério do Planejamento, que sofreu um infarto do miocárdio no dia 19 de janeiro de 2012 e faleceu após procurar atendimento em três hospitais privados de Brasília e não ser atendido exatamente porque não portava talonário de cheques para dar como garantia, tendo em vista que o seu plano de saúde não era aceito nos dois primeiros hospitais procurados. Quando foi atendido no terceiro nosocômio pouco já se podia fazer resultando na sua morte que, em tese, poderia ter sido evitada se tivesse sido atendido no primeiro hospital procurado.

Dentre outras providências, a lei estabelece pena de detenção de três meses a um ano mais multa, que pode ser dobrada se a falta de atendimento resultar em lesão corporal grave. Nos casos em que a omissão de socorro levar à morte do paciente, a exemplo do que ocorreu com Duvanier, a punição é triplicada.

Com o advento da Lei nº 12.653 a situação do usuário mudou de figura porque agora, na eventualidade de negativa de atendimento, ele ou seus familiares ou qualquer outra pessoa do povo, poderão utilizar de um mecanismo mais ágil – a

---

61. Nesse sentido ver Ruy Rosado de Aguiar Junior em seu primoroso artigo, tantas vezes por nós citado, Responsabilidade civil do médico, publicado in *RJ* nº 231.

polícia como forma de obrigar o estabelecimento médico a prestar o atendimento necessário sob pena de prisão do responsável.

A partir de agora, exigir cheque-caução, nota promissória ou qualquer outra garantia pecuniária, bem como o preenchimento prévio de formulários administrativos, como condição para o atendimento médico-hospitalar emergencial, constitui crime apenado com detenção, de 3 (três) meses a 1 (um) ano, e multa. A pena será aumentada em até o dobro se da negativa de atendimento resulta lesão corporal de natureza grave, e poderá ser aumentada até o triplo se resulta a morte.

Além de criminalizar a conduta o legislador se preocupou também com o caráter educativo e impôs através da referida Lei que os estabelecimentos de saúde que realizam atendimento médico-hospitalar emergencial ficarão obrigados a afixarem, em local visível, cartaz com a seguinte informação: "Constitui crime a exigência de cheque-caução, de nota promissória ou de qualquer garantia, bem como do preenchimento prévio de formulários administrativos, como condição para o atendimento médico-hospitalar emergencial, nos termos do art. 135-A do Decreto-lei nº 2.848, de 7 de dezembro de 1940 – Código Penal."

Como é de notória sabença, até antes do advento da referida Lei, qualquer pessoa que necessitasse de atendimento médico e, na eventualidade de o hospital procurado não ser conveniado, ou ainda nos casos de negativa de cobertura pelo plano de saúde, a exigência de caução era condição sine qua non para o atendimento, mesmo que emergencial.

Assim, a lei surge com o objetivo principal de inibir essa prática condenável, por demais utilizadas por hospitais, clínicas e outros prestadores de serviços médicos, priorizando-se doravante a vida e não a garantia de recebimento do prestador de serviços.

3.5 Iatrogenia

Iatrogenia é a doença que surge em consequência de uma intervenção médica, procedimentos clínicos em geral ou mesmo pelo emprego de medicamento (iatro = médico + genia = gerador). Ou seja, doença causada pelo procedimento médico adotado. Esclareça-se desde logo que a lesão iatrogênica, via de regra, não gera responsabilidade para o médico ou hospital, a não ser em face do descumprimento do dever de informação ou quando resultante de atuação ou omissão culposa.

A maior gama de iatrogenias não implica responsabilidade profissional, tendo em vista que são previsíveis ou decorrentes de fatores individuais e próprios de cada paciente. Sabemos que as pessoas são diferentes entre si, em maior ou menor proporção. Ademais, o estado físico e psicológico de cada doente varia em razão das especificidades orgânicas, de tal sorte que a sensibilidade e reação podem ocorrer, sem qualquer relação de causa e efeito com a atuação do médico, à técnica empregada ou ao medicamento ministrado. Desde que o paciente tenha consentido, desde que tenha sido previamente informado e esclarecido sobre as possíveis consequências iatrogênicas, ainda que venha a ocorrer dano, não se poderá falar em responsabilizar o profissional.[62]

Nesse sentido é possível distinguir três tipos de iatrogenia:

a) Lesões-previsíveis e também esperadas, tais como mutilações decorrentes de extrações de órgãos ou membros;

b) Previsíveis, mas inesperadas, decorrentes do perigo inerente a todo e qualquer procedimento, tal qual a reação alérgica a determinado tipo de medicamento; e,

c) Falhas decorrentes do comportamento humano no exercício da profissão, passíveis de suscitar o problema da responsabilidade legal, como a confusão da veia safena com a artéria femoral, durante a safenectomia, cujo quadro evolui para uma gangrena.[63]

Nos dois primeiros casos, não há falar-se em responsabilidade civil, tendo em vista que tais riscos são inerentes à própria atividade médica. No terceiro caso, haverá responsabilidade do profissional, pois terá cometido erro possível de ser enquadrado como grosseiro, ao confundir a veia com a artéria.

O médico é o único profissional que está autorizado, legalmente, a decidir sobre os destinos da vida humana. Em suas mãos o paciente pode até morrer ou sair gravemente lesionado que, ainda assim, poderá não haver responsabilidade civil ou penal, desde que o infortúnio tenha acontecido como resultado do esforço médico em busca da cura e da saúde do paciente.

No entanto, fica uma advertência: quando a vida do paciente corre perigo, o médico tem uma grande margem de atuação; ao contrário, quando o paciente não corre risco algum, essa liberdade de atuação resta seriamente diminuída. Deve haver uma proporção razoável entre riscos assumidos e benefícios esperados – e isso deve ser levado em consideração, concretamente nesses casos em que os possíveis benefícios não permitem arriscar o paciente mediante um tratamento duvidoso e pouco provado.[64]

---

62. João Monteiro de Castro, *Responsabilidade civil do médico*, p. 31.
63. Irany Novah Moraes. *Erro médico*, p. 83-93.
64. Joaquim Ataz Lopez. *Los médicos y la responsabilidad civil*, p. 113-115.

3.6 Dos riscos próprios da atividade médica

A atividade médica é, pela sua própria natureza, uma atividade de risco, de tal sorte que, mesmo sendo praticada com regularidade e normalidade, dela pode resultar danos aos pacientes, os mais variados, incluindo a morte. Esse risco tem aumentado com a evolução dos medicamentos, equipamentos e novas técnicas postas à disposição da medicina. Além dos riscos naturais, há que se levar em conta a possibilidade de que cada paciente possa reagir a um mesmo tratamento (ou intervenção) de forma diferente em razão de fatores predisponentes, fatores agravantes e fatores desencadeantes. A tudo isso o médico tem condição de prever e informar ao seu cliente. Nessas circunstâncias, a ocorrência de eventos graves e até mesmo a morte não implicará responsabilização do médico, nem do hospital ao qual esteja vinculado, tendo em vista podermos classificar como riscos inerentes à própria atividade.

Nesse passo, urge fazer uma distinção entre o que seja risco inerente e o risco adquirido: para o hoje Ministro Antonio Herman de Vasconcellos e Benjamin,[65] o risco inerente é aquele próprio do produto ou do serviço, isto é, intrínseco, da sua própria natureza, de tal sorte que embora possa ser causa de acidentes, a periculosidade desse produto/serviço lhe é própria, não gerando dever indenizatório em caso de acidente, sendo exemplos os medicamentos, os agrotóxicos, a faca de cozinha etc. Já no que diz respeito ao risco adquirido, diferentemente do risco inerente, significa dizer que os produtos ou serviços que não seriam perigosos em condições normais tornaram-se perigosos em razão de um defeito que lhes tenha atingido.

A periculosidade inerente é previsível e normal em decorrência de sua própria natureza, como no caso de uma faca afiada que somente servirá aos fins a que se destina e, portanto, atenderá as legítimas expectativas do consumidor, se cumprir sua função "perigosa" de cortar. Assim, acidentes decorrentes de seu uso não implicarão responsabilização para o seu fabricante, tendo em vista que não se poderá falar em defeito.

Já no que diz respeito à periculosidade adquirida, a mesma surge em decorrência de um defeito, fazendo com que um produto/serviço que não era potencialmente perigoso venha assim se tornar em razão de um defeito que não era possível prever nem evitar.

Transportando tais conceitos para a atividade médica e, nos escudando em Sergio Cavalieri Filho,[66] podemos dizer que não respondem os médicos, nem os hospitais, pelos riscos inerentes à sua atividade, porque em tais casos não se poderá falar em defeito do serviço. É o caso de uma cirurgia em uma pessoa

65. *Comentários ao Código de proteção do consumidor*, p. 47-52.
66. *Programa de responsabilidade civil*, 7. Ed., p. 375.

diabética, ou em uma pessoa idosa e debilitada, ou mesmo noutros tipos de cirurgias e procedimentos nos quais o risco de insucesso possa ser previsível e até certo ponto considerado normal. Estaremos diante de riscos que não podem ser eliminados, podendo ser considerados normais e previsíveis, logo, desde que devidamente informado ao paciente, não se poderá falar em indenização se o infortúnio vier a acontecer, porque não teria decorrido de nenhum defeito na prestação do serviço. Diferentemente será a situação de uma pessoa saudável e em perfeitas condições física que, se submetendo a uma simples cirurgia para extração de amídalas, venha a falecer em razão de infecção hospitalar generalizada. Nesse caso, estaremos diante do chamado risco adquirido, havendo, portanto, um defeito na prestação do serviço médico/hospitalar, podendo ser identificado como a causa determinante da morte do paciente, fazendo surgir o dever indenizatório que recairá sobre o hospital.

Rememore-se, por fim, que o médico trabalha sempre com uma margem de risco, e que esse risco é inerente à sua atividade. Além dos riscos previsíveis, outros podem surgir em decorrência de circunstâncias impossíveis de se prever no início do tratamento ou cirurgia, podendo ser considerado caso fortuito. Se a circunstância for daquelas previsíveis, o médico deverá informar ao paciente, para que este decida se vale a pena correr os riscos previsíveis daquela determinada intervenção. Se assim proceder, na eventualidade ocorrência do dano, nem médico, nem hospital, poderão ser responsabilizados.

Apesar disso, haverá situações em que o consentimento não será possível de obter-se. Tomemos como exemplo o cirurgião que se propõe a realizar uma apendicectomia em fase supurada, podendo prever antecipadamente as consequências que o ato médico pode desencadear. Ocorre que o estado do paciente não admite maiores delongas, de sorte que a conduta do profissional justificará o ato cirúrgico imediato, pois que, a cada momento de espera ou observação, maiores compromissos lesivos o organismo adquire. No entanto, o ato, por si só já é um somatório de causa e concausas que poderão até mesmo levar o paciente à morte. A peritonite, a infecção aguda, numa sobrecarga do doente, tem condições de trazer um desfecho não desejado, mas previsível. Apesar de toda diligência, cuidados, atenção e vigilância no pós-operatório, às vezes isso não é suficiente para garantir o objetivo almejado – salvar uma vida. Nessas circunstâncias, se vem a ocorrer a morte do paciente, não se cogitará de analisar a existência de culpas, pois estaremos diante de um risco profissional, resultando num prejuízo ou dano, sem tipificar a ilicitude e, portanto, torna-se escusado. O risco profissional é uma inerência firmada na estrutura do acontecimento.[67]

67. Wanderley Lacerda Panasco. *A responsabilidade civil, penal e ética dos médicos*, p. 56.

BIBLIOGRAFIA

Para um aprofundamento de estudos sobre o tema de *obrigações e responsabilidade civil*,recomendamos as seguintes obras e autores:

AGUIAR JUNIOR, Ruy Rosado de. *Responsabilidade civil do médico*, RJ nº 231, p. 122- 147, jan/1997.

AGUIAR DIAS, José de. *Da responsabilidade civil*, 3ª. ed. Rio de Janeiro: Forense, 1954. v. 1 e 2.

ALVIM, Agostinho. *Da inexecução das obrigações e suas consequências*. 3ª. ed. Rio de Janeiro: Jurídica Universitária, 1965.

ALVIM, Arruda e outros. *Código do consumidor comentado*. São Paulo: Revista dos Tribunais, 1991.

AZEVEDO, Álvaro Villaça. *Teoria geral das obrigações e responsabilidade civil*, 11ª. ed. São Paulo: Atlas, 2008.

BENJAMIN, Antonio Herman de Vasconcellos e. *Comentários ao Código de proteção do consumidor*. (Coord.: Juarez de Oliveira). São Paulo: Saraiva, 1991.

BIELA JUNIOR, Lincoln. *Responsabilidade civil*. 2ª. ed. Araçariguama: Rumo Legal, 2017.

BITTAR, Carlos Alberto. *Reparação civil por danos morais*, 2ª. ed. São Paulo: Revista dos Tribunais, 1994.

CAHALI, Yussef Said. *Responsabilidade civil do Estado*. São Paulo: Revista dos Tribunais, 1982.

CAVALIERI FILHO, Sergio. *Programa de responsabilidade civil*, 7. ed. São Paulo: Atlas, 2009.

CHAVES, Antonio. *Tratado de Direito Civil*. São Paulo: Revista dos Tribunais, 1985. v. III.

COSTA MACHADO (Org.); CHINELLATO, Silmara Juny (Coord.) et al. *Código Civil interpretado artigo por artigo, parágrafo por parágrafo*. Barueri: Manole, 2008.

DINIZ, Maria Helena. *Curso de direito civil brasileiro: responsabilidade civil*. 16ª. ed. São Paulo: Saraiva, 2002. v. 7.

___________. *Curso de direito civil brasileiro: teoria geral das obrigações*. 26ª. ed. São Paulo: Saraiva, 2011. v. 2.

GOMES, Orlando. *Obrigações*, 10ª. ed. Rio de Janeiro: Forense, 1995.

GONÇALVES, Carlos Roberto. *Responsabilidade civil*. 8ª. ed. São Paulo: Saraiva, 2003.

___________. *Direito civil: teoria geral das obrigações*. 9ª. ed. São Paulo: Saraiva, 2012. v. 2.

GRINOVER, Ada Pellegrini e outros. *Código Brasileiro de Defesa do Consumidor comentados pelos autores do anteprojeto*. 4ª. ed. Rio de Janeiro: Forense Universitária, 1996.

JOSSERAND, Louis. Evolução da responsabilidade civil. (Tradução de Raul Lima). *Revista Forense*, v. 86, p. 548-559.

KFOURI NETO, Miguel. *Responsabilidade civil do médico*. São Paulo: Revista dos Tribunais, 1994.

LIMA, Alvino. *Culpa e Risco*. São Paulo: Revista dos Tribunais, 1960.

LOPEZ, Joaquim Ataz. *Los médicos y la responsabilidad civil*. Madri: Editorial Montecorvo, 1985.

MAGALHÃES, Teresa Ancona Lopez de. Responsabilidade civil dos médicos. In: CAHALI, Yussef Said (Coord.). *Responsabilidade civil: doutrina e jurisprudência*. São Paulo: Saraiva, 1984.

MARQUES, Claudia Lima. *Contratos no Código de Defesa do Consumidor*. 4ª. ed. São Paulo: Revista dos Tribunais, 2002.

MELO, Nehemias Domingos de. *Da defesa do consumidor em juízo por danos causados em acidentes de consumo*. São Paulo: Atlas, 2010.

__________. *Dano moral problemática: do cabimento à fixação do quantum*.3ª. ed. Leme: Mizuno, 2023 (prelo).

__________. *Da culpa e do risco como fundamentos da responsabilidade civil*. 2ª. ed. São Paulo: Atlas, 2012.

__________. *Dano moral nas relações de consumo*. 2ª. ed. São Paulo: Saraiva, 2012.

__________. *Responsabilidade civil por erro médico*. 4ª. ed. Leme: Mizuno, 2023 (prelo).

__________. *Lições de Processo Civil*, 3ª. ed. Indaiatuba: Foco, 2022, vols. 1, 2 e 3.

MONTEIRO, Washington de Barros. *Curso de direito civil: direito das obrigações*. 1ª parte. 4ª. ed. São Paulo: Saraiva, 1967. v. 4.

__________. *Curso de direito civil: direito das obrigações*. 2ª parte. 12ª. ed. São Paulo: Saraiva 1977. v. 5.

MORAES, Irany Novah. *Erro médico e justiça*. 5ª. ed. São Paulo: Revista dos Tribunais, 2003.

NONATO, Orosimbo. *Curso de obrigações*. Rio de Janeiro: Forense, 1960. v. 2.

OLIVEIRA, Guilherme de. *Temas de direito da medicina*. Coimbra: Coimbra Editora, 1999.

PANASCO, Wanderley Lacerda. *A responsabilidade civil, penal e ética dos médicos*. Rio de Janeiro: Forense, 1984.

PEREIRA, Caio Mário da Silva. *Instituições de direito civil: teoria geral das obrigações*. 9ª. ed. Rio de Janeiro: Forense, 1988. v. 2.

__________. *Responsabilidade civil*. 6ª. ed. Rio de Janeiro: Forense, 1995.

REIS, Clayton. *Os novos rumos da indenização do dano moral*. Rio de Janeiro: Forense, 2002.

RODRIGUES, Silvio. *Direito civil – responsabilidade civil*. 13ª. ed. São Paulo: Saraiva, 1993. v. 4.

__________. *Direito civil – obrigações*. 30ª. ed. São Paulo: Saraiva, 2002. v. 2.

SANTOS, Antonio Jeová. *Dano moral indenizável*. 4ª. ed. São Paulo: Revista dos Tribunais, 2003.

SANTOS, Ulderico Pires dos. *A responsabilidade civil na doutrina e na jurisprudência*. Rio de Janeiro: Forense, 1984.

SCAVONE JUNIOR, Luiz Antonio. *Obrigações, abordagem didática*. 5ª. ed. São Paulo: Revista dos Tribunais, 2011.

SENISE LISBOA, Roberto. *Responsabilidade civil nas relações de consumo*. São Paulo: Revista dos Tribunais, 2001.

SERPA LOPES, Miguel Maria de. *Curso de Direito Civil: obrigações em geral*. 3ª. ed. Rio de Janeiro: Freitas Bastos, 1960. v. II.

SILVA, Wilson Melo da. *O dano moral e sua reparação*. 3ª. ed. Rio de Janeiro: Forense, 1999.

SIQUEIRA JUNIOR, Paulo Hamilton. *Direito Processual Constitucional*. 5ª. ed. São Paulo: Saraiva, 2011.

STOCO, Rui. *Tratado de responsabilidade civil*. 7ª. ed. São Paulo: Revista dos Tribunais, 2007.

VENOSA, Sílvio de Salvo. *Direito civil: responsabilidade civil*. 2ª. ed. São Paulo: Atlas, 2001. v. IV.

__________. *Direito civil: teoria geral das obrigações e teoria geral dos contratos*. 12ª. ed. São Paulo: Atlas, 2012. v. II.

WALD, Arnoldo. *Curso de direito civil brasileiro: obrigações e contratos*. 12ª. ed. São Paulo: Revista dos Tribunais, 1995.

ZULIANI, Ênio Santarelli. *COAD Seleções Jurídicas* – Erro médico (Coord. Sergio Couto), v. 1, dez. 2003.

Anotações